주얼리 디자인을 위한

Rhino 3D 6
REALITY

DIGITAL BOOKS
디지털북스

주얼리 디자인을 위한

Rhino 3D 6
REALITY

| 만든 사람들 |

기획 IT · CG 기획부 | **진행** 양종엽 · 김인희 | **집필** 이행종 | **편집 · 표지 디자인** D.J.I books design studio 류혜경

| 책 내용 문의 |

도서 내용에 대해 궁금한 사항이 있으시면,
저자의 홈페이지나 디지털북스 홈페이지의 게시판을 통해서 해결하실 수 있습니다.

디지털북스 홈페이지 www.digitalbooks.co.kr
디지털북스 페이스북 www.facebook.com/ithinkbook
디지털북스 카페 cafe.naver.com/digitalbooks1999
디지털북스 이메일 digital@digitalbooks.co.kr
저자 카페 cafe.naver.com/rhino3dworld
저자 이메일 leeceros@naver.com

| 각종 문의 |

영업관련 hi@digitalbooks.co.kr
기획관련 digital@digitalbooks.co.kr
전화번호 (02) 447-3157~8

Rhino 3D는 제품뿐만 아니라 건축, 쥬얼리, 선박 등 다양한 분야에서 형상을 쉽고 빠르게 모델링 할 수 있는 3D 프로그램입니다. 단순한 형태부터 자유로운 곡선의 유기적인 모델링까지 가능하며 데이터 호환성도 뛰어나 여러 분야에서 쉽고 빠르게 접근할 수 있는 효율성이 뛰어난 프로그램입니다.

Rhino 3D 6 REALITY 책은 기본적인 쥬얼리 형상을 모델링하는 기초적인 방법부터 응용하는 방법까지 라이노 3D를 활용하여 다양하게 응용할 수 있는 내용들로 설명되어 있습니다. 라이노를 처음 시작하는 분들이나 중, 고급 과정들을 이해할 수 있는 라이노의 이론적인 부분들도 포함되어 있으므로 꼭 여러 번 읽어 이해하시고 이 책의 내용을 다 이해했을 즘이면 모델링에 지신감을 가지고 도전할 수 있을 것입니다.

책의 도입부에서는 Rhino 3D에 사용되는 NURBS에 대한 개념과 용어를 설명함으로써 라이노를 보다 체계적으로 이해하고 접근할 수 있도록 하였으며 또한 Rhino 3D 6로 버전업 되면서 새롭게 추가된 명령어들을 정리해 놓았습니다.
모델링 예제가 시작되는 챕터부터는 라이노의 명령을 다양하게 활용하고 응용할 수 있도록 설명을 하였고 모델링 작업 중에 발생할 수 있는 문제점들을 해결하는 방법 등에 대해서도 설명해 놓았습니다.
책의 후반부에는 그래스호퍼를 쥬얼리에 간단하게 활용하는 방법과 Clayoo2.6을 활용하여 유기적인 형태의 쥬얼리 디자인을 할 수 있는 방법들에 대해서도 설명해 놓았습니다. 또한 마지막 챕터에는 Keyshot8.2를 활용해서 랜더링 하는 방법을 소개해 놓았습니다.

3D 모델링의 노하우는 명령어의 개념을 이해하고 다양한 형태를 만들어 보면서 얻어지는 경험의 산물입니다. 꾸준히 시간을 투자하고 앞으로 나아간다면 누구나 자신의 분야에서 라이노를 활용하여 작업을 할 수 있을 것입니다.

이 책을 통해서 라이노를 이제 시작하는 분들에게 좋은 지침서가 되기를 바라며 더욱 업그레이드된 Rhino 3D 6를 통해 즐겁게 모델링하는 시간이 되기를 기원합니다.

저자 이행종

목차

시작만이 능사가 아니다!

→ Rhinoceros와 NURBS에 대한 고찰

Rhinoceros(Rhino 3D)는 1998년 10월에 처음으로 배포되었습니다. 미국의 McNeel 사에서 10년 동안 연구해서 만든 프로그램입니다. NURBS 이론을 기반으로 한 자유로운 모델 형상을 만들 수 있는 Rhinoceros(라이노 3D)는 많은 크리에이터·디자이너·설계자들을 만족시킬 수 있는 3차원 모델링 툴입니다.

자유 곡면 모델링은 뛰어난 조작성으로 디자이너의 아이디어를 그대로 이미지화하여 표현할 수 있게 합니다. 3차원 모델을 구현할 수 있으며 어려운 제조 공정으로 요구되는 사양이나 고정밀도의 모델링을 용이하게 실시할 수 있어 컨셉 디자인으로부터 제조 모델까지 모든 공정에 자유롭고 쾌적한 모델링 환경을 제공합니다.

Lesson 01 Rhino 3D란 어떤 프로그램인가?

Rhinoceros(Rhino 3D)는 1998년 10월에 처음으로 배포되었습니다. 미국의 McNeel사에서 10년 동안 연구해서 만든 프로그램입니다. NURBS 이론을 기반으로 한 자유로운 모델 형상을 만들 수 있는 Rhinoceros(라이노 3D)는 많은 크리에이터·디자이너·설계자들을 만족시킬 수 있는 3차원 모델링 툴입니다.

자유 곡면 모델링은 뛰어난 조작성으로 디자이너의 아이디어를 그대로 이미지화하여 표현할 수 있게 합니다. 3차원 모델을 구현할 수 있으며 어려운 제조 공정으로 요구되는 사양이나 고정밀도의 모델링을 용이하게 실시할 수 있어 컨셉 디자인으로부터 제조 모델까지 모든 공정에 자유롭고 쾌적한 모델링 환경을 제공합니다.

❶ 라이노의 특징

Rhinoceros(Rhino 3D)의 가장 큰 특징은 다양한 데이터 포맷을 지원한다는 것입니다. DXF, DWG는 물론 IGES나 STEP, 그리고 SAT나 Parasolid 등의 파일 포맷도 지원해 CATIA, Cero, I-DEAS, SolidWorks 등의 CAD와의 데이터 교환이 자유롭습니다. 그리고 다각형 메쉬의 정밀도와 밀도의 옵션을 설정해 STL, OBJ, LWO, DXF 등으로 변환 출력도 할 수 있습니다. Rhino 3D의 다양한 데이터는 가상 CG는 물론, RP 모델이나 금형의 CAD, CAM의 데이터 입출력을 순조롭게 합니다.

3D CAD파일형식	파일형식		파일형식	3D CAD
CATTA	IGES	**Rhinoceros**	3DS	3D MAX
Unigraphics	STEP	Rhino 3D Data	IGES	Alias
I-DEAS	DWG/DXF	Export(내보내기)	STEP	Cinema4D
Pro/Engineer	Parasolid		DWG/DXF	MAYA
SolidWorks	ACIS	**변환**	OBJ	Softimage
Inventor	STL		VRML	Light Wavw 3D
IronCAD	기타		Polygon	기타
ThinkDesign			기타	
기타				

2D CAD/DTP		
Auto CAD 기타	JPEG BMP AI DWG/DXF 기타	Illustrator PhotoShop 기타

Rhino 3D의 메리트

· 서피스의 자유도와 다른 CAD와의 호환성이 좋습니다.
· 디자인 목업을 만드는 것이 가능합니다.
· 디자인 스케치 작성 시간을 단축시킵니다.
· 저비용으로 질 높은 서피스를 작성할 수 있습니다.
· 설계 데이터로 활용할 수 있는 정밀도 모델링이 가능합니다.
· 인터페이스가 쉽습니다.

> **반올림** RP란 무엇입니까?
>
> 급속조형 기술(Rapid Prototype)을 일컫습니다. 액상의 합성수지나 ABS수지, 금속분말 등으로 오브젝트를 적층하여 형상을 만드는 방법으로 기존의 전통적인 금형 제작이 아닌 RP 장비를 이용해 신속 정확하게 Master Model이나 시제품(Prototype)을 제작할 수 있는 기술입니다.

Lesson 02   모델링 표현 방식

3차원 형상을 컴퓨터로 모델링하는 것에는 다양한 방식들이 존재합니다. 그 특성들을 이해하여 자신이 지금 어떤 작업을 수행해야 하는지를 이해하고, 그에 맞는 툴을 찾아 습득하여 자신의 분야에 맞게 활용해야 합니다. 여기서는 모델링 표현 방식을 아래와 같이 크게 3가지로 나누어 보았습니다.

❶ 솔리드 모델링 방식

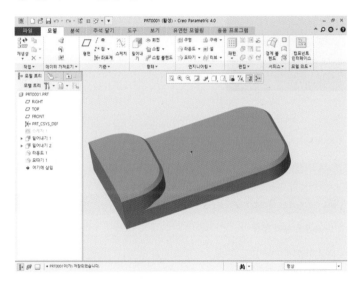

Cero4에서의 작업

솔리드라는 하나의 입체를 정의해두고 조각도로 깎아내듯 모델을 만들어가는 방식을 밀하며 대표적인 프로그램으로는 Cero, I-DEAS, SolidWorks, SolidEdge 등이 있습니다. 보통 기구, 설계에 중점을 두고 모델링을 해 나갑니다.

❷ 서피스 모델링 방식

Rhino 3D에서의 작업

커브를 사용하여 오브젝트 전체의 골격을 만들어 두고, 커브와 커브를 연결하여 서피스를 만들어 나가는 방식입니다. 주로 NURBS(넙스) 방식을 채용한 모델러들의 대표적 방법입니다. 프로그램으로는 Solidthinking, Rhinoceros(Rhino 3D), Alias Surface 등이 있습니다.

❸ 폴리곤(Polygon) 모델링 방식

Modo에서 Polygon 작업

같은 평면상에 위치하는 3개나 4개의 점(각각 X, Y, Z 좌표를 가집니다)을 연결하여 묶은 형상을 1개의 폴리곤이라고 했을 때, 이러한 집합에 의해 3차원의 기하 형상을 만들어 마치 찰흙 공작처럼 소성 변형하여 표면을 누르거나 당겨서 형태를 만드는 방식입니다. 대표적인 프로그램은 3D Max, Modo, Blender, Maya 등이 있습니다.

❹ 소프트웨어의 분류

소프트웨어의 모델링 방식과 사용 용도에 따른 분류입니다.

CG(Computer Graphics)				
소프트웨어 분류				
Product(제품)		Entertainment (영화,Game,캐릭터)	Architecture(건축)	
디자인	기구/설계			BIM
Rhino 3D Alias AutoStudio Solidthinking	Cero Catia NX IGEAS Solidworks	3D Max Blender Cinema4D LigthWave3D Maya Modo Shade	SketchUp Bonzai3D Form-Z	Revit ArchiCAD Vectorworks
모델링 방식				
NURBS		Polygon Subdivison	NURBS Polygon	

최근 하이브리드를 추구하는 경향에 따라 NURBS와 Subdivision를 병행하는 소프트웨어가 많습니다.

Lesson 03 간단히 알아보는 커브의 역사

3차원 데이터를 표현하는 방법은 다양합니다. 그중에서도 점, 선, 면들은 물체를 표현하는 데 있어서 가장 기본적인 요소입니다. 이런 기본 요소들을 표현하기 위해서 가장 중요한 용어가 바로 스플라인(Spline)입니다.

❶ Spline에 대하여

초창기 스플라인은 건축자나 선박 제조업자들이 건물이나 선박의 곡률을 맞추기 위해 사용했던 가느다란 철사나 나무 등의 도구를 일컫는 말이었습니다. 1960년대 이후 커브나 곡면을 컴퓨터로 표현하기 시작하면서부터 스플라인은 곡선이나 곡면을 표현하는 중요한 요소가 되었습니다.

스플라인은 제어점과 제어점의 변형을 통해서 곡률을 쉽게 제어할 수가 있어 부드러운 커브나 곡면의 표현이 가능하게 되었습니다. 스플라인은 크게 Bezier와 NURBS로 분류할 수 있습니다.

① Bezier Spline

1971년 르노 자동차 공장의 엔지니어였던 베지어(Pierre Bezier)가 제안한 곡선 표현 방식입니다. 그러나 복잡한 형상의 곡선을 표현할 때는 커브의 차수가 높아져 계산량이 늘어나고, 곡선 형상의 진동이 생기고, Control point를 이용한 국부 조정이 불가능하다는 한계가 있었습니다. 이를 해결하기 위해 De Boor, Cox 등에 의해 제안된 것이 B-spline입니다.

② B-Spline

B-Spline 곡선은 베지어 곡선의 일반화된 형태입니다. 제어점들이 일정한 범위에만 영향을 미치기 때문에 모양을 바꾸지 않고 국부 조정을 해 줄 수 있고, 또한 차수를 증가시키지 않고서도 복잡한 형태의 곡선을 표현할 수 있습니다. 이런 국부 조정이 가능하게 된 것은 매듭점, 즉 Knot 덕분입니다. 각 세그먼트들이 연결되는 연결점을 Knot라 하고, 이 점에서의 매개변수 값을 Knot Value라 합니다. 이러한 Knot가 연속되는 값의 집합을 Knot Vector라고 부릅니다.

③ NURBS(Non-Uniform Rational B-Spline)

비균일 유리화 B-스플라인을 넙스라고 합니다. 컴퓨터는 넙스를 기반으로 하여 곡선이나 서피스를 3D 형상으로 정확하고 자유롭게 표현합니다. 현재까지 나온 모델링 방식 중에서 가장 진보된 방식 중의 하나입니다.

Lesson 04　　NURBS 들어가기

NURBS를 그대로 해석하면 '비균일 유리화 B-스플라인'이지만, 이 단어에는 눈으로 보이지 않는 복잡한 수학적 개념들이 포함되어 있습니다. 이 장에서는 넙스의 개념에 대해 간략히 설명하고, Rhino 3D와 어떠한 관계가 있는지 알아보겠습니다.

❶ NURBS 커브의 구성요소

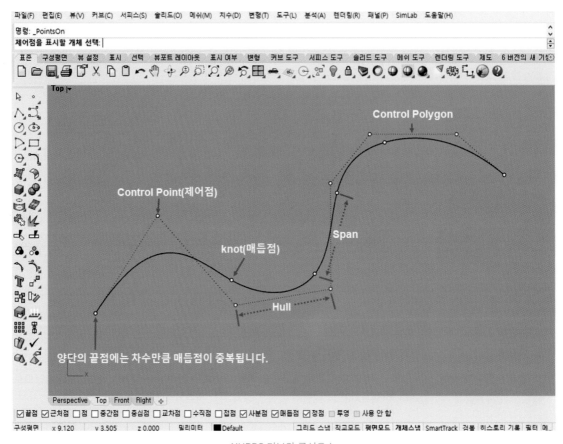

NURBS 커브의 구성요소

⌐1⌐ **Control Point(CP)** 타 프로그램에서는 CV(Control Vertice)라고도 합니다. 커브를 편집할 때 주로 사용됩니다. 제어점이라고도 합니다.

⌐2⌐ **Hull** 두 CP를 연결한 마디를 말합니다.

⌐3⌐ **Span** Knot와 Knot 사이를 말합니다. Segment라고도 합니다.

⌐4⌐ **Knot** CP를 추가시키기 위한 파라미터 값이며 선의 곡률을 유지해주는데 중요한 역할을 합니다.

⌐5⌐ **Control Polygon** CP와 CP 구간에 나타나는 가는 점선을 말합니다.

❷ NURBS를 구성하는 4개의 키워드

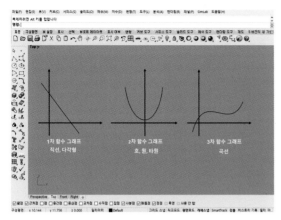

차수에 따른 그래프

1 차수(Degree)

넙스는 B - 스플라인 곡선의 동료로, B - 스플라인 곡선은 3차원 공간에 그려진 n차식(차수)의 그래프입니다. 1차 함수라면 정비례나 반비례의 그래프가 직선 형태로 생성됩니다. 2차 함수라면 U자형의 포물선 형태를 띕니다. 3차 함수라면 N자형이 됩니다. 자유곡선을 그리기 위해서는 최소 Degree가 3 이상인 커브가 필요합니다. 컴퓨터는 이런 곡선을 수식으로 그리며 그것은 3차원 공간상에 나타납니다.

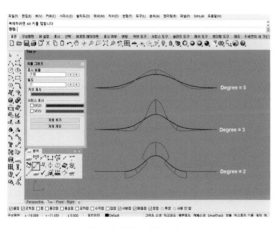

차수에 따른 곡률 그래프

차수가 높아질수록 곡률이 부드러워집니다. Degree = 2일 때는 곡률이 불연속하여 그래프가 끊긴다는 것을 확인할 수 있습니다. 라이노에서 차수가 2인 형태는 원, 호, 타원입니다. 서피스를 만들 때 꼭 기억해 두시기 바랍니다.

반올림	차수와 선의 상관관계		
차 수	Degree = 1	Degree = 2	Degree = 3
형태	Polyline, Polygon Rectangle	Arc, Circle, Eilipse	자유곡선
곡률	없음	불연속	연속
서피스 생성 시	Polysurface	단일 서피스 또는 Polysurface	단일 서피스
CP 에디팅	원칙적으로 불가	원칙적으로 불가	가능

위의 표는 제품이나 건축뿐만 아니라 비정형 형태의 형상을 만들거나 곡면을 만들 때 가장 기본이 되는 내용이므로 꼭 머릿속에 기억해 두고 상황에 맞게 응용할 수 있어야 합니다.

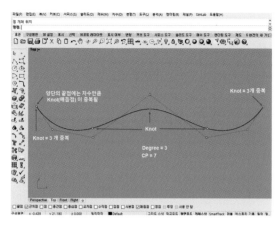

CP와 Knot

② 제어점(CP) 개수

NURBS의 커브나 서피스에서 CP 수는 적어도 Degree + 1개의 포인트 리스트를 가집니다. Knot 수 = CP 수 + Degree – 1입니다. 아래 그림의 그래프에서 차수는 3이고 CP가 7개이므로 Knot의 개수는 7+3-1, 즉 9개입니다.

라이노에서 Order는 Degree(차수) +1을 뜻합니다. Degree를 표현하기 위한 최소한의 CP(Control Point) 수입니다. 예를 들어 Degree =3인 커브를 그리기 위해서는 CP가 최소 4개 이상 필요합니다. 만약 CP 수가 3개면 이는 Degree가 2인 곡률 불연속의 커브가 됩니다. 곡률 연속인 커브를 쓰기 위해서는 Degree =3 이상, CP 4개 이상이 필요합니다. Order = Degree +1 식에 의해 기본적인 차수의 CP 수가 결정됩니다. (Degree =3은 CP 4개, Degree =4는 CP 5개, Degree =6은 CP 7개)

차수와 Order와의 관계는 다음과 같습니다.

Degree(차수)	Degree =1	Degree =2	Degree =3	Degree =5
최소 CP수(Order) = Degree +1	2	3	4	6
커브 형태	직선	원, 타원, 호	자유곡선	자유곡선

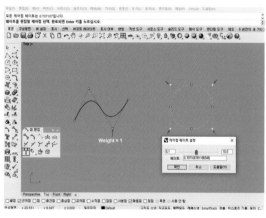

원의 Weight값

③ 제어점(Control Point)

NURBS 커브의 지오메트리를 변경하는 가장 간단한 방법입니다. 제어점(Control Point)은 적어도 차수 +1개를 가집니다. CP마다 좌표값과 Weight를 가집니다. 원의 경우 웨이트값은 외접하는 정방형의 각 변의 중점에서 1입니다. 각 정점에서는 0.707107의 웨이트값을 가집니다.

Weight란 무엇인가요?

가중치를 뜻합니다. NURBS의 오브젝트는 CP의 좌표치, NURBS를 표현하는 차수, CP가 가진 Weight값으로
자유 곡선을 표현합니다. Rhino 3D로 만드는 자유 곡선 CP의 Weight는 1입니다. 제어점의 웨이트는 커브 또
는 서피스가 제어점에 얼마나 많이 이끌리는가와 관계합니다.

④ Knot Vector

NURBS에 따른 자유 곡선은 CP의 좌표치와 웨이트에 의해 표현되지만, NURBS 커브 자체는 Knot라 불리는 커브상
의 점으로써 몇 개의 세그먼트로 나누어져 있습니다. 이 연속된 값의 집합을 Knot Vector라고 합니다. Knot점을 기준
으로 자르면 포인트가 추가되지 않습니다.

Object Properties 알아보기

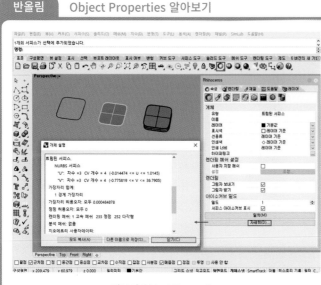

F3 키를 누르면 시행되는 명령입니다.
오브젝트의 특성을 알고 싶을 때 활용합
니다. 선택한 오브젝트의 정보를 살펴볼
수 있습니다

커브의 Object Properties

❸ Uniform 과 Non-Uniform 비교

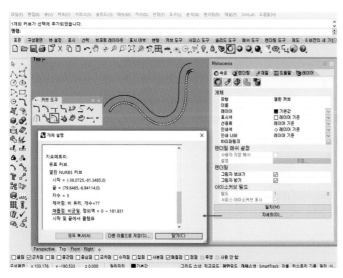

NURBS가 Non-Uniform(비균일)하다
는 것은 Knot의 간격이 일정하지 않다
는 말입니다. NURBS에서 곡률이 급격
한 곳에서는 Knot의 간격이 좁아지고,
곡률이 완만한 곳에서는 간격이 넓어져
서피스의 표현력을 극대화할 수 있습니
다. 라이노에서 커브나 서피스는 필요에
따라서 Knot를 비균일하게 배치합니다.
대표적인 명령이 옵셋명령입니다.

Sweep 2 Rail로 생성된 면과 커브

❹ Rational 과 Non-rational

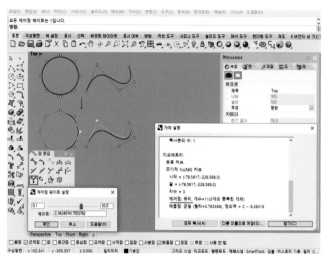

커브의 Weight 변경

NURBS는 기본적으로 Rational(유리)로 표현됩니다. Rational을 사용하는 이유인 원근 변환 곡선을 얻기 위해서는 기반 함수 자체가 유리 함수여야 합니다. 이런 원근 변환을 Rhino 3D에서는 CP에 Weight값을 갖게 하여 표현합니다. CP의 Weight값을 변경하면 Rational이 됩니다. Rhino 3D에서 NURBS 커브는 Weight가 모두 1인 Non-rational입니다.

❺ 파라메트릭 곡면

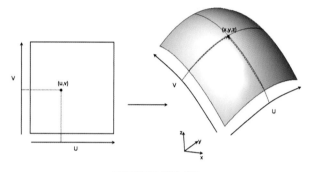

파라메트릭 곡면 생성

1조의 파라미터(u, v)를 편성하여 u, v에 각각 적당한 값을 주면 대응하는 점(x, y, z)이 만들어집니다. u, v를 각각 독립적으로 범위 내에서 무한히 변화를 주면 점들이 생성되는데, 그때의 점들을 모으면 하나의 곡면이 됩니다. 즉 u, v로부터 점(x, y, z)에 대응되어 얻을 수 있는 곡면을 파라메트릭 곡면이라고 합니다. 관례에 의해 가로 방향을 U, 세로 방향을 V로 합니다.

❻ 라이노 3D 서피스의 구성

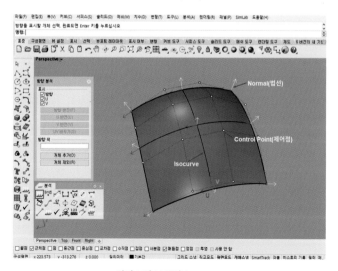

서피스의 U, V와 Isocurve

라이노 서피스는 서피스의 방향을 나타내는 U, V와 서피스의 안과 밖을 나타내는 Normal(법선)과 서피스를 편집할 수 있는 Control Point, 그리고 Knot에서 생성되는 Isocurve로 구성됩니다.

Lesson 05   NURBS 사용 시 유의점

라이노는 NURBS의 요소를 직접 조작할 수 있습니다. 사용자가 엉뚱한 조작을 해 모델링을 하면 작성된 곡선이나 곡면은 라이노 이외의 시스템에서는 받아들여지지 않습니다. 그러므로 다음과 같은 사항을 이해하고 작업해야 합니다.

1. CP(Control Point, 제어점)가 교차하거나 인접해서 꼬이거나 겹치지 않도록 해야 합니다.
2. CP 간격이 극단적으로 불균일할 경우 작업 시 오류가 발생하기도 합니다.
3. 노트 간격이 극단적으로 불균일할 때 연산에 실패할 수 있습니다.
4. 모든 오브젝드는 중복되지 않아야 합니다.

Rhino 3D 6 인터페이스

→ 작업환경(Interface) 알아보기

처음 라이노 3D를 시작하는 분들에게 인터페이스를 이해하는 것은 가장 빨리 라이노 프로그램과 친해 질 수 있는 방법입니다. 라이노5에서 라이노6으로 업그레이드되면서 새로운 명령과 기능이 향상되었 습니다. 도움말 기능을 활용하면 새로운 기능을 이해하는 데 많은 도움이 될 것입니다.

라이노 3D는 Auto CAD와 같은 명령어 입력 방식을 겸하고 있어서 기존 CAD 사용자들에게는 친숙한 인터페이스를 가지고 있습니다.

Lesson 01 전반적인 화면 인터페이스 살펴보기

툴바에 어떤 명령 아이콘이 있으며 숨겨진 툴바가 어디에 있는지 숙지하면 라이노 3D를 보다 쉽게 접할 수 있고, 모델링 작업을 능률적이고 효율적으로 수행할 수 있습니다.

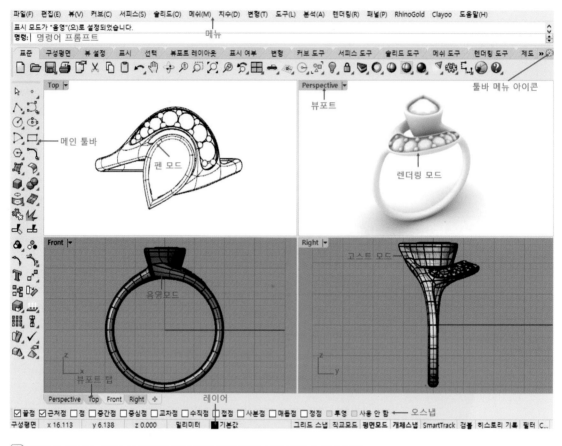

① 문자로 된 메뉴 바나 아이콘의 툴바 모두 명령어를 실행시킬 수 있습니다.

② Command area의 행수는 마우스로 드래그해 바꿔줄 수 있습니다.

  Command area에 대한 내용은 F2 키를 눌러서 History 창으로 볼 수 있습니다.

③ 툴바는 크게 Standard 툴바와 Main 툴바로 나뉩니다.

  이들 툴바에서 마우스로 드래그해 이동하는 툴바를 Floating 툴바라 부릅니다.

④ Status bar(상태 바)의 좌표계는 마우스를 클릭하면 World axis(실세계 좌표계)로 바뀝니다.

  작업 시 마우스 커서의 좌표 표시만 변경되어 나타나고 실제 수치 입력에는 영향이 없습니다.

⑤ Status bar의 현재 Layer는 마우스 왼쪽 버튼을 클릭하면 나타납니다.

  현재 Layer를 ON/OFF/LOCK할 수 있습니다.

  마우스 오른쪽 버튼을 클릭했을 때는 레이어 다이얼로그 창이 표시되어 Layer를 추가시켜 줄 수 있습니다.

Lesson 02　마우스 사용법

마우스의 조작법과 활용법에 대해서 알아봅니다.

❶ 마우스 왼쪽 버튼(Left Mouse Button)

· 메뉴나 툴바에서 Command(명령어)를 실행합니다.
· 명령어에 있는 옵션을 선택할 수 있습니다.
· Viewport title을 더블클릭하여 뷰포트를 최대 크기로 활성화합니다.
· 상태 바의 모델링 보조 기능의 ON, OFF와 Osnap(오스냅)을 설정합니다.
· 상태 바의 레이어를 조작합니다.
· 계층(하얀 삼각형)이 있는 아이콘을 클릭해 확장합니다.
· 오브젝트를 선택합니다.
· 작업 창의 경계를 드래그해 창을 조정할 수 있습니다.
· Command area의 창을 드래그해 행수를 늘릴 수 있습니다.
· 아이콘을 누른 채 Ctrl 키를 누르고 드래그해 아이콘을 복사할 수 있습니다.
· 아이콘을 누른 채 Shift 키를 누르고 드래그해 아이콘을 지울 수 있습니다.

❷ 마우스 오른쪽 버튼(Right Mouse Button)

· 명령어 실행 중에 마우스 오른쪽 버튼을 누르면 선택이 종료되거나 명령이 끝납니다.
　Enter 키와 Space Bar도 같은 기능을 합니다.
· 이전에 실행했던 명령을 재실행합니다.
· Command area에서 명령어 목록을 볼 수 있습니다.
· 아이콘 버튼을 편집할 수 있습니다.
· Top, Right, Front 뷰에서 Pan(뷰 이동) 기능
· Perspective는 회전, Shift+RMB은 Pan, Ctrl+RMB은 줌인/줌아웃을 합니다.

❸ 마우스 가운데 버튼(Middle Mouse Button)

· 마우스 휠 버튼을 회전하면 뷰를 확대/축소할 수 있습니다.
· Popup 메뉴 창이 뜹니다.

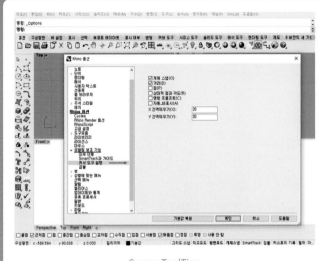

마우스 커서를 설정하면 좀 더 깔끔한 폰트와 오브젝트를 그릴 수 있고, 이동할 때 수치가 나오도록 할 수 있습니다. Option 아이콘을 클릭한 후 Rhino 옵션 > 모델링 보조 기능 > 커서 도구 설명에서 우측에 있는 개체 스냅과 거리를 선택합니다.

Cursor ToolTips

❹ 팝업 메뉴에 아이콘 추가하기

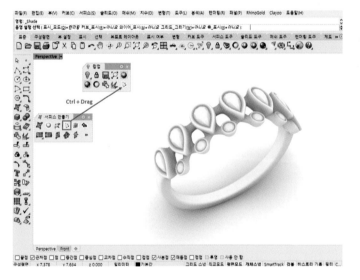

Ctrl + Drag

팝업 창에 등록하고자 하는 명령어를 Ctrl + Drag하여 팝업 창에 가져다 놓습니다. 팝업 창에 있는 아이콘을 지울 때는 Shift + Drag하여 작업 창에 가져다 놓고 삭제합니다.

❺ 명령어의 취소와 중단

· 키보드의 Esc 키를 누릅니다.
· Cancel 명령어로 취소합니다.

Lesson 03 　키보드와 앨리어스

자주 쓰는 단축키와 앨리어스 기능을 활용하는 방법에 대해서 알아보겠습니다.

❶ 키보드의 단축키 설정

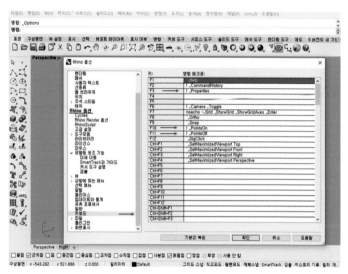

자주 쓰는 명령어 단축키는 숙지하고 쓰시면 작업을 보다 편리하게 할 수 있습니다. ⚙ Option항목에서 Rhino 옵션 > 키보드 항목의 기능키는 자주 쓰이므로 숙지하시기 바랍니다.

❷ 앨리어스(Aliases) 기능의 사용

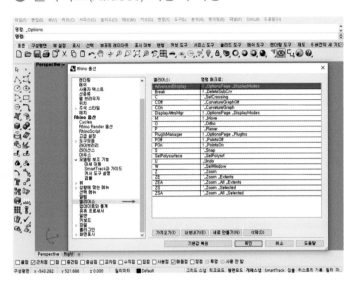

앨리어스란 명령어를 단축어로 정의하여 사용하는 것을 말합니다. 자주 쓰는 명령어를 텍스트 단축키로 정의해 놓고 씀으로써 작업 효율을 높일 수 있습니다.

반올림　　앨리어스 기능 활용하기

앨리어스의 기능을 활용하기 위해서는 특수문자의 뜻을 이해하고 사용해야 합니다. 특수문자와 명령어를 조합해서 쓰면 됩니다. 특수문자의 뜻은 다음과 같습니다.

ⓘ 바로 전 명령을 취소합니다.
ⓘ 영어 명령의 이름으로 인식하도록 해 명령을 실행합니다.
ⓘ 다음에 오는 명령이 중첩할 수 있는 명령입니다.

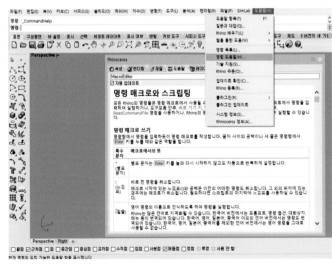

매크로 도움말

매크로와 스크립팅의 자세한 내용은 Help 파일을 참고하시면 많은 도움이 됩니다. 도움말 >명령 도움말에서 'MacroEditor'로 검색하면 자세한 내용을 알 수 있습니다.

Lesson 04 오브젝트(Object)의 선택

Rhino 3D는 명령어를 실행할 때부터 대상 오브젝트를 선택합니다. 오브젝트를 선택 후 명령을 실행하면 조작의 부하를 경감시키면서 작업 효율을 높일 수 있습니다.

❶ 마우스로 오브젝트 선택하는 방법

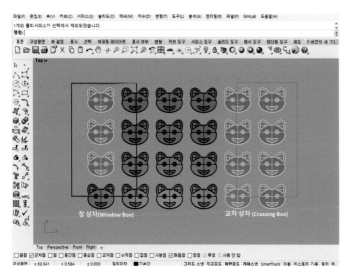

■ 왼쪽에서 오른쪽으로 드래그

창 상자 안에 포함된 오브젝트만 선택됩니다.

■ 오른쪽에서 왼쪽으로 드래그

교차 상자에 걸치기만 해도 오브젝트가 선택됩니다.

다중 선택은 Shift 키를 누르고 해주면 됩니다. 잘못 선택했을 때는 Ctrl 키를 눌러 취소합니다.

반올림 마우스 설정하기

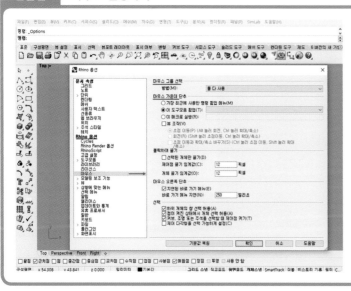

🐾 Option 명령에서 Rhino 옵션 > 마우스 항목으로 갑니다. '둘 다 사용'은 Crossing Box와 Window Box를 같이 쓰겠다는 뜻입니다.

❷ 명령어를 실행하여 오브젝트를 선택하는 방법

표준 툴바에 있는 Select toolbar의 명령어들은 오브젝트를 칼라, 레이어, 커브 등 다양하게 선택하는 방법을 제공합니다. CP를 선택하는 편리한 명령어도 담고 있습니다.

① ◪ Invert 명령은 모든 선택된 개체를 해제하고, 이전에 선택되지 않았던 모든 개체를 선택합니다.

② ◐ SelDup 명령은 다른 개체 속성과 상관없이 동일한 위치에 다른 개체와 기하학적으로 동일한 개체(중복된)를 선택합니다.

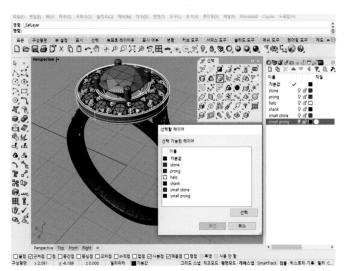

③ ◨ SelLayer 명령은 레이어 별로 선택할 수 있습니다.

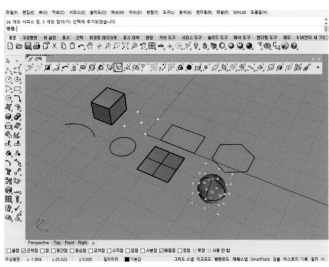

④ ◦◦◦ SelPt 명령은 모든 점의 개체, 제어점, 편집점, 솔리드점을 선택합니다.

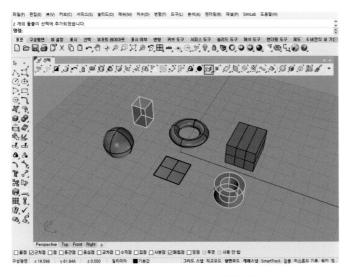

⑤ SelPolysrf 명령은 모든 폴리서피스를 선택합니다.

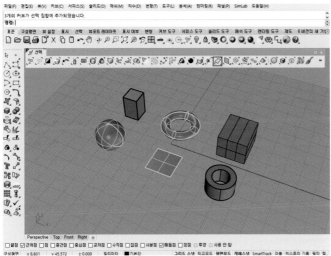

⑥ SelSrf 명령은 모든 서피스를 선택합니다.

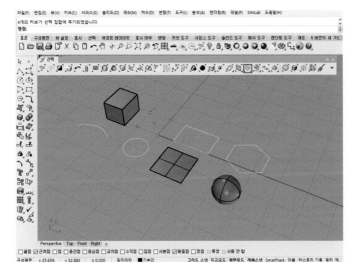

⑦ SelCrv 명령은 모든 커브를 선택합니다.

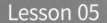

Lesson 05

Rhino 3D에서의
CP(Control Point, 제어점) 편집 방법

라이노에는 다양하게 CP를 제어할 수 있는 명령어들이 있습니다. CP 에디팅을 통하여 커브의 편집과 서피스의 편집을 자유롭게 해줄 수 있습니다.

❶ 제어점 편집

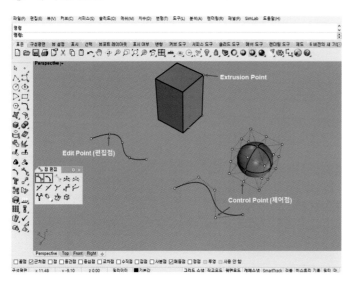

제어점을 F10 한 다음 CP를 선택해 마우스로 이동합니다. CP뿐만 아니라 Edit point를 이용해서도 이동 편집해줄 수 있습니다. 좌측은 체를 ON 한 것이고 우측 커브는 Edit point를 ON 한 것입니다. Polysurface는 편집을 해줄 수 없습니다. 다음 그림을 참고하기 바랍니다.

❷ 가중치 변경

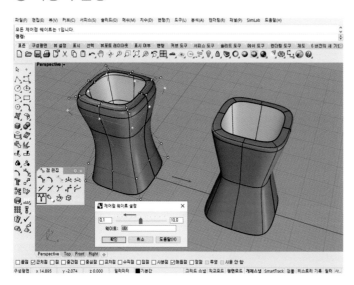

Weight 명령으로 CP를 선택한 다음 설정 창의 Weight(가중치)를 변경하여 CP의 가중치를 조절함으로써 서피스에 영향을 줍니다.

❸ CP 추가

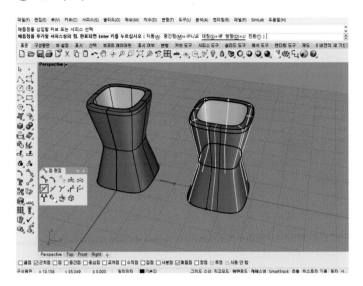

InsetKnot 명령은 CP를 추가하여 편집할 수 있습니다.

❹ CP를 정밀하게 컨트롤 하는 방법

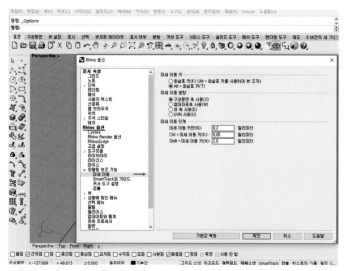

① Nudge(너지) key(방향키)를 이용 하는 방법

⚙️ Option명령 실행 후 Rhino 옵션 > 모델링 보조 기능의 미세 이동 항목에 미세 이동(Nudge) 키 설정이 있습니다. Nudge 는 '조금씩 밀다'라는 뜻입니다. 키보드의 방향키로 미세하게 오브젝트를 이동시키는 명령입니다. Alt + arrow keys(방향키) 를 누르면 0.2mm씩 이동합니다.

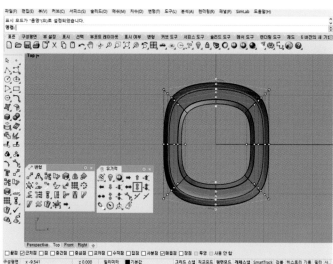

② Organic(유기적) 명령어를 이용하는 방법

Organic 툴바에 있는 이동 아이콘들은 포인트를 0.1mm씩 움직이게 값이 정해져 있습니다. ⚖️ compress_along_y 명령을 클릭하면 Y축 대칭으로 선택한 포인트를 0.1mm씩 이동시킵니다. 원점을 기준으로 대칭일 때만 양방향으로 포인트가 이동합니다.

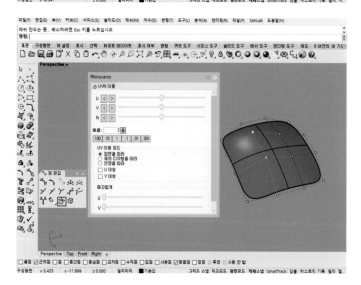

③ Move UVN 명령을 이용한 CP 편집

✏️ Move UVN 명령은 서피스의 제어점을 U, V, N 방향으로 할 수 있습니다.

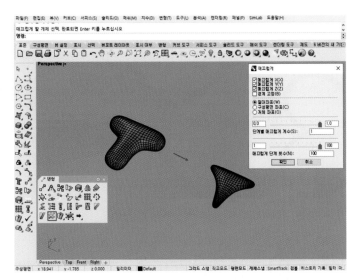

④ 명령을 통한 제어점의 변형

〰️ Smooth 명령은 커브나 서피스나 메쉬의 제어점들의 영역을 선택하여 U, V 방향이 아닌 좌표계(X, Y, Z) 축으로 제어점들을 부드럽게 변형 조작할 수 있는 명령어입니다. Smooth factor 수치를 조절하여 부드러운 정도를 조절할 수 있습니다.

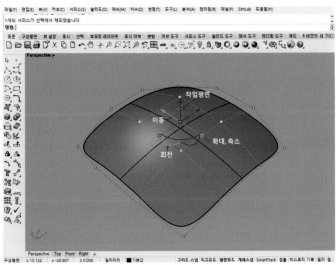

⑤ Gumball(검볼) 활용하기

검볼은 오브젝트나 CP를 선택해 이동, 크기 조정, 회전 변형을 줄 수 있게 합니다. Rhino 3D 6에서는 검볼이 더 개선되었습니다.

· Alt 키를 누르면서 검볼을 이동하면 오브젝트가 복사됩니다.
· 3D 오브젝트 선택 후 Shift 키를 누르고 스케일 핸들을 드래그하면 3D Scale이 실행됩니다.
· 검볼의 원점 포인트는 Ctrl를 누르고 선택하여 위치를 지정해 줄 수 있습니다.

3

유쾌하게 따라해 보는
라이노 3D의 기본기

라이노에서 가장 기본이 되는 명령어들을 알아보겠습니다.

Lesson 01   Osnap(Object Snap, 오스냅)에 대해 알아보자

오스냅은 직선이나 곡선 또는 원이나 타원 등으로 도면을 그릴 때 커브의 정확한 지점을 찾아주는 명령입니다.

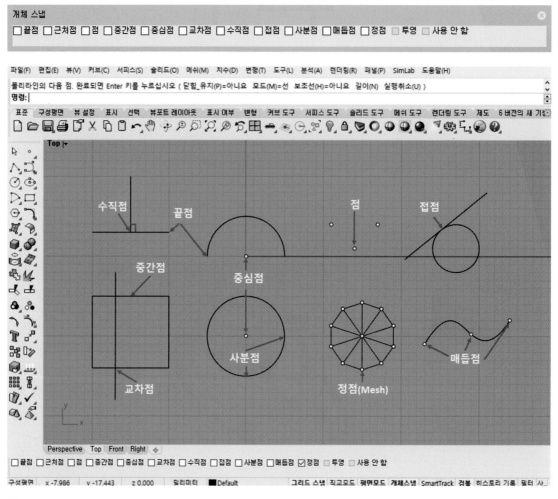

① **End(끝점)** 체크 시 마우스 커서가 라인이나 다각형의 끝점, 서피스 Edge의 끝점에 스냅, 즉 걸립니다.

② **Near(근처점)** 체크 시 마우스 커서가 가장 가까운 선이나 커브에 스냅됩니다.

③ **Point(점)** 마우스 커서가 포인트나 컨트롤 포인트에 스냅됩니다.

④ **Mid(중간점)** 마우스 커서가 라인이나 커브 서피스의 Edge의 중간지점에 스냅됩니다.

⑤ **Cen(Center, 중심점)** 원이나 타원 또는 구의 외곽선을 선택했을 때 마우스 커서가 중심점에 스냅됩니다. 사각형이나 다각형도 포함됩니다.

⑥ **Int(Intersection, 교차점)** 라인과 커브, 커브와 서피스, 또는 서피스와 서피스 간의 서로 교차된 지점에 스냅합니다.

⑦ Perp(Perpendicular, 수직점) 어느 한 점에서 출발한 커브가 수직인 점이나 직각인 점에 스냅합니다.

⑧ Tan(Tangent, 접선) 커브의 접선을 찾아줍니다. Tangent는 곡선에만 존재하므로 이 지점은 매끄럽게 됩니다.

⑨ Quad(Quadrant, 사분점) 원이나 타원 등의 사분점을 스냅합니다.

⑩ Knot(매듭점) Knot는 CP를 컨트롤하기 위한 파라미터 값입니다. Osnap에서 Knot가 체크되어 있을 때는 커브에 존재하는 Knot점을 스냅합니다. 끝점에는 Knot가 존재합니다.

⑪ Vertex(정점) 메쉬 정점에 스냅합니다.

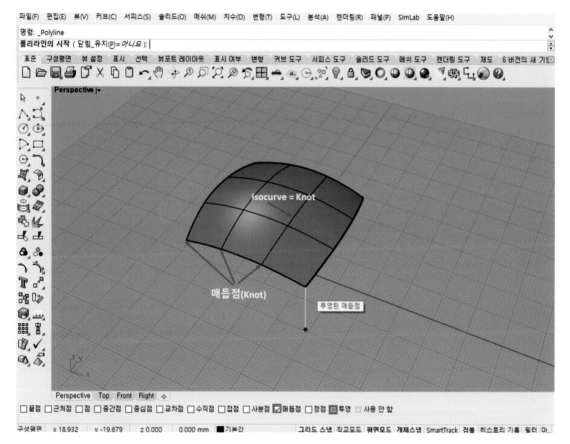

⑫ Project(투영) 어떤 라인이나 커브를 그릴 때 항상 작업 평면과 수직인 점에서 라인이나 커브를 그릴 수 있습니다.

⑬ Disable(사용 불가) 오스냅을 Off 시키는 기능입니다.

Lesson 02 Tangency(접선) 맞춰 선 그리기

접선을 맞춰서 선을 그려야 하는 이유는 선이나 서피스가 부드럽게 표현되도록 하기 위해서입니다. 접선을 맞추지 않으면 커브와 커브가 만나는 점 또는 서피스의 모서리와 모서리가 만났을 때 각지게 됩니다.

❶ 직선에서 두 선간의 접선 그리기

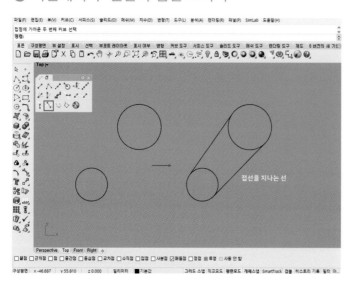

Line(Tangent to 2 Curves) 명령은 두 커브에 접선이 되는 직선을 만듭니다.

❷ 접선을 이용한 호 그리기

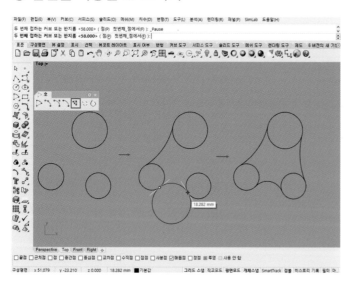

Arc(ttr) 명령은 두 커브를 지나면서 접선으로 호를 만듭니다.

❸ 접선을 활용해서 원 그리기

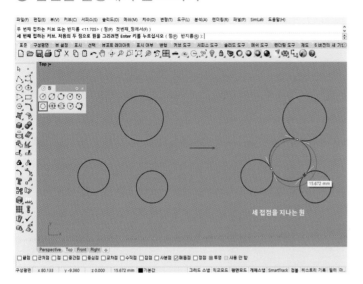

○ Circle(ttt) 명령은 3개의 커브가 있을 때 커브에 접하는 원을 그립니다.

❹ 접선을 맞추지 않았을 때의 서피스 상태

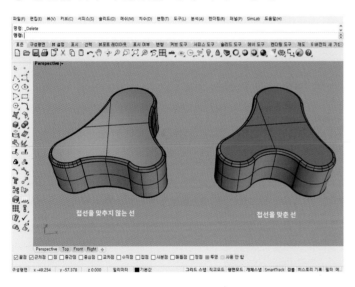

접선을 맞추지 않고 그린 커브로 서피스를 만들면 각이 지게 됩니다.

Lesson 03　Split과 Trim 이해하기

Split과 Trim, 이 두 명령은 자주 쓰는 명령어입니다. 서로 비슷한 성격을 가지고 있으나 차이점을 확실히 이해하고 작업에 맞게 써주어야 합니다.

❶ Split

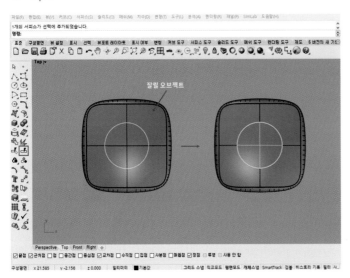

Split은 '나누다' '쪼개다'라는 뜻을 가지고 있습니다. Split 명령은 어떤 객체를 자르는 명령입니다. 색종이 위에 도형이나 패턴을 그리고 칼로 잘라낸다고 이해하면 쉽습니다.

❷ Trim

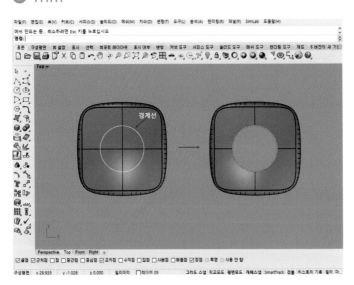

Trim은 '잘라내다'라는 뜻을 가지고 있습니다. Trim은 경계선이나 경계면을 기준으로 선이나 서피스를 지웁니다.

Q&A Trim된 커브나 Split된 서피스를 복구하는 명령은 없나요?

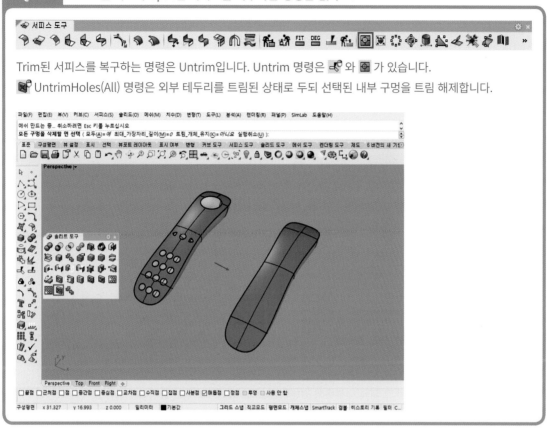

Trim된 서피스를 복구하는 명령은 Untrim입니다. Untrim 명령은 🔧 와 ⊞ 가 있습니다.

🔲 UntrimHoles(All) 명령은 외부 테두리를 트림된 상태로 두되 선택된 내부 구멍을 트림 해제합니다.

❸ Trim 서피스와 Untrim 서피스의 개념 이해하기

라이노에서 쓰이는 서피스는 크게 Trim 서피스와 Untrim 서피스로 구분됩니다.

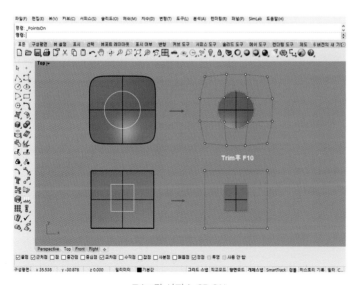

Trim된 서피스 CP ON

① Trim 서피스

Split이나 Trim 명령으로 자른 서피스들을 Trim 서피스라고 합니다. 잘린 서피스를 선택하고 단축키로 F10 키를 누르면 원래 서피스의 제어점 구조를 가지고 있습니다.

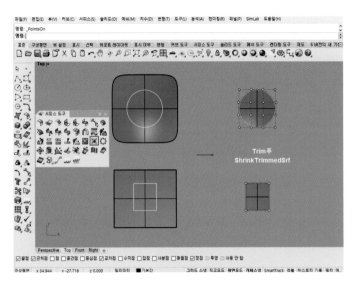

Trim된 서피스를 선택하고  Shrink TrimmedSrf 명령을 실행하면 잘린 서피스에 맞게 제어점과 아이소커브가 재설정됩니다.

Trim된 서피스는 꼭 ShrinkTrimmedSrf를 해줍니다.

ShrinkTrimmedSrf을 한 후 CP ON

② Untrim 서피스

Trim과 Split되지 않는 원래의 서피스를 Untrim 서피스라 합니다.

◈ Patch 명령은 Trim 서피스며 그 외의 대부분의 명령어는 Untrim 서피스를 만듭니다.

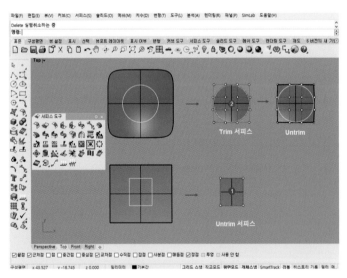

③ ShrinkTrimmedSrf 실행 시 Untrim과 Trim 서피스 구분 방법

ShrinkTrimmedSrf을 하면 서피스에 맞게 제어점이 축소됩니다. ShrinkTrimmedSrf 된 상태에서 사각형 구조로 제어점이 맞으면 Untrim 서피스가 되고 그렇지 않은 서피스는 Trim 서피스가 됩니다.

이는 NURBS의 서피스 구조가 사각형 구조를 지향하기 때문입니다. Trim이나 Split 한 후 ShrinkTrimmedSrf하더라도 사각형 구조가 아닌 서피스는 모두 Trim 서피스가 됩니다.

ShrinkTrimmedSrf 한 후 Untrim과 Trim Surface

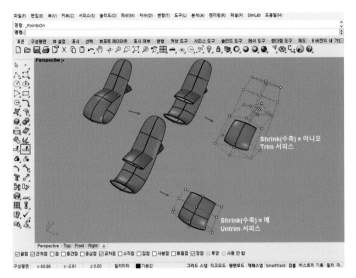

④ Untrim 서피스로 자르기

Split 명령을 통해 Isocurve 방향으로 서피스를 자를 때 '수축 =예' 하면 Untrim 서피스가 됩니다.

Q&A   Trim 서피스와 Untrim 서피스를 왜 구분해야 하나요?

Trim 서피스는 MergeSrf를 할 수 없습니다. MatchSrf 명령도 두 서피스가 모두 Trim 서피스면 Match 를 할 수 없습니다. Properties 명령어로 Trim 서피스를 확인할 수 있습니다.

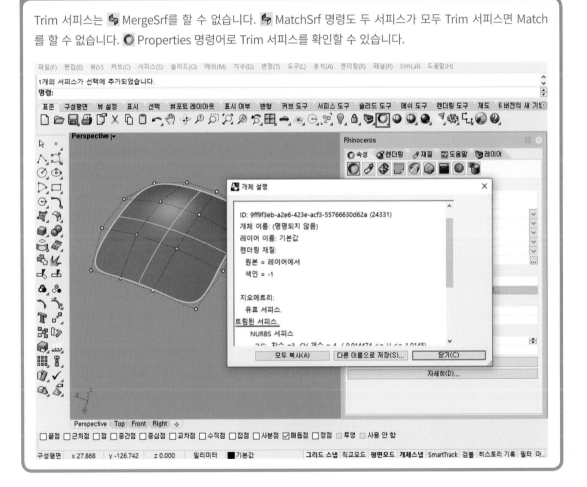

Lesson 04 오브젝트의 결합과 분해

라이노에는 같은 오브젝트끼리 결합해주는 🐾 Join 명령과 반대로 결합한 오브젝트를 분해하는 ⚡ Explode 명령이 있습니다.

❶ 선택 요소에 따른 결합과 분해

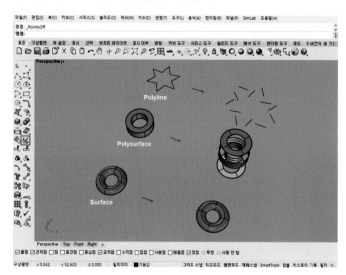

Explode된 커브와 서피스

커브는 커브끼리, 서피스는 서피스끼리 결합되며 Torus 같은 단일 오브젝트는 분해되지 않습니다.

❷ 라이노에 있어서 조인

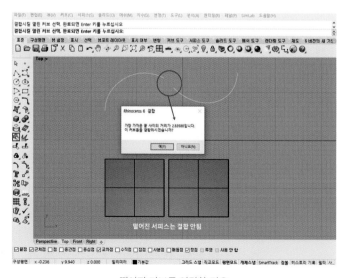

떨어진 커브를 연결할 경우

🐾 Join 명령은 커브나 서피스 오브젝트를 결합하는 명령입니다.
두 커브가 떨어져 있을 때 Join을 하면 조인 여부를 물어봅니다. 떨어진 서피스는 Join(결합)되지 않습니다.

❸ 두 서피스를 하나로 만들기

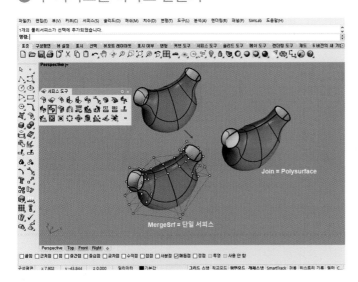

↪ MergeSrf 명령은 두 서피스를 트림되지 않은 가장자리에서 하나의 서피스로 결합합니다.

Lesson 05　Seam에 대해 알아보자

라이노에서 Seam(이음새 또는 접합부)이란 서피스가 시작될 때 처음 Edge 부분과 마지막 Edge 부분이 만나는 접합부입니다. 서피스의 Edge가 굵게 표시된 부분이 Seam입니다.

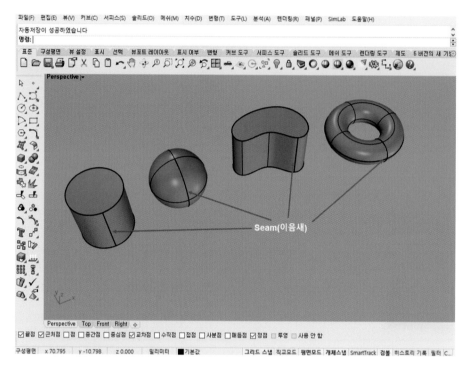

❶ Seam의 위치를 자를 때

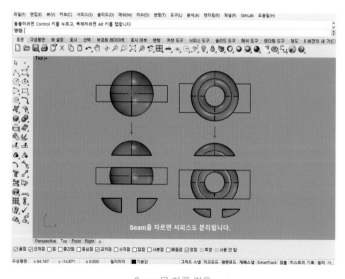

Seam을 자른 경우

Seam을 지나는 커브로 서피스를 자르면 서피스는 자동으로 2개로 나뉩니다.

❷ 원에서 Seam의 위치

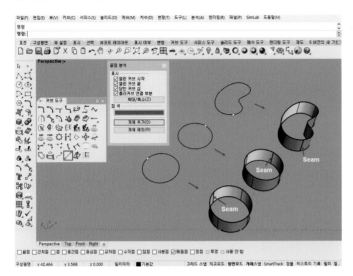

원의 Seam의 위치

원을 어느 방향으로 그리냐에 따라서 Seam의 위치가 달라집니다. ✏ Show Ends 명령으로는 닫힌 커브의 Seam 위치를 확인할 수 있습니다.

반올림　올바르게 원이나 구 만들기

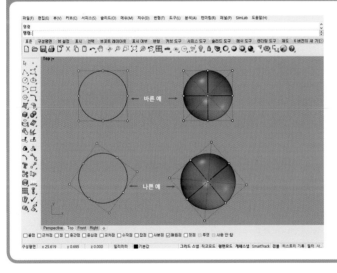

원이나 구를 만들 때 Seam의 위치가 문제를 일으키는 경우가 있으므로 항상 올바르게 만들도록 합니다.

Kink(킹크)란 무엇일까?

Kink는 끊긴 점 또는 꼬인 점입니다. 커브에 Kink를 추가하여 제어점을 당겨보면 각지게 나옵니다. 커브를 분해
(Explode)하면 Kink점을 기준으로 커브가 분리됩니다.

❶ Kink점이 있는 커브를 당겼을 경우

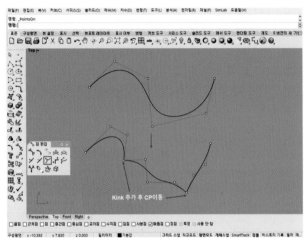

Kink점 이동

🖉 InsertKink 명령으로 자유곡선에 Kink점을
추가한 후 그 제어점을 당기면 각지게 됩니다.

❷ Kink가 있는 커브로 서피스를 만들었을 경우

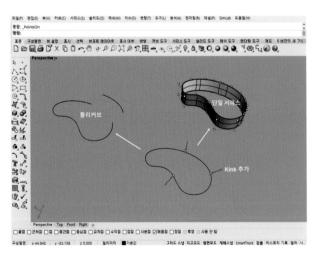

Kink를 커브에 추가하면 커브는 폴리커브로
분해되지만, 서피스는 분해되지 않습니다.

Q&A kink를 없앨 수는 없나요?

🏃 Rebuild 명령으로 커브를 Degree(차수)가 3차 이상으로 재설정해주면 Kink점은 사라집니다. 또는 곡률 연
속인 형태로 커브나 서피스를 만들어주면 됩니다.

Lesson 07 CPlane(작업평면)이란 무엇인가?

CPlane은 Construction Plane의 약어로, 각 뷰포트에 존재하고 있는 작업평면을 말합니다. 모든 오브젝트들은 각 뷰의 작업평면을 기준으로 해서 그려집니다. Top에서 그리면 Top 뷰의 작업평면에, Right에서 그리면 Right 뷰의 작업평면에, Front에서 그리면 Front 뷰의 작업평면에 그려지게 됩니다.

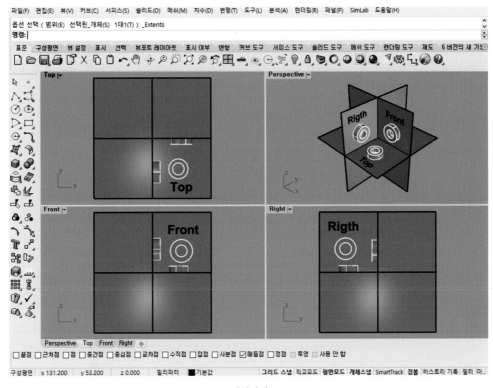

작업평면

Q&A CPlane을 응용한 명령어는 없나요?

모델링 작업을 하다 보면 작업평면을 바꾸어주면서 오브젝트를 생성할 때가 있습니다. 이때 쓰는 명령이 Set CPlane 명령입니다. AUTOCAD의 UCS 좌표를 바꾸어가면서 작업하는 것과 같은 비슷한 원리라고 생각하면 됩니다. 표준 툴바에 있는 구성평면 툴바를 보면 CPlanes을 설정하는 명령어들이 다양하게 있습니다.

변형 툴바에도 🔲 RemapCPlane 명령과 🔲 ProjecToCPlane 명령이 있습니다.

Lesson 08 Polysurface(폴리서피스)와 Solid(솔리드)

Polysurface와 Solid오브젝트에 대해 알아보고 솔리드 오브젝트 간의 Boolean(불리언)연산과 어떤 솔리드 오브젝트가 있는지 알아보겠습니다.

❶ Polysurface(폴리서피스) 와 Solid(솔리드)

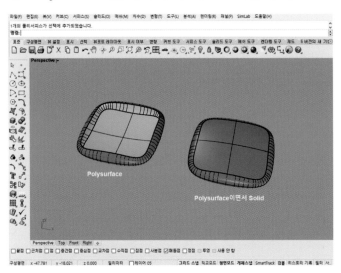

Polysurface와 Solid

폴리서피스는 서피스가 2개 이상 붙어 있는 상태입니다. Solid는 서피스의 Edge(모서리)들이 결합하여 닫혀 있는 상태입니다.

반올림   서피스의 안과 바깥 설정

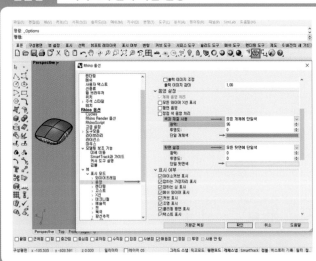

라이노 ⚙ Option 항목에서 서피스의 안과 밖을 설정할 수 있습니다.

---

❷ Solid의 종류

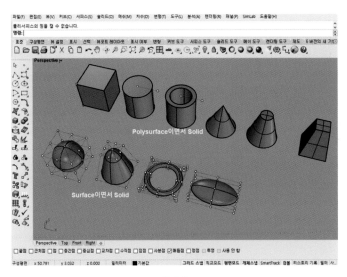

Solid

라이노에서 솔리드의 종류는 두 가지입니다. 첫번째는 2개 이상의 서피스가 결합하여 닫혀 있는 상태의 폴리서피스(Solid), 두번째는 단일 서피스로 구성된 솔리드 오브젝트입니다. 이 둘의 차이점은 CP 편집의 유무에 있습니다. Polysurface는 CP 편집을 원칙적으로 할 수 없습니다.

❸ Solid 오브젝트의 Boolean 연산

솔리드 오브젝트를 합치거나 빼는 등 계산하는 것이 Boolean 명령입니다. 불리언을 하려면 기본적으로 오브젝트가 솔리드여야 합니다. 라이노에서는 불리언 연산이 4가지가 있습니다.

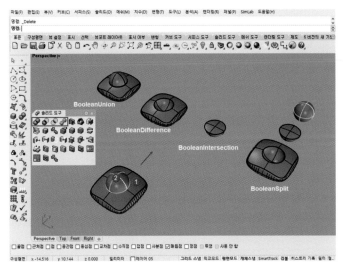

Boolean 연산

[1] Solid 오브젝트 간의 Boolean 연산
불리언은 기본적으로 솔리드 오브젝트끼리 합치고 빼는 작업입니다.

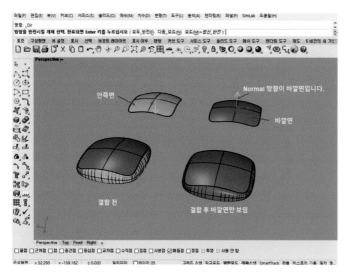

Surface와 솔리드의 Direction 방향

② Solid 오브젝트와 서피스의 Boolean 연산

열린 서피스의 Normal 방향은 앞, 뒤가 바뀔 수 있으며 Normal 방향이 서로 다른 서피스라도 결합(Join)되면 서피스의 Normal 방향은 자동으로 밖을 향하게 됩니다.

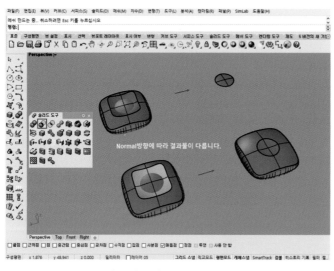

Solid와 Surface의 Booleandifference

솔리드와 서피스의 Normal 방향이 서로 다를 때 ◎ Boolean Difference 명령을 실행하면 결과물이 서로 다르게 나옵니다.

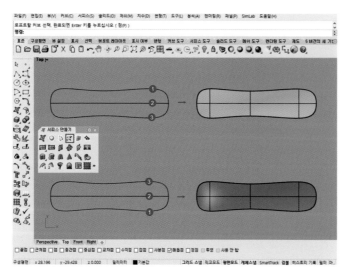

③ 서피스와 Normal 관계

커브의 선택 순서에 따라서 서피스의 안과 밖이 바뀝니다. 여러 서피스 명령들이 이런 원칙을 가지고 만들어 집니다. 서피스의 Normal은 ⬚ Flip 명령으로 반전할 수 있습니다.

④ Solid의 특징

· 항상 Direction(Normal)은 밖을 향합니다.

· 닫혀 있습니다.

· 제어점을 켤 수 없습니다.

⑤ 불리언 연산에 오류가 나는 경우

파이프의 Seam 부분과 불리언하려는 서피스의 경계가 겹치면 불리언이 안 되는 경우가 종종 생깁니다. 이럴 때는 파이프의 Seam 위치를 변경하거나 Seam과 겹치지 않게 오브젝트를 이동시켜야 합니다.

Chapter

4

NURBS 커브 이해하기

라이노에서는 커브에 대한 이해가 중요합니다. 커브의 속성은 서피스에도 똑같이 적용됩니다.
Degree(차수)와 Knot에 대해서 더 자세히 알아보겠습니다.

Lesson 01   Degree와 CP와 Knot의 관계

Degree를 이해하고 이와 관련된 커브의 속성들을 알아봅시다.

❶ 라이노의 차수

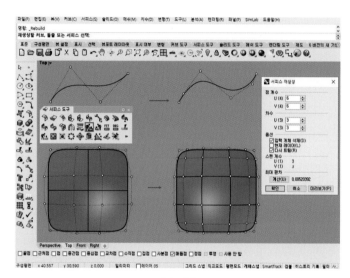

Degree(차수)는 양의 정수이며 1~11까지 존재합니다. Rebuild 명령은 제어점 수와 차수를 변경할 수 있습니다.

Rebuild

Q&A   **Rebuid 명령 말고 Degree를 변경하는 명령은 없나요?**

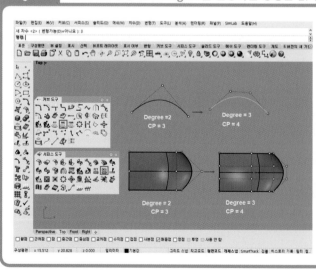

ChangeDegree와 ChangeDegree 명령은 매듭점 구조를 유지하면서 스팬 사이의 제어점 수를 추가하거나 빼는 방법으로 커브 또는 서피스의 Degree를 변경합니다. Degree를 변경할 때는 낮은 차수에서 높은 차수 순으로 변경해야 CP 에디팅이 편해집니다.

❷ Degree

Degree는 NURBS Curve와 Surface의 차수를 말합니다.

❸ 선과 커브의 차수 구분

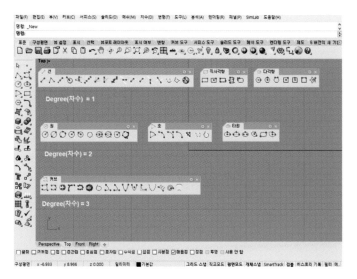

Line, Polyline, Rectangle, Polygon 같은 직선 형태는 모두 차수가 1이며 Arc, Circle, Ellipse는 차수가 2입니다. 라이노에서 곡선이나 곡면을 그리는 것은 Degree = 3인 커브나 서피스입니다. 곡률 연속인 커브나 서피스를 만들기 위해서는 최소 Degree가 3 이상이어야 합니다.

❹ 차수에 따른 곡률

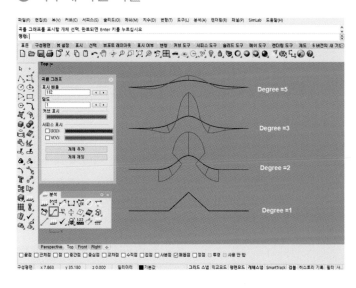

Degree가 높아지면 커브는 부드러워지나 편집하기는 어려워집니다. Degree가 높아질수록 CP(제어점)가 많아지기 때문입니다. 직선은 곡률이 없습니다.

CurvatureGraph 명령으로 커브들의 곡률의 흐름을 볼 수 있습니다.

반올림 Degree =2인 커브의 문제점 알아보기

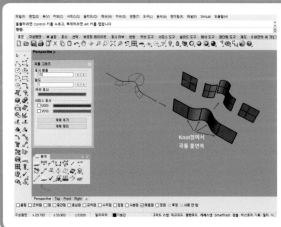

Degree =2인 커브도 곡선이긴 하나 Knot점에서 곡률이 불연속하기 때문에 폴리서피스가 생성됩니다.

❺ Order

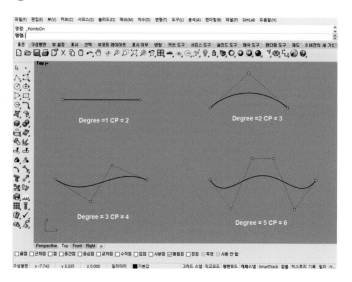

Order = degree + 1, 즉 degree = order-1. 여기서 Order는 Degree를 표현하는 데 필요한 최소한의 컨트롤 포인트 수입니다. Degree = 3인 커브를 생성하겠다면 최소한 CP를 4개 생성해야 합니다. 4개 이상 생성하는 건 상관없으나 3개를 생성하면 자동으로 Degree = 2인 커브가 됩니다.

❻ 차수와 제어점

차수	1	2	3	5	7	9	11
최소CP수	2	3	4	6	8	10	12

차수와 CP와의 관계

Control Point는 적어도 Degree + 1개인 포인트들의 개수입니다. Degree = 3인 커브를 사용하고자 할 때는 CP가 4개 이상 필요합니다. 라이노는 차수가 11차까지 존재하며 소수로 만들어집니다.

❼ Knot와 제어점

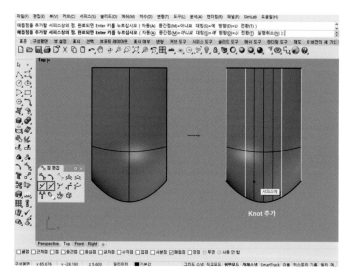

CP(Control Point)는 Knot에 의해 추가 또는 삭제됩니다. CP를 추가하기 위한 Para-meter(매개변수)값이 Knot입니다. 이런 Knot(매듭점)를 추가 또는 삭제하는 명령이 InsertKnot 명령과 RemoveKnot 명령입니다.

❽ Knot

Knot(매듭점)는 또한 Segment(마디) 역할을 합니다. Knot와 Knot 사이가 한 마디가 되므로 이 잘린 마디의 속성은 차수의 속성을 그대로 따라갑니다. 다시 말하면 Degree = 3일 때 Knot와 Knot를 자르면 그 마디는 Degree = 3이고 CP = 4가 됩니다.

Lesson 02　Continuity(연속성) 이해하기

Continuity는 라이노 3D에서 가장 핵심적인 요소입니다. Continuity는 커브와 커브, 또는 서피스와 서피스 간의 연결 속성을 결정짓습니다.

❶ Position(위치 연속성 : G0)

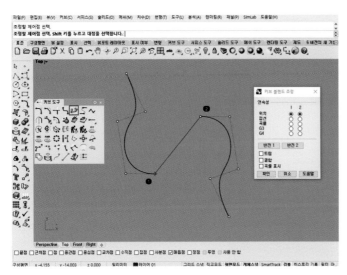

▣ BlendCrv 명령으로 위치를 선택해 연결하면 차수가 1인 직선이 만들어집니다. 제어점은 2개입니다.

❷ Tangency(위치 + 접선(기울기) 연속성 : G1)

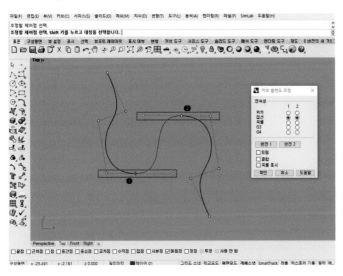

▣ BlendCrv 명령으로 접선을 선택해 연결하면 차수가 3인 곡선이 만들어집니다. 제어점은 4개입니다.

❸ Curvature(위치＋접선(기울기)＋곡률 연속성 : G2)

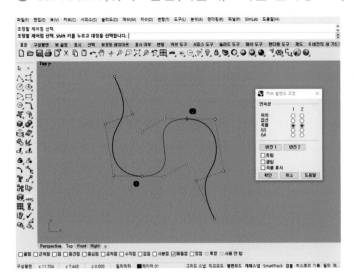

BlendCrv 명령으로 곡률을 선택해 연결하면 차수가 5인 곡선이 만들어지며 제어점은 6개입니다. G2 이상부터는 모두 곡률 연속을 보장합니다.

❹ GCon을 이용한 연속성 알아보기

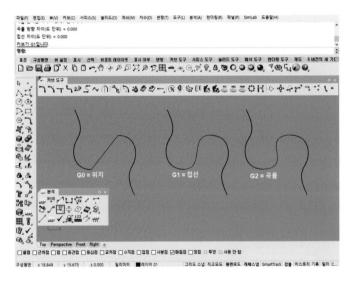

GCon 명령은 두 커브 사이의 기하학적 연속성을 보고합니다. 연속성을 확인해보면 BlendCrv의 연속성과 같습니다.

Continuity(연속성)가 존재하는 명령어들

라이노의 중요한 서피스 명령어에는 연속성을 선택하는 옵션이 꼭 있습니다. 명령어의 종류는 다음과 같습니다.

❶ BlendSrf

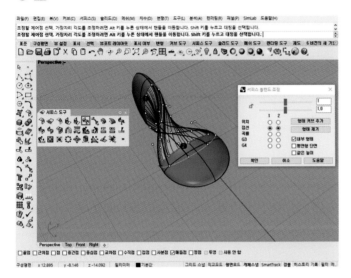

BlendSrf 명령은 두 서피스를 연결하는
서피스를 만듭니다. 커브나 서피스의 연
속성 속성은 같습니다.

❷ MatchSrf

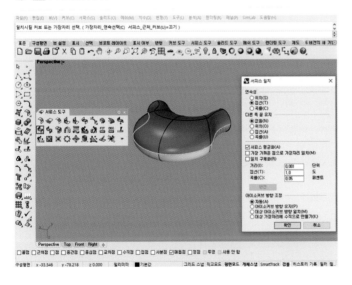

BlendSrf 명령은 두 서피스를 연결하는
서피스를 만듭니다. 커브나 서피스의 연
속성 속성은 같습니다.

❸ 📐 Sweep2

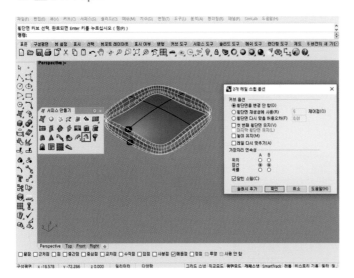

Sweep2 명령은 서피스의 가장자리를 정의하는 2개의 커브와 서피스의 형태를 정의하는 일련의 프로파일 커브를 사용하여 서피스를 맞춥니다.

❹ 📐 NetworkSrf

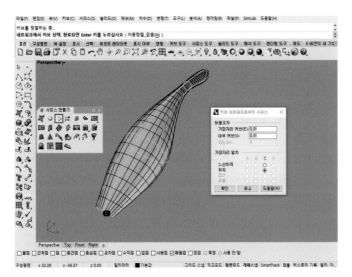

NetworkSrf 명령은 교차하는 커브로 이루어진 네트워크로 서피스를 만듭니다. 한 방향의 커브는 다른 방향에 있는 모든 커브와 교차해야 하며 또한 동일한 방향의 커브는 서로 교차하면 안 됩니다.

Curvature 명령을 이용한 곡률연속 확인

🔧 Curvature 명령은 원의 반지름을 사용하여 커브 또는 서피스 위 한 점의 위치에서 곡률을 계산합니다.

❶ 두 커브를 Blend시켜 Tangency(G1 = 접선)로 설정한 경우

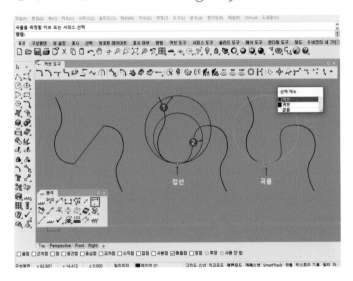

접선 일치일 때 ❶커브의 곡률 반경(빨간 원)과 ❷커브의 곡률 반경(파란 원)이 서로 다릅니다. 접선 일치는 곡률 불연속이기 때문입니다. 접선이 맞아 있기 때문에 각은 지지 않습니다.

❷ 접선 일치일 때 곡률 그래프로 살펴보기

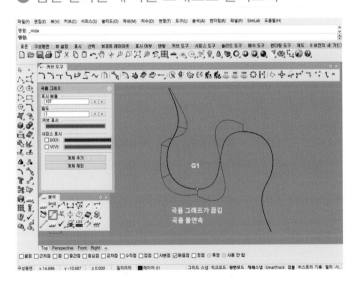

📈 CurvatureGraph 명령은 그래프를 사용하여 곡률을 시각적으로 평가합니다. 접선 일치 부분에 곡률 그래프가 끊겨 있습니다. 곡률 불연속이기 때문입니다.

❸ 두 커브를 Blend시켜 Curvature(G2=곡률)로 설정한 경우

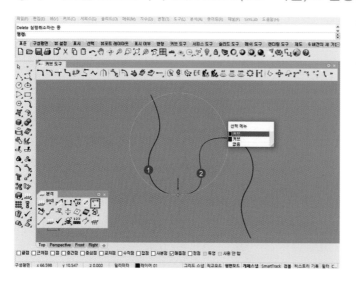

곡률 일치일 때는 ❶과 ❷커브의 곡률 반경이 일치하기 때문에 곡률 연속입니다. 라이노에서는 가장 이상적인 연결입니다.

❹ 앞 결과를 곡률 그래프로 살펴보기

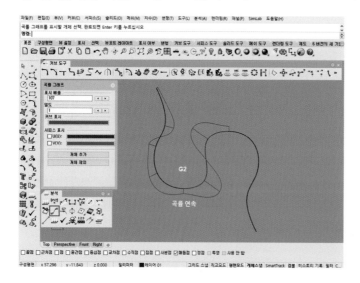

CurvatureGraph 명령으로 곡률 그래프가 끊기지 않고 이어져 있습니다. 이런 곡률 연속은 가장 자연스러운 커브나 서피스를 생성하게 합니다.

❺ Zebra 명령을 이용한 연속성 확인

📄 Zebra 명령은 줄무늬 맵을 사용하여 매끄러운 정도와 연속성을 시각적으로 평가합니다. Zebra 명령은 일련의 시각적인 서피스 분석 명령 중 하나입니다. 이런 명령은 NURBS 서피스 평가와 렌더링 기법을 사용하여 시각적으로 서피스의 매끄러움, 곡률, 기타 중요한 속성을 분석하는 데 도움을 줍니다.

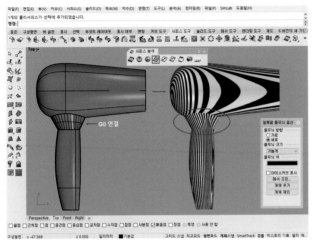

① 연속이 G0일 때 Edge에서의 Zebra

줄무늬가 서피스가 만나는 부분에서 연결되지 않고 끊겨 있습니다. 두 서피스가 서로 접하지만 각이져 있습니다.

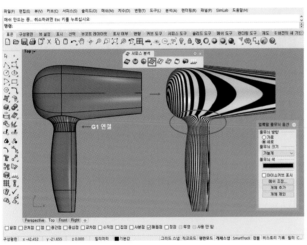

② 연속이 G1일 때 Edge에서의 Zebra

줄무늬가 연결된 부분을 건너는 부분에서 급작스럽게 방향을 바꾸는 것은 두 서피스에서 위치와 접선 방향이 일치함을 의미합니다. 다른 뷰에서도 확인하기 바랍니다.

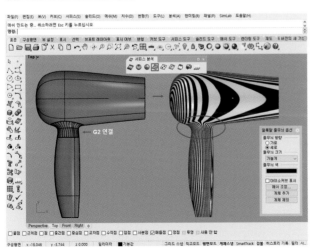

③ 연속이 G2일 때 Edge에서의 Zebra

줄무늬가 일치하고 연결된 부분에서도 매끄럽게 계속되면 두 서피스의 위치, 접선 방향, 곡률이 일치함을 의미합니다. BlendSrf, MatchSrf, 또는 NetworkSrf 명령으로 연결된 서피스에서 이러한 줄무늬가 나타납니다. NetworkSrf 명령의 옵션에서 서피스 가장자리를 커브 네트워크의 일부로 사용하는 경우, 위와 같은 연결 상태가 가능합니다.

❻ Emap(Enviroment Map, 환경 맵)을 이용한 시뮬레이션

◉ EMap 명령은 서피스에 반사된 이미지를 사용하여 서피스 표면의 매끄러운 정도를 시각적으로 평가합니다.

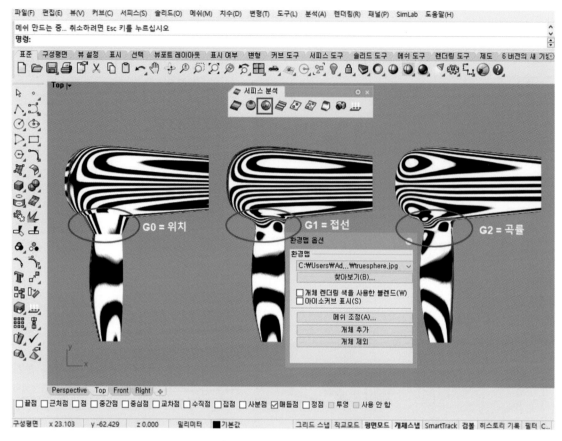

① 연속이 G0일 때 Edge에서의 환경 맵

서피스의 연결된 부위를 보면 환경 맵 자체가 단절되게 표현됩니다. 이는 G0이 연속된 서피스이기 때문입니다. 맵핑이 끊기거나 시제품을 만들 때 이런 부위는 날카롭게 각이 집니다.

② 연속이 G1일 때 Edge에서의 환경 맵

G1보다는 좋은 서피스 특성을 보이며 접선 기울기가 맞아떨어진 곳이므로 곡률은 불연속일지라도 보다 자연스러운 맵핑이 가능하고 시제품 제작 시 각이 없는 형상이 만들어집니다.

③ 연속이 G2일 때 Edge에서의 환경 맵

가장 이상적인 곡률 연속을 가지므로 자연스럽게 서피스가 연결되고 맵핑 또한 자연스럽게 적용됩니다. 시제품 역시 깔끔한 형태의 서피스로 만들어집니다.

Q&A Emap(환경 맵)이 적용된 상태에서 오브젝트를 돌려볼 수는 없나요?

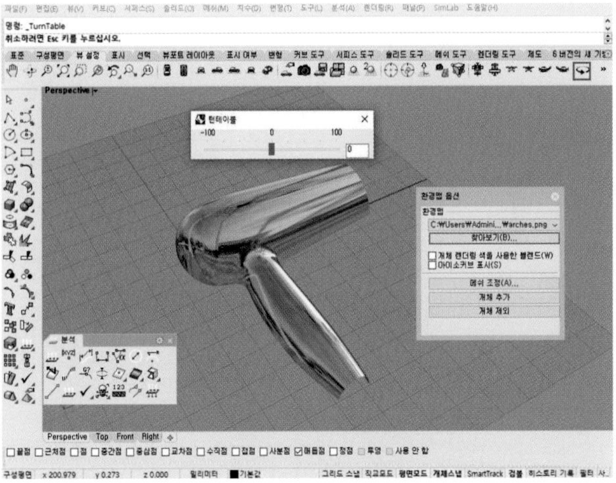

환경 맵이 적용된 상태에서 Turntable 명령을 실행하면 턴테이블 창이 나오고 슬라이더를 움직이면 오브젝트가 회전됩니다.

❼ 연속성을 유지한 채로 편집하기

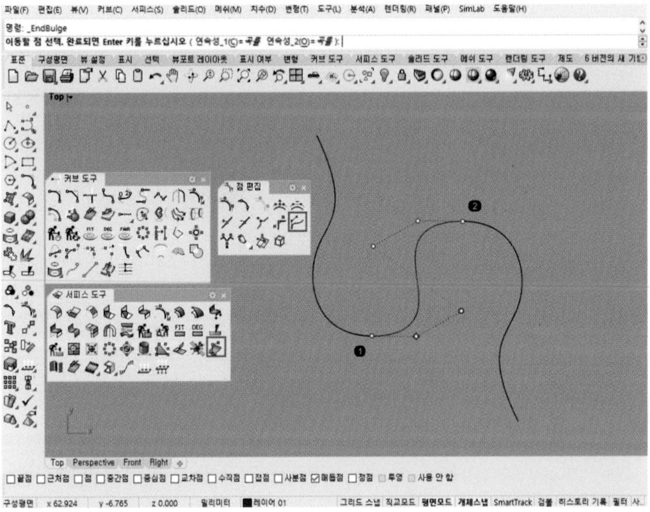

연속성을 맞추었으면 연속성의 조건이 되는 제어점을 유지하면서 CP를 편집해 줄 수 있는데 이때 사용할 수 있는 명령이 EndBulge 명령입니다. 커브와 서피스에 둘 다 존재합니다.

5

꼭 알아야 하는 명령어들

라이노의 명령어는 많이 있지만 이 장에서는 필수적으로 쓰이는 서피스 명령어들에 대해서 알아보겠습니다.

Lesson 01   Surface 툴바

라이노에서 서피스를 생성하는 중요한 명령어는 크게 6가지가 있습니다. 라이노를 처음 접하시는 분들은 꼭 이 여섯 가지 명령어들을 이해하고 특징을 알고 있어야 합니다. 이외의 명령어는 의외로 간단하기 때문에 쉽게 익힐 수 있습니다.

❶ ▦ EdgeSrf

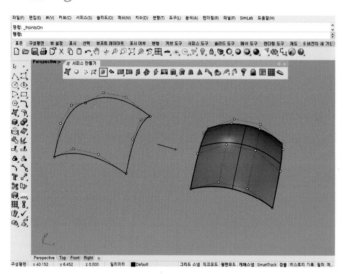

EdgeSrf 명령은 둘, 셋, 또는 네 개의 선택된 커브로 서피스를 만듭니다.

■ 특징

· 커브와 서피스의 제어점 수가 같습니다.
· 커브의 Degree(차수)가 2일 때 폴리서피스가 됩니다. 차수의 영향을 받습니다.
· Untrim 서피스입니다.

❷ ▦ Loft

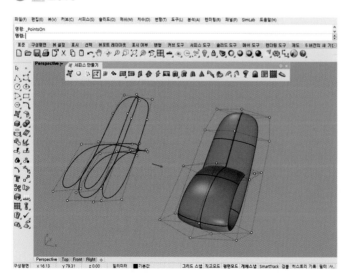

Loft 명령은 선택된 프로파일 커브에 서피스를 맞춥니다. 라이노에서 가장 활용도가 높은 명령입니다.

■ 특징

· 프로파일 커브의 제어점 수가 같아야 균일하게 아이소커브가 생성됩니다.
· 커브의 Degree가 2일 때 폴리서피스가 됩니다. 차수의 영향을 받습니다.

라이노의 모든 명령은 커브를 시계방향 순으로 선택했을 때와 반시계 방향으로 선택했을 때, 서피스의 안과 밖이 서로 뒤바뀌게 됩니다. 라이노의 몇 가지 명령어는 서피스 바깥 면을 기준으로 실행되므로 서피스는 항상 바깥 면이 보이게 하는 게 좋습니다.

❸ 🔩 Sweep2

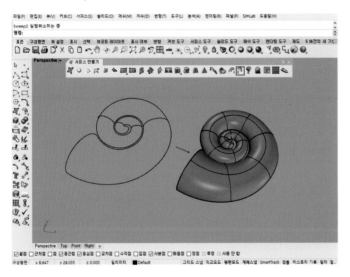

Sweep2 명령은 서피스 가장자리를 정의하는 2개의 커브와 서피스 형태를 정의하는 일련의 프로파일 커브를 사용하여 서피스를 맞춥니다.

■ 특징
· 2개의 레일 커브 속성(차수, 제어점 수)이 같아야 커브의 속성을 따라 서피스가 생성됩니다.
· 생성된 서피스는 중복된 Knot를 가집니다.
· 커브의 Degree가 2일 때 폴리서피스가 됩니다. 차수의 영향을 받습니다.
· Untrim 서피스입니다.

반올림　　　CP, Knot, Isocurve

라이노에서 CP와 Knot는 일심동체라고 보면 됩니다. 또한 Knot 지점에서 Isocurve가 생성되므로 CP, Knot, Isocurve는 항상 같이 붙어 다닙니다. CP를 추가하면 Knot도 자동으로 추가되며 만약 Knot를 지우면 자동으로 CP가 지워집니다. 만약 Isocurve를 지우게 되면 Knot와 CP도 동시에 지워집니다. 셋은 항상 같이 존재합니다.

❹ 🔩 NetworkSrf

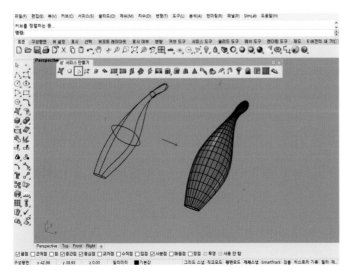

NetworkSrf 명령은 교차하는 커브로 이루어진 네트워크로 서피스를 만듭니다. 한 방향의 커브는 다른 방향에 있는 모든 커브와 교차해야 하며 또한 동일한 방향의 커브는 서로 교차하면 안 됩니다.

■ 특징
· 가장 복잡한 형태의 서피스를 만들 수 있습니다.
· 차수의 영향을 받지 않습니다. 무조건 Degree가 3인 서피스를 만듭니다.
· Untrim 서피스입니다.

⑤ 🐾 RailRevolve

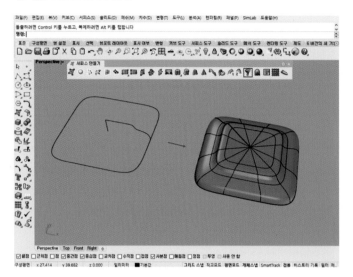

RailRevolve 명령은 서피스 가장자리를 정의하는 레일 커브를 중심으로, 서피스 형태를 정의하는 프로파일 커브를 회전시켜 서피스를 만듭니다

■ 특징

· 커브의 Degree가 2일 때 폴리서피스가 됩니다. 차수의 영향을 받습니다.
· Untrim 서피스입니다.

⑥ ◈ Patch

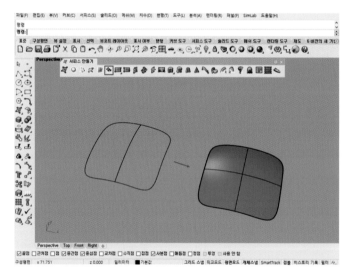

Patch 명령은 선택된 커브, 메쉬, 점 개체, 점 구름을 통과하도록 서피스를 맞춥니다.

■ 특징

· 차수의 영향을 받지 않으며 Degree가 3인 서피스를 만듭니다.
· Trim 서피스입니다.

서피스 도구에 있는 명령어들은 주로 서피스의 연장, 옵셋, 필렛 등의 기본 툴과 서피스의 연속성을 맞춰주는 Match 명령, 서피스의 연속을 맞춰 서피스를 생성하는 Blend 명령, 서피스의 차수나 CP를 재설정하는 Rebuild 명령 등으로 구성됩니다.

❶ FilletSrf

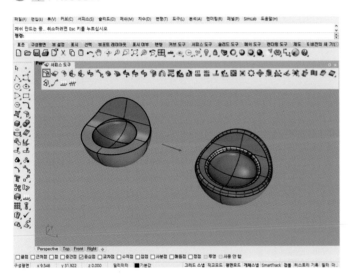

FilletSrf 명령은 2개의 서피스 사이에 일정한 반지름을 가진 둥근 서피스를 하나 만듭니다. FilletEdge로 필렛이 깨질 때 FilletSrf를 활용해도 됩니다.

❷ MatchSrf

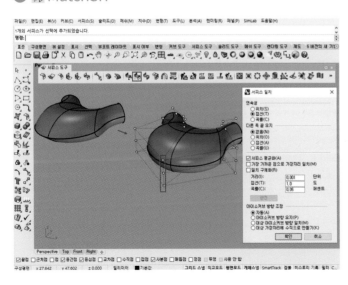

MatchSrf 명령은 2개의 서피스가 맞닿아 있거나 떨어져 있을 때 두 서피스가 만나는 Edge에서의 위치, 접선, 곡률 연속성을 갖도록 조정합니다. 두 서피스가 맞닿아 있을 때는 반드시 쓰도록 합니다.

❸ 🔧 MergeSrf

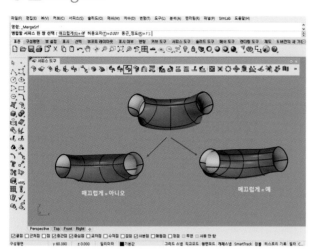

MergeSrf 명령은 두 서피스를 Edge에서 하나의 서피스로 결합합니다. Trim 서피스는 MergeSrf를 할 수 없습니다.

❹ 🔧 BlendSrf

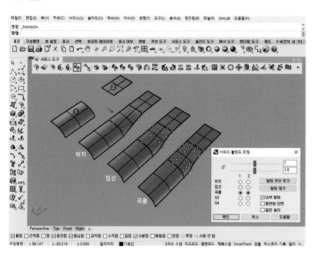

BlendSrf 명령은 2개의 서피스가 서로 떨어져 있을 때 중간을 연결하는 새로운 서피스를 생성합니다. 맞닿은 Edge는 MatchSrf가 됩니다.

반올림   BlendSrf와 MatchSrf의 관계

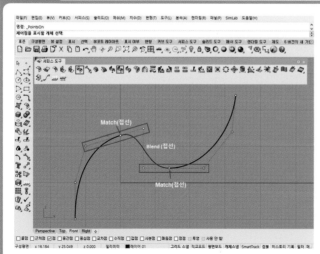

BlendSrf로 생성된 서피스는 기존의 서피스와 맞닿기 때문에 MatchSrf가 된 것과 같습니다. MatchSrf에서 적용되었던 CP 순서가 BlendSrf에서도 똑같이 적용됩니다. Position(끝점)을 체크하면 평면 형태의 서피스가 생성되며 Degree(차수) = 1, CP(제어점) = 2가 됩니다. Tangency(접선)를 체크하면 곡면이 생성되며 Degree = 3, CP = 4가 됩니다. Curvature(곡률)를 체크할 경우 곡면이 생성되며 Degree = 5, CP = 6이 됩니다.

❺ 🏫 Rebuild

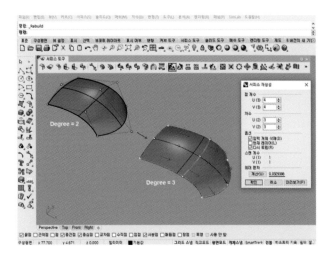

Rebuild 명령은 선택한 단일 서피스의 CP 개수와 차수를 재설정합니다. Rebuild를 하면 항상 Uniform 한 형태로 서피스가 변형되며 좀 더 부드럽게 서피스를 편집할 수 있습니다. 편차가 발생합니다.

❻ 🔠 ChangeDegree

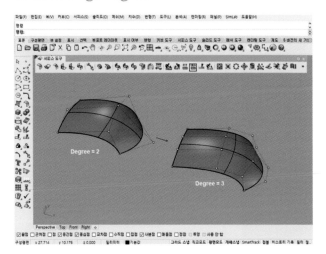

Rebuild 명령과 다르게 형태가 변형되지 않습니다. Degree(차수)를 증가시켜 CP(제어점 수)를 추가합니다.

Degree = 1 ⇨ CP = 2
Degree = 2 ⇨ CP = 3
Degree = 3 ⇨ CP = 4
Degree = 5 ⇨ CP = 6

❼ 🪶 OffsetSrf

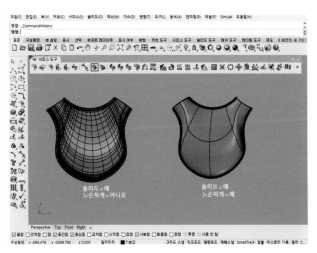

OffsetSrf 명령은 서피스 또는 폴리서피스를 복사하여 복사된 서피스의 위치가 원래 서피스로부터 동일하게 지정된 거리에 있게 됩니다.

⑧ 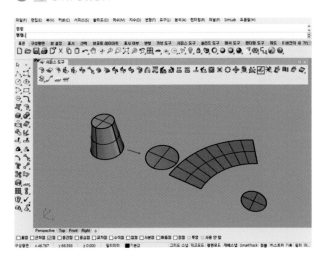 UnrollSrf

UnrollSrf 명령은 서피스 또는 폴리서피스를 평면형 서피스에 대해 1방향의 곡률로 전개합니다. 복곡면은 전개되지 않습니다.

반올림　단곡면과 복곡면 비교

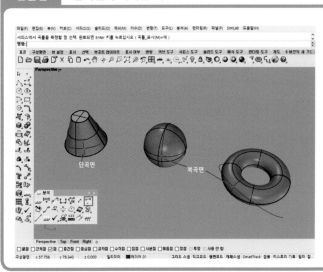

Curvature 명령어로 서피스의 곡률을 표시합니다. 명령 실행 후 서피스를 선택하면 곡률을 나타내는 선이 나옵니다. 복곡면인 경우 곡률이 양방향으로 표시됩니다. 단곡면인 경우 한쪽 곡률은 직선 형태를 띕니다.

⑨ 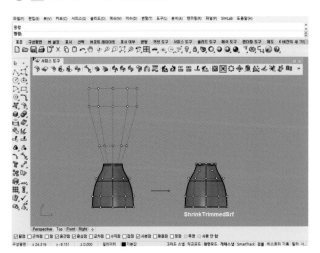 ShrinkTrimmedSrf

ShrinkTrimmedSrf 명령은 트림 서피스의 제어점을 서피스 경계에 가깝게 축소합니다.

⑩ RemoveMultKnot

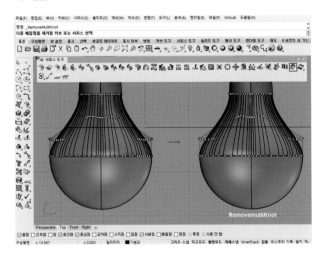

RemoveMultiKnot 명령은 서피스의 중복된 Knot(매듭점)를 제거합니다. Sweep2 명령과 BlendSrf로 만들어진 서피스는 중복된 Knot가 생성됩니다.

⑪ SrfSeam

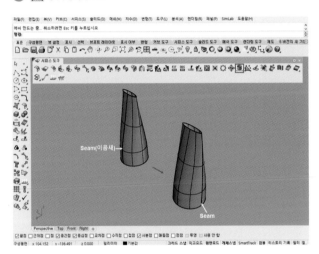

SrfSeam 명령은 서피스의 시작과 끝, 가장자리가 만나는 닫힌 서피스 상의 위치를 변경합니다.

⑫ ExtendSrf

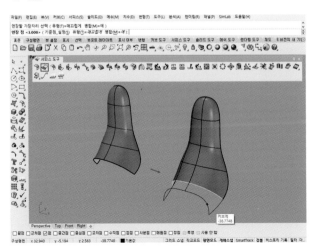

ExtendSrf 명령은 서피스 Edge를 움직여 서피스의 길이를 연장합니다.

Lesson 03 솔리드 도구

솔리드 도구에는 솔리드를 합치거나 빼기, 필렛과 같은 명령어와 솔리드 오브젝트의 엣지나 서피스의 이동 구멍 등을 생성할 수 있는 명령어들이 포함되어 있습니다.

① BooleanDifference

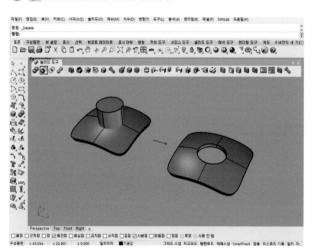

BooleanDifference 명령은 선택된 폴리서피스 또는 서피스에서, 다른 폴리서피스 또는 서피스와 공통된 영역을 잘라냅니다.

② BooleanSplit

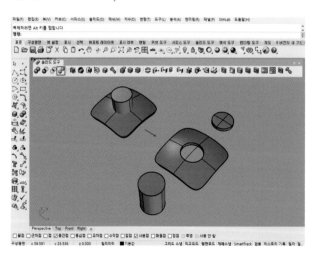

BooleanSplit 명령은 선택된 polysurfaces 또는 서피스의 공통 영역을 나누고, 공통의 영역과 그렇지 않은 영역을 별도의 폴리서피스로 만듭니다.

❸ 🔷 Shell

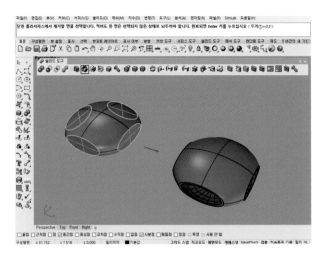

Shell 명령은 솔리드로 속이 빈 쉘(껍데기)을 만 듭니다. 간단한 솔리드 다양체 폴리서피스에서 만 실행됩니다. 이 서피스는 제거되고 남은 부 분이 안쪽으로 간격 띄우기 실행됩니다.

❹ 🔲 FilletEdge

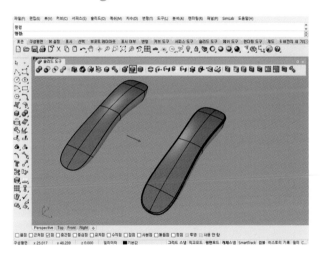

FilletEdge 명령은 여러 개의 폴리서피스 가장자 리 사이에 다양한 반지름 값을 사용하여 접하는 서피스를 만들고, 트림 실행하여 이를 필렛 서피 스에 결합합니다.

❺ 🔲 Cap

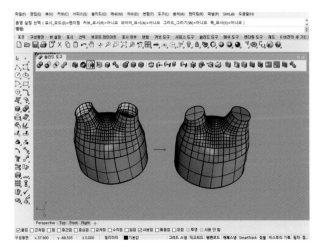

Cap 명령은 평면형 서피스를 구멍 가장자리에 결합시켜 서피스 또는 폴리서피스의 열린 부분 을 채웁니다.

❻ 📚 ExtractSrf

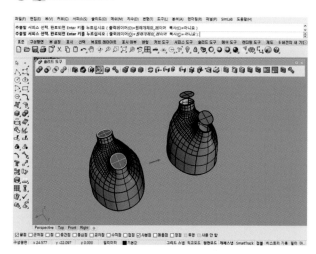

ExtractSrf 명령은 폴리서피스 면을 분리하거나
복사합니다.

❼ 📦 SolidPtOn

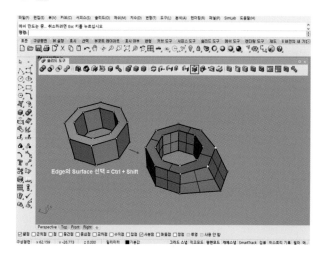

SolidPtOn 명령은 서피스 끝점, 결합된 폴리서피
스 가장자리의 제어점을 켭니다.

Lesson 04　개체로 커브 만들기 툴바

Curve from Object 툴바에는 서피스에서 커브를 추출하거나, Isocurve를 통해 커브 및 교차선 등을 추출하거나, U, V 및 도면을 추출할 수 있는 명령어 등이 있습니다.

❶ 🖫 Project

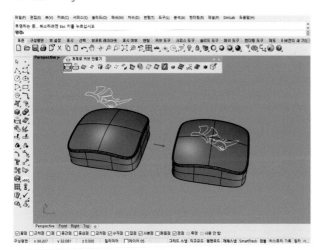

Project 명령은 구성 평면을 향하여 투영된 시피스와 커브, 점의 교차인 서피스에 커브 또는 점을 만듭니다. 현재 작업 창에서 보이는 커브가 그대로 투영됩니다.

❷ 🗇 DupBorder

DupBorder 명령은 열린 서피스, 폴리서피스, 해치, 메쉬의 테두리를 복제하는 커브 또는 폴리라인을 만듭니다.

❸ 🗇 ExtractIsoCurve

ExtractIsocurve 명령은 서피스의 지정된 위치에 아이소커브를 복제하는 커브를 만듭니다.

❹ 🗇 ExtractWireframe

ExtractWireframe 명령은 와이어프레임 뷰에 표시되는 서피스, 폴리서피스 아이소커브, 메쉬 가장자리를 복제하는 커브를 만듭니다.

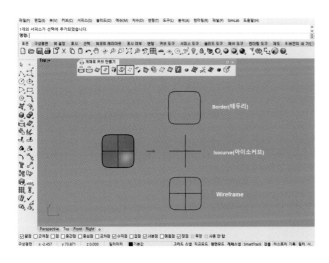

❺ Blend_Perpendicular

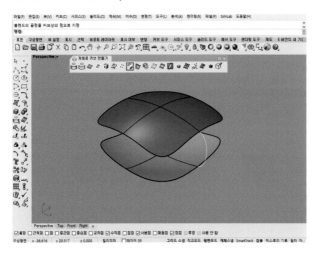

Blend_Perpendicular 명령은 Edge에 수직으로 블렌드 커브를 만듭니다.

❻ Intersect

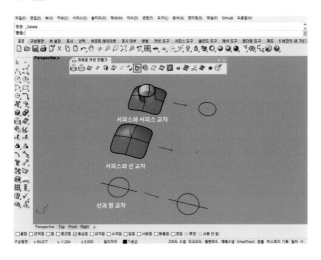

Intersect 명령은 2개 이상의 커브와 서피스가 서로 교차하는 지점에 점 개체 또는 커브를 만듭니다.

❼ Contour

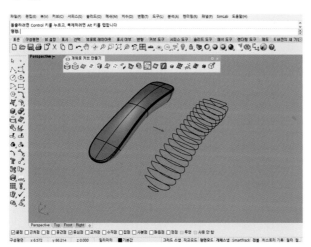

Contour 명령은 커브, 서피스, 폴리서피스, 또는 메쉬를 통과하는 정의된 절단 평면을 교차한 결과인, 일정한 간격을 둔 일련의 평면형 커브와 점을 만듭니다.

⑧ 🔳 Silhouette

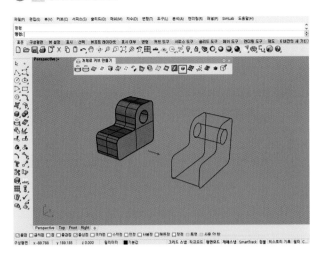

Silhouette 명령은 선택된 서피스, 돌출, 폴리서피스 또는 메쉬 개체로부터 외곽선 커브를 만듭니다.

⑨ 🔳 CreateUVCrv

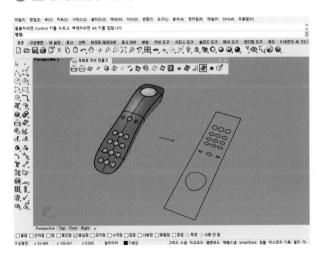

CreateUVCrv 명령은 서피스의 트림되지 않은 경계를 투영하고 커브를 절대좌표 XY 평면 상에 트림합니다. 제어 다각형은 UV 커브의 크기를 결정합니다.

반올림 Control Polygon(제어 다각형)

제어점과 제어점을 잇는 점선입니다.

❿ 🐋 Make2D

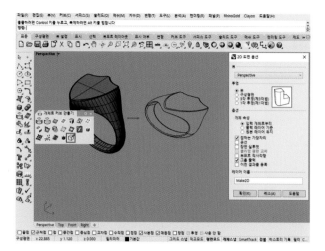

Make2D 명령은 지오메트리를 구성 평면에 투영하여 2D 도면을 만듭니다.

Lesson 05   변형 툴바

이 툴바에는 오브젝트를 회전, 복사, 배열, 크기 조정할 수 있는 명령어들과 솔리드 오브젝트를 변형할 수 있는 다수의 명령어가 있습니다.

❶ 🔧 SoftMove

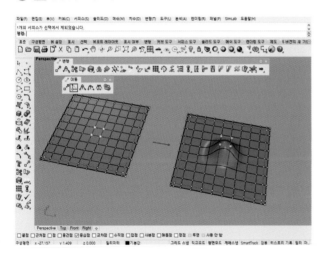

SoftMove 명령은 Falloff 커브로, 이동의 기준 또는 참조 위치에 대하여 상대적으로 개체를 이동합니다.

❷ 🔧 Orient3Pt

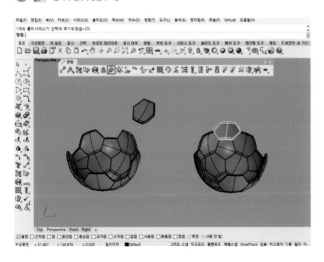

Orient3Pt 명령은 3개의 참조점과 3개의 대상점을 사용하여 개체를 복사/이동하고 회전시킵니다.

❸ OrientOnSrf

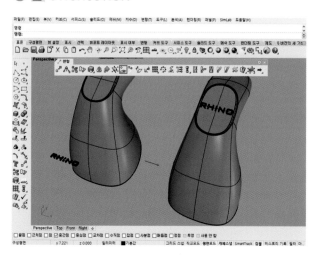

OrientOnSrf 명령은 서피스 법선 방향을 방향의 기준으로 사용하여 서피스 상의 개체를 이동/복사하고 회전시킵니다.

❹ OrientOnCrv

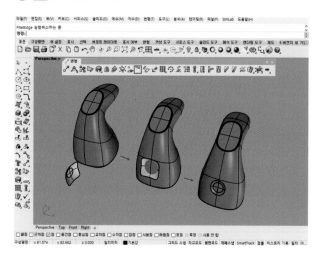

OrientOnCrv 명령은 커브 방향을 방위로 사용하여 커브를 따라 개체를 이동/복사하고 회전시킵니다.

❺ RemapCPlane

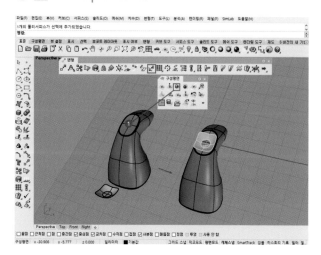

RemapCPlane 명령은 선택된 개체를 다른 구성 평면으로 다시 방위 변형합니다.

❻ ⬚ ArrayCrvOnSrf

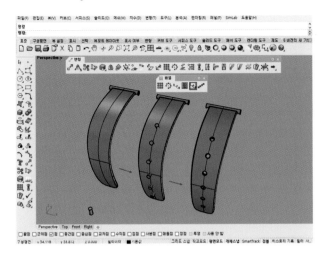

ArrayCrvOnSrf 명령은 서피스 상에 있는 커브를 따라 개체의 복사본을 지정된 간격으로 배열하고 회전시킵니다.

❼ ⬚ SetPt

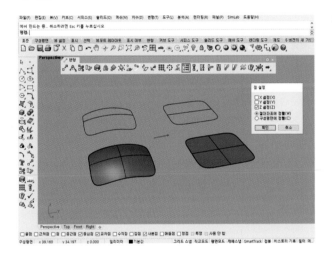

SetPt 명령은 개체를 X, Y, Z 방향의 지정된 위치로 이동시킵니다.

❽ ⬚ Twist

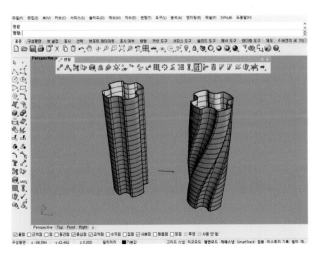

Twist 명령은 축을 중심으로 개체를 회전시켜 변형합니다.

⑨ 📝 Flow

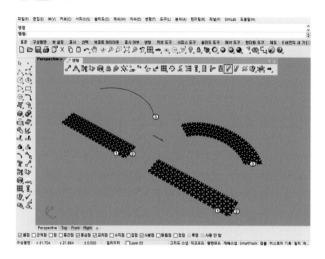

Flow 명령은 기준 커브에서 대상 커브까지 개체 또는 개체 그룹을 다시 정렬합니다.

⑩ 📦 FlowAlongSrf

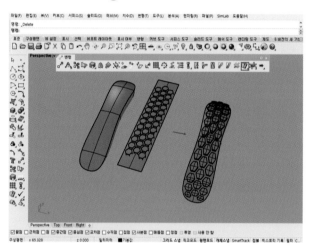

FlowAlongSrf 명령은 원본 서피스에서 대상 서피스로 개체를 모프(morph) 변형합니다.

⑪ 🖼 CageEdit

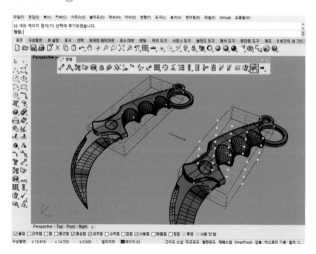

CageEdit 명령은 2차원, 3차원적인 케이지 개체를 사용하여 개체를 매끄럽게 변형합니다.

Lesson 06 분석 툴바

분석 툴바에는 각종 이상 유무를 검사하는 명령과 서피스의 흐름 등을 분석하는 명령어들이 있습니다.

❶ Dir

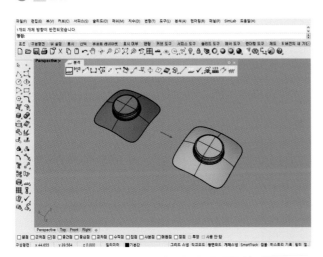

Dir 명령은 방향 분석 제어를 열고, 커브, 서피스, 폴리서피스의 방향을 표시합니다.

❷ CurvatureGraph

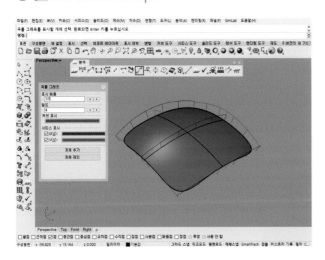

CurvatureGraph 명령은 그래프를 사용하여 곡률을 시각적으로 평가합니다.

❸ 🗹 ShowEdges

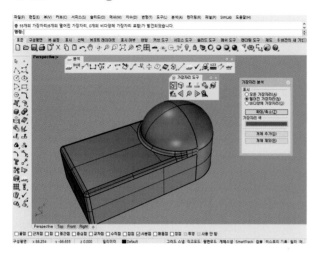

ShowEdges 명령은 서피스, 폴리서피스, 메쉬의 열린 Edge를 표시합니다.

❹ 🗹 SplitEdge

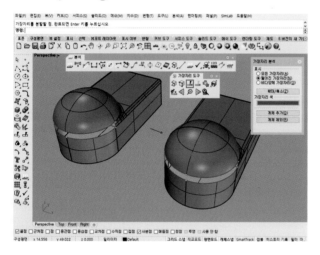

SplitEdge 명령은 지정한 위치에서 서피스 가장자리를 나눕니다.

❺ 🗹 JoinEdge

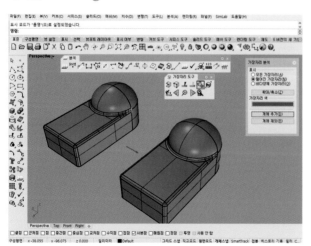

JoinEdge 명령은 허용오차의 범위를 넘는 2개의 떨어진 가장자리를 결합합니다.

6

Rhino 3D 6 새 명령

이 장에서는 Rhino 3D 6에 추가된 새 명령어들에 대해서 알아보겠습니다. Rhino 3D 6에서는 오류들이 개선되어 좀 더 편리한 사용이 가능해졌습니다.

❶ AddGuide 玍

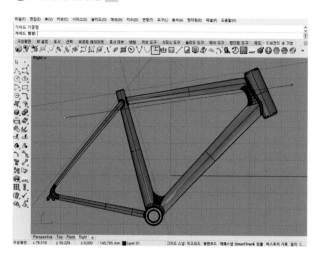

이 명령어는 임시 모델링 보조 기능으로 사용할 수 있는 무한대의 선을 만듭니다. 玍 RemoveGuide 명령으로 보조선을 제거합니다.

❷ AMF 파일 가져오기 / 내보내기

라이노에서 재질 적용

모든 3D 프린터에서 가공되는 3D 객체의 모양과 구성을 기술할 수 있도록 설계된 XML 기반 파일 형식입니다. 이전 모델인 STL 형식과 달리 AMF는 개체의 색상과 재료에 대한 정보를 가지고 있습니다.

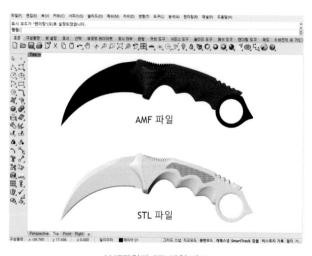

AMF파일과 STL파일 비교

다음 그림은 AMF와 STL 파일을 비교한 것입니다. 금속 재질의 경우 검은색으로 표현되며 플라스틱 재질은 적용된 색상이 표현됩니다.

❸ Catanary ⌣

Catenary 명령은 케이블 또는 사슬이 양쪽 끝에만 고정되어 자체 무게로 인해 아래로 쳐져 매달린 커브, 즉 현수선(양 끝이 고정되어 있는 끈이 중력에 의하여 이루는 자연스러운 곡선)을 그립니다.

Catenary 활용 사슬

❹ CopyLinkedBlock(아이콘화 되지 않았습니다.)

Insert로 불러온 파일을 블록 지정한 후 CopyLinkedBlock 명령으로 복사해 링크합니다.

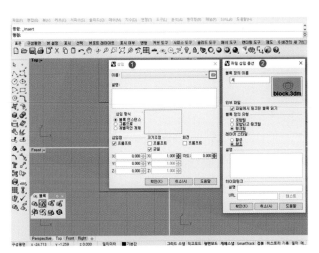

1 Insert 명령으로 'block.3dm'파일을 불러옵니다. 블록 정의 이름을 A로 하고, 옵션을 그림처럼 체크합니다.

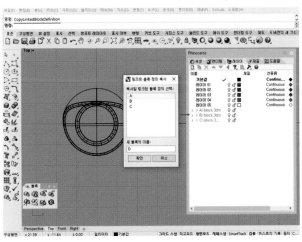

2 명령 프롬프트에 CopyLinkedBlockDefinition를 입력하고 새 블록 이름을 B, C, D 순으로 반복해 복사합니다. 레이어 창에 복사된 블록이 나타납니다. 레이어 색상을 변경합니다.

③ Insert 명령으로 이름 항목에 B, C, D 순으로 삽입합니다.

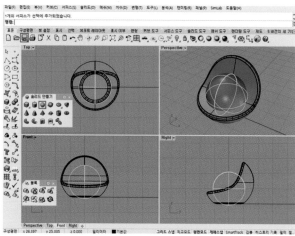

④ 라이노를 새롭게 시작해 'block.3dm' 파일을 불러온 후 Sphere 명령으로 구를 만들고 Save 명령으로 저장합니다.

⑤ BlockManager 명령으로 각 블록을 선택하고 '업데이트'를 해줍니다.

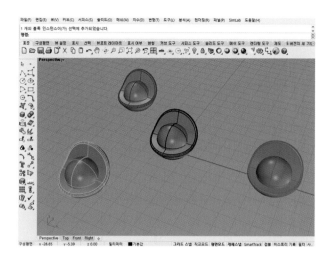

⑥ 복사된 블록이 변경됩니다.

❺ DevLoft

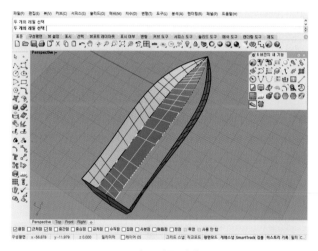

DevLoft 명령은 두 레일 사이에 전개 가능한 단일 서피스를 만듭니다. 결과로 얻은 서피스는 UnrollSrf 명령으로 평면화할 수 있습니다.

DevLoft로 만든 서피스

반올림 Interactive Mode(대화식 모드) 사용 방법

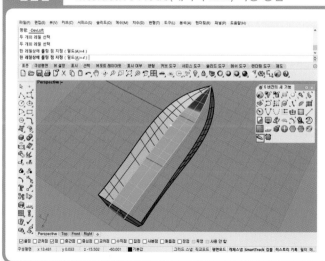

명령어 앞에 하이픈을 입력합니다.

예) - DevLoft

대화식 모드에서는 옵션을 통해 세밀하게 조정하여, 원하는 서피스를 만들 수 있습니다.

▇ Rulings(룰링) 직선 긋기. 전개 가능한 서피스 상의 직선 단면을 가로지르는 선입니다. 전개 가능한 서피스는 스트레치 또는 압축 왜곡을 최소화하고, 룰링 선을 따라 구부려 평평한 평면이 될 수 있습니다.

❻ Distribute ⊞

Distribute 명령은 개체를 균일하게 분산시킵니다.

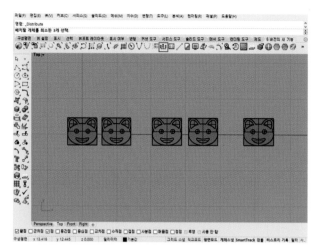

불균등하게 나열된 오브젝트

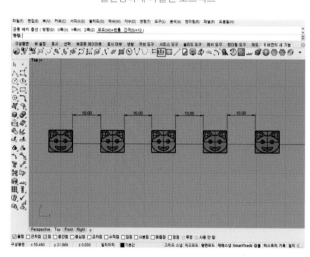

모드 =빈틈과 간격 =10 X축 배열

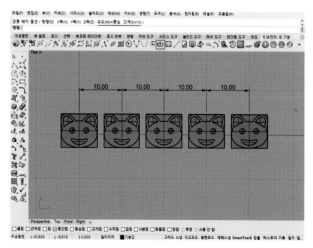

모드 =중심과 간격 =10 X축 배열

[1] 불균등하게 오브젝트가 배열된 상태

[2] Distribute 명령으로 오브젝트 배열(빈틈 모드)

[3] Distribute 명령으로 오브젝트 배열(중심 모드)

❼ DragStrength ⏺

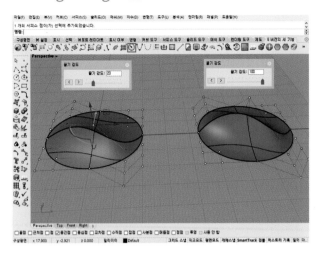

DragStrength 명령은 검볼을 끌어오는 세기를 말합니다. 개체를 마우스로 끌어오는 세기(제어점 포함)를 설정합니다. 수치가 높을수록 많이 당겨집니다.

❽ ExtendSrf ⏺ 의 강화

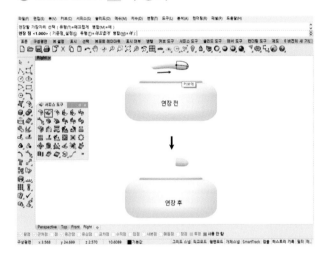

ExtendSrf 명령으로 보다 쉽게 가장자리를 클릭하여 안과 밖으로 끌어 연장시킬 수 있습니다. 또한 추가된 병합 옵션을 통해, 연장(또는 수축)이 별도의 서피스가 될 수 있습니다.

❾ FilletEdge ⏺

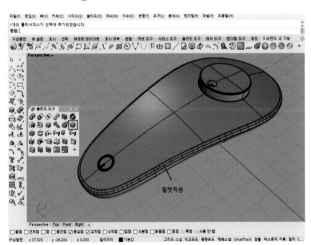

FilletEdge의 필렛을 했을 때는 반지름과 선택을 편집할 수 있습니다. 편집은 필렛 처리된 폴리서피스의 복사본과 파일 내보내기/가져오기에서도 유지됩니다. 또한 필렛 명령이 개선되었습니다.

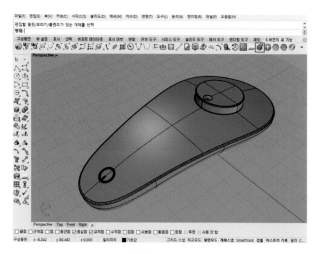

적용된 필렛을 변경하고자 할 경우에는 Fillet-Edge(편집) 📦 명령으로 리모콘의 몸체를 선택한 후 적용된 엣지의 필렛 반지름을 변경하면 됩니다.

필렛값을 변경 후

❿ FlowAlongSrf 🗁

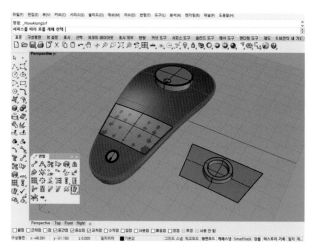

FlowAlongSrf 명령의 새로운 '법선 제한' 옵션을 사용하여 개체를 모프 변형할 때 기본적인 구조를 유지할 수 있습니다. 평면에 있는 개체에 구배를 추가하고 개체의 구배 방향을 유지할 수 있게 되었습니다.

FlowAlongSrf 명령 전

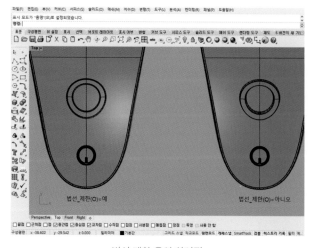

법선 제한 옵션 차이점

⓫ History의 강화

▪ MatchSrf ⤵ 에서 히스토리 사용

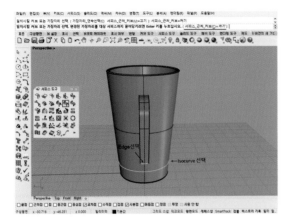

① MatchSrf 명령을 실행하고 손잡이 아랫부분의 엣지를 선택합니다. '서피스 근처 커브(C)＝켜기'로 변경한 다음 Isocurve를 선택합니다.

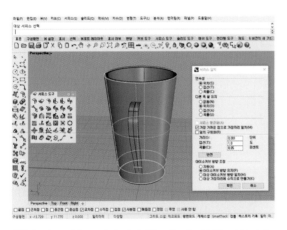

② 옵션은 다음 그림과 같이 체크 한 뒤 명령을 마칩니다.

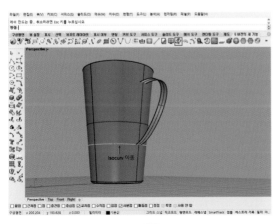

③ MoveExtractedIsocurve ⤴ 명령으로 Isocurve를 이동하면 매치된 부분의 손잡이 끝부분도 같이 움직입니다.

▪ BlendSrf ⤵ 에서 히스토리 사용

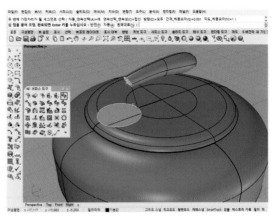

① BlendSrf 명령으로 연결할 두 엣지를 선택합니다.

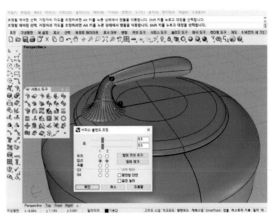

② 옵션을 설정합니다.

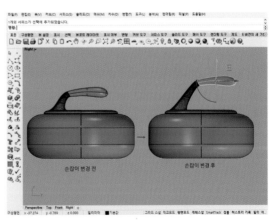

③ 손잡이를 선택하고 검볼을 사용하여 이동하면 블렌드로 생성된 서피스도 함께 움직입니다. 검볼을 사용하여 회전, 스케일도 변경 가능합니다.

⓬ IPlane(InfinitiPlane) ✏️

무한 평면(InfinitePlane) 옵션을 사용하면 개체와 무한대로 펼쳐진 어느 한 평면을 교차시켜 점/커브를 얻을 수 있습니다. 단독 명령으로도 쓰이고 BooleanSplit 🔗과 같은 명령과 함께 쓰이기도 합니다.

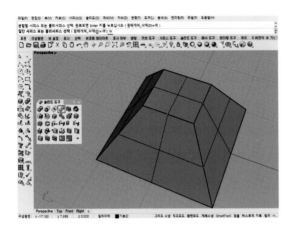

① BooleanSplit 명령을 실행하고 육면체를 선택한 다음 Enter 합니다. ip를 입력하고 Enter 합니다.

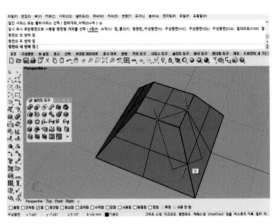

② 옵션 중에 3점(P) 항목을 클릭한 다음 3점을 선택합니다.

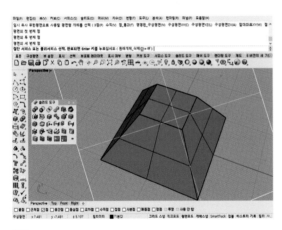

③ 3점을 지나는 무한 평면이 생성됩니다.

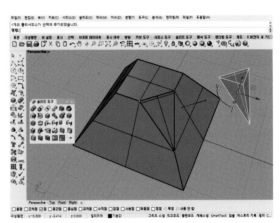

④ 잘린 서피스를 이동시킬 수 있습니다.

⑬ Isolate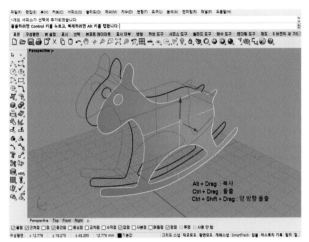

Isolate 명령은 기존 버전에 있었던 '숨기기 반전'을 대체합니다.

⑭ Gumball Extrude(검볼 돌출)

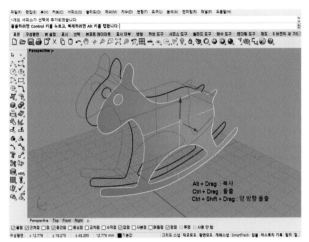

검볼을 사용하여 점 또는 양쪽 변을 돌출시킬 수 있습니다. Point를 선택하여 [Ctrl] + Drag하면 선으로 돌출됩니다.

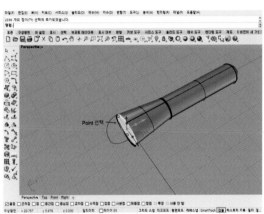

① Point를 선택합니다.

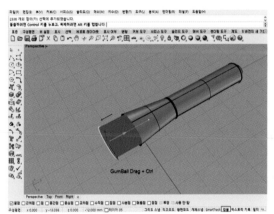

② 검볼로 Point를 이동하고 [Ctrl] 키를 누릅니다.

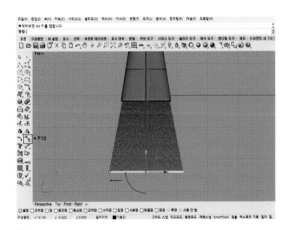

③ 선의 제어점을 켜고 검볼의 크기 조정 핸들로 크기를 늘립니다.

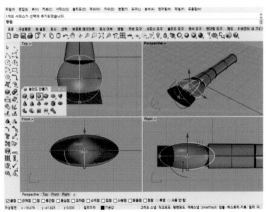

④ 🔵 Sphere 명령어로 구를 그리고 검볼을 활용해 크기를 줄입니다.

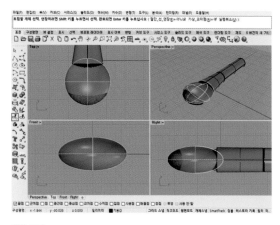

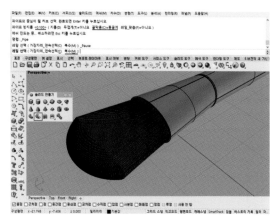

⑤ ⬚ Trim 명령으로 구를 경계로 튀어나온 선을 지워
줍니다. 구는 지웁니다.

⑥ ⬚ Pipe 명령으로 선을 선택하고 파이프를 만듭니다.

⑮ MeshFromLines ⬚

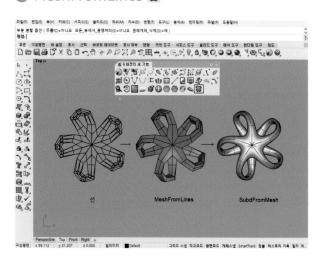

MeshFromLines 명령은 교차하는 선으로 메쉬
를 만듭니다.

Q&A   SubdFromMesh 명령은 어디에 있나요?

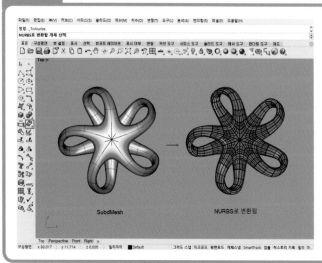

MeshFromLines과 SubdFromMesh 명
령은 기존의 T - Splines에 있던 명령어로,
Rhino 3D 6 버전에 추가되었습니다. Rhino
3D 6 WIP(개발 버전) 당시에는 명령 프롬프
트에서 명령어 앞 단어만 입력하면 자동 완
성되었으나 SubdFromMesh 명령은 그 설
정에서 제외되어서 명령어를 모두 입력한
상태에서 Enter 해야 실행됩니다.
다음 버전인 Rhino 3D 7에 다양한 기능이
포함될 예정입니다. SubdMesh는 ToNurbs
⬚ 명령으로 NURBS로 바뀝니다.

⑯ OneView 🔲

OneView 명령은 하나의 창에서 모델링하는 방식에 적합하게, 활성화시킨 구성 평면을 절대좌표 Top, Bottom, Front, Right, Left, Back에 설정할 수 있습니다. 이 모드는 뷰포트를 최대화된 Perspective 뷰로 자동 설정합니다. 뷰를 회전하여 절대좌표 구성 평면의 평면 뷰, 절대좌표 Top, Bottom, Front, Right, Left, Back에 가까이 가면, 해당 뷰와 연결된 구성 평면이 활성화됩니다.

⑰ OffsetMultiple 〰️

OffsetMultiple 명령은 여러 커브를 복사하여, 복사된 커브 상의 모든 위치가 원래 커브로부터 지정된 거리로 떨어지게 합니다.

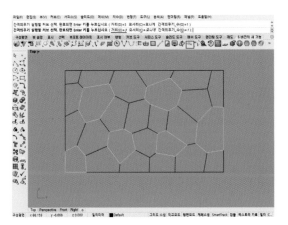

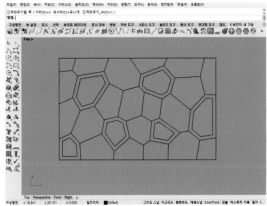

① OffsetMultiple 실행 후 옵셋하고자 한 선을 모두 선택합니다.

② 폐곡선의 안쪽을 클릭하면 안쪽으로 옵셋됩니다.

⑱ Picture 🖼️

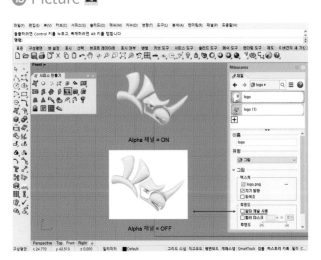

Picture 명령은 기존의 BackgroundBitmap 명령과 PictureFrame 명령을 대체하며, 자체적인 간단한 재질 유형을 갖췄습니다.

Alpha 채널은 오브젝트에 입힐 텍스처(보통 이미지 파일을 일컬음)의 투명도를 조절할 때 쓰이는 채널이며 포토샵에서 만들 수 있습니다.

■ **Alpha 채널이 지원되는 이미지 저장 방식**

투명도 지원 PNG(.png), Targa(.tga), TIF(.tif .tiff)
투명도 미지원 JPG(.jpg .jpeg), PCX(.pcx), Windows 비트맵(.bmp)

⑲ PointCloudContour(아이콘화 되지 않았습니다)

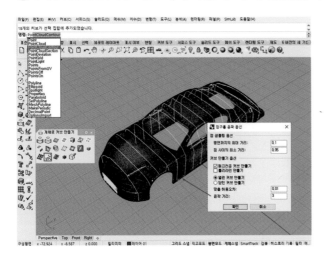

PointCloudContour 명령은 점 또는 점 구름 개체와 평면을 교차시켜 평면형 커브를 만듭니다. 유사 명령은 PointCloudSection 명령입니다.

⑳ RemoveAllNakedMicroEdges

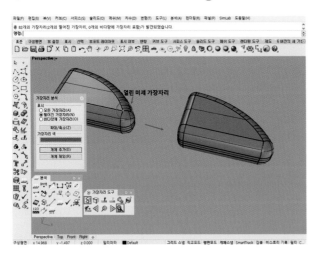

RemoveAllNakedMicroEdges 명령은 크기가 매우 작은, 떨어진 단일 가장자리를 제거합니다. 이러한 가장자리는 연산 오류를 일으키는 원인 중의 하나입니다. 열린 Edge의 확인은 ShowEdges 명령으로 열린 미세 가장자리를 확인하고 RemovedAllNakedMicroEdges 명령으로 열린 미세 가장자리를 메꾸어 줍니다.

㉑ ShowEnds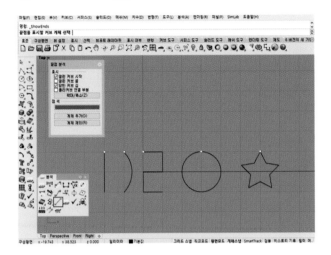

ShowEnds 명령은 끝점 분석 제어를 열고, 커브의 끝점을 표시합니다.

㉒ Thickeness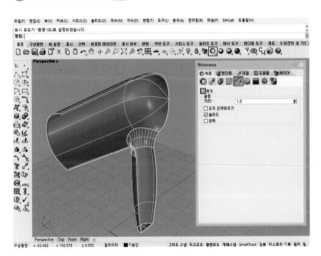

Thickeness 명령은 선택된 개체의 두께 속성을 관리합니다. Properties 명령의 개체 속성 명령어 중 하나입니다. 쉐이드나 렌더링 시 보이는 두께입니다.

㉓ ViewCaptureTo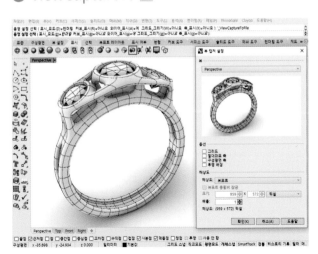

ViewCaptureToFile 명령은 현재 뷰의 이미지를 파일로 저장합니다.

■ 그 밖의 개선된 점들

· ReduceMesh 명령으로 입력 메쉬의 감소를 더 많이 제어할 수 있게 되었습니다.
· 더 많은 명령에서 히스토리가 지원됩니다. 지원 되는 명령은 아래와 같습니다.

> BlendSrf
> Bounce
> ChamferSrf
> FilletSrf
> InterpCrvOnSrf
> MatchSrf
> MoveExtractedIsocurve
> VariableFilletSrf

· 부울 연산이 같은 위치를 공유하는 면에서 더욱 안정적으로 실행됩니다.
· STEP 가져오기 기능이 완전히 새롭게 작성되어 폴리서피스 지원이 향상되었습니다.

| 반올림 | 시작하기 전에 읽어두기 |

① 마우스 사용법

■ LMB(Left Mouse Button, 마우스 왼쪽 버튼)

오브젝트를 선택
(Shift) + 오브젝트 선택 ⇨ 오브젝트 추가 선택
(Ctrl) + 오브젝트 선택 ⇨ 선택 오브젝트 해제

■ RMB(Right Mouse Button, 마우스 오른쪽 버튼)

이전 명령 실행 또는 작업 마침
Pan(화면 이동) Perspective 뷰에서는(회전)

■ MMB(Middle Mouse Button, 마우스 가운데 버튼, 휠 버튼)

화면 확대/축소
Popup 메뉴

② 오브젝트 선택방법

■ Window Box(창 상자)	LMB + 드래그(좌측에서 우측으로 드래그)
	실선으로 표시되며 오브젝트가 포함되어야 선택됩니다.
■ Crossing Box(교차 상자)	LMB + 드래그(우측에서 좌측으로 드래그)
	점선으로 표시되며 오브젝트가 점선에 걸치기만 해도 선택됩니다.
■ 추가 선택	(Shift) 키 누름
■ 선택 해제	(Ctrl) 키 누름

③ 자주 쓰는 단축키

Esc	작업 취소	F1	도움말 보기
Ctrl + N (New)	새로운 작업 시작	F2	History 보기
Ctrl + O (Open)	파일 열기	F3	Object Properties(객체 특성보기)
Ctrl + S (Save)	파일 저장	F7	Grid On, Off(격자 켜기/끄기)
Ctrl + C (Copy)	복사	F10	Control Points On(제어점 켜기)
Ctrl + V (Paste)	붙여넣기	F11	Control Points Off(제어점 끄기)
Ctrl + A (All)	모두 선택		
Ctrl + Z (Undo)	작업취소		

④ 자주 쓰는 용어 이해하기

Surface(면)	서피스 폴리곤은 Face라 부릅니다.
CP(Control Point, 제어점)	폴리곤은 Vertex라 부릅니다.
Solid(솔리드)	닫힌 오브젝트
Polysurface(폴리서피스)	2개 이상 붙어있는 서피스
Object(객체)	라이노에서 사용되는 점, 선, 면 등을 통틀어 객체라 부릅니다.
Osnap(오스냅)	Object Snap
CPlane(Construction Plane)	작업 평면
Click(마우스 왼쪽 버튼 누름)	주로 선택하는 기능
Enter (마우스 오른쪽 버튼 기능)	키보드의 Space Bar 도 같은 기능

⑤ 라이노 예제파일은 각 챕터의 3dm 폴더에 이미지는 image 폴더에 있습니다.

⑥ 동영상 강좌 일정은 http://cafe.naver.com/rhino3dworld 카페에 공지됩니다.

Chapter

7

다이아몬드 만들기와 구조

이 장에서는 다이아몬드 만드는 방법과 다이아몬드의 구조에 대해 알아보겠습니다.

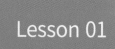

Lesson 01　다이아몬드 만들기

라이노의 기본적인 명령어를 이용하여 다이아몬드를 만드는 방법에 대해서 알아보겠습니다.

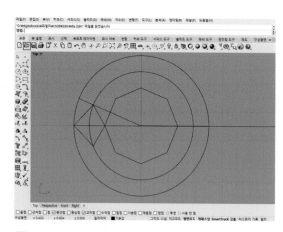

1️⃣ 📂 Open 명령으로 "dia.3dm" 파일을 불러옵니다.

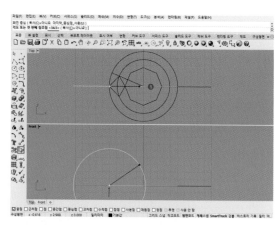

2️⃣ Rotate 명령으로 ❶선을 선택하고 Front 뷰에서 화살표가 지시하는 끝점에서 34.5° 회전시킵니다.

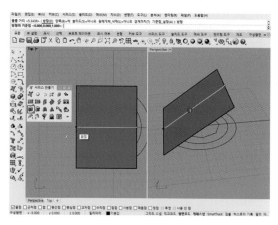

3️⃣ ExtrudeCrv 명령으로 ❶선을 양방향으로 돌출합니다.

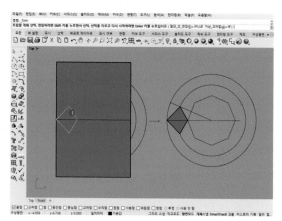

4️⃣ Trim 명령으로 ❶선을 경계로 필요 없는 부분의 서피스를 선택하여 지웁니다.

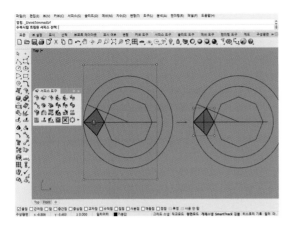

⑤ ❶ 서피스를 선택하고 🔲 ShrinkTrimmedSrf 명령으로 제어점을 트림서피스에 맞춥니다.

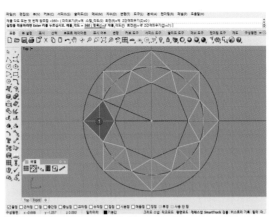

⑥ 🔅 ArrayPolar 명령으로 ❶ 서피스를 원점에서 360° 8개 회전합니다.

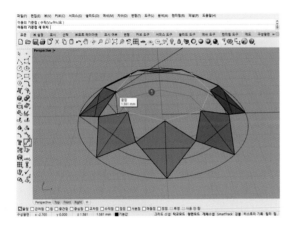

⑦ 🔳 Move 명령으로 ❶ 선을 서피스의 끝점으로 수직으로 이동합니다.

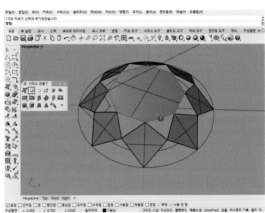

⑧ 🔘 PlanarSrf 명령으로 ❶ 선을 선택하여 평면을 만듭니다.

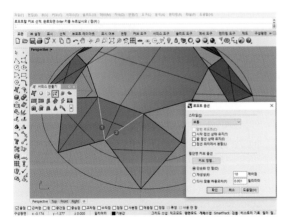

⑨ 🔲 Loft 명령으로 ❶과 ❷ 엣지를 선택하여 서피스를 만듭니다.

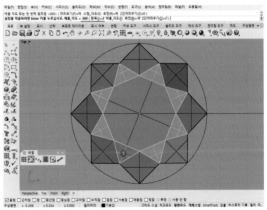

⑩ Top 뷰에서 🔅 ArrayPolar 명령으로 ❶ 서피스를 360° 8개 회전합니다.

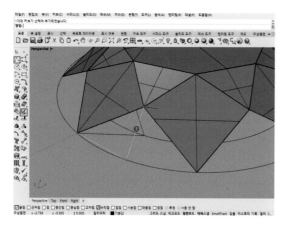

⑪ ⋀ Polyline 명령으로 ❶선을 그림처럼 만든 후 ⬱ Explode명령으로 ❶선을 분해합니다.

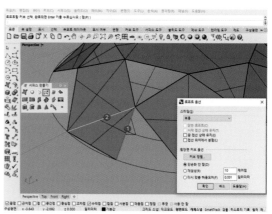

⑫ ⫘ Loft 명령으로 ❶선과 ❷엣지를 선택하여 서피스를 만듭니다.

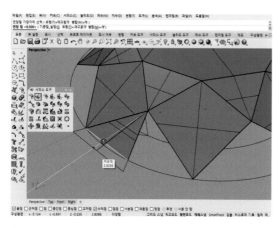

⑬ ⬳ ExtendSrf 명령으로 ❶엣지를 선택하여 서피스를 0.5mm 연장합니다.

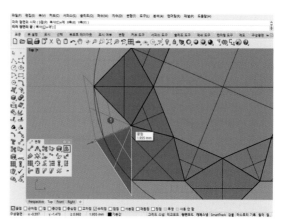

⑭ ⬰ Mirror 명령으로 ❶서피스를 그림처럼 대칭 복사합니다.

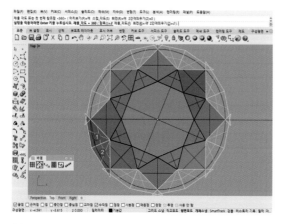

⑮ ⬢ ArrayPolar 명령으로 ❶과 ❷서피스를 선택하고 원점에서 360° 8개 회전합니다.

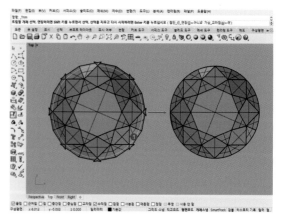

⑯ ⬲ Trim 명령으로 ❶원을 경계로 원의 바깥쪽 서피스를 선택하여 그림처럼 지웁니다.

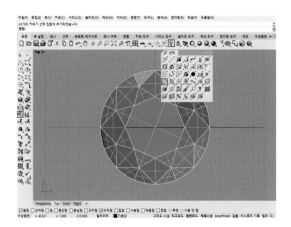

⑰ SelSrf 명령으로 모든 서피스를 선택하고 Join 명령으로 붙입니다. 붙인 서피스를 선택하고 Hide 명령으로 숨깁니다.

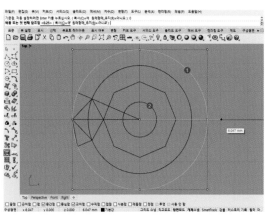

⑱ Scale2D 명령으로 ❶ 선을 선택하고 원점에서 0.25 배로 복사 축소하여 ❷ 원을 만듭니다.

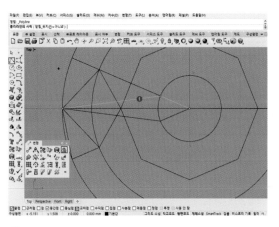

⑲ PolyLine 명령으로 ❶ 선을 그림처럼 만든 후 Mirror 명령으로 ❶ 선을 원점에서 그림처럼 대칭복사 합니다.

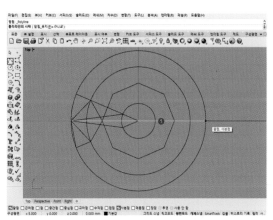

⑳ PolyLine 명령으로 원의 사등분 점을 연결하는 ❶ 선을 만듭니다.

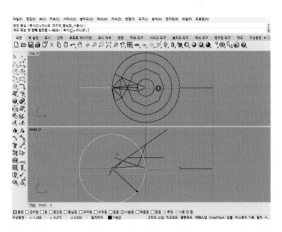

㉑ Rotate 명령으로 ❶ 선을 선택하고 Front 뷰에서 화살표의 끝점에서 –40.8° 회전합니다.

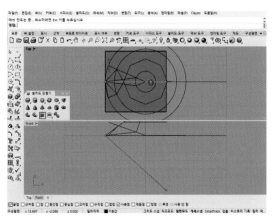

㉒ ExtrudeCrv 명령으로 ❶ 선을 양방향으로 돌출합니다.

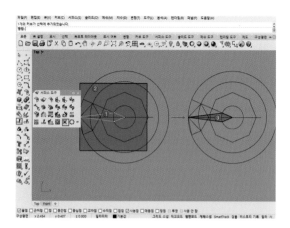

23 Trim 명령으로 ❶선을 경계로 ❷서피스를 선택하여 지웁니다. 트림된 ❸서피스를 선택하고 ShrinkTrimmedSrf 명령으로 제어점을 트림서피스에 맞춥니다.

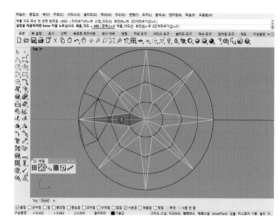

24 ArrayPolar 명령으로 ❶서피스를 선택하고 원점에서 360° 8개 회전합니다.

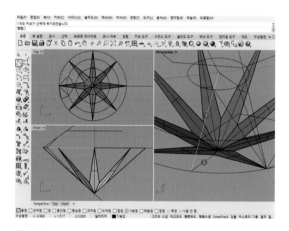

25 PolyLine 명령으로 그림처럼 ❶과 ❷선을 하나씩 만듭니다.

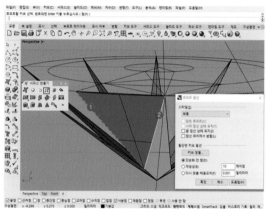

26 Perspective 뷰에서 뷰를 그림처럼 회전 시킨 후 Loft 명령으로 ❶선과 ❷엣지를 선택하여 서피스를 만듭니다.

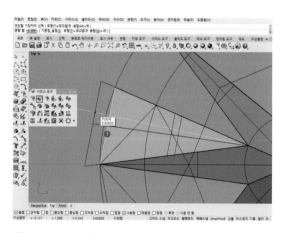

27 Top뷰에서 ExtendSrf 명령으로 ❶엣지를 선택하고 0.5mm 연장합니다.

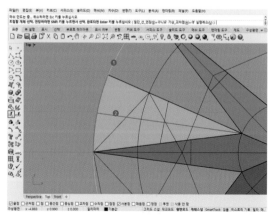

28 Trim 명령으로 ❶원을 경계로 원의 바깥쪽 부분의 ❷서피스를 선택하여 서피스를 지웁니다.

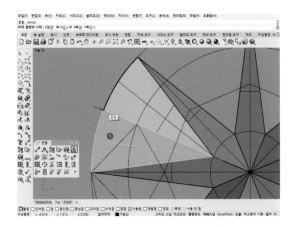

29 　Mirror 명령으로 ❶ 서피스를 선택하고 화살표 지점을 기점으로 그림처럼 대칭복사 합니다.

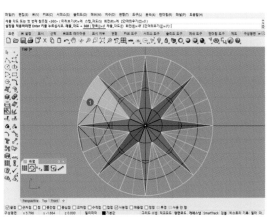

30 　Join 명령으로 두 서피스를 결합한 ❶ 서피스를 ArrayPolar 명령으로 360° 8개 회전합니다.

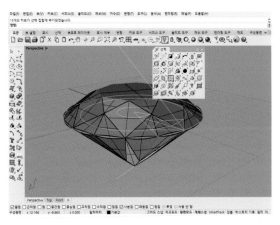

31 　Show 명령으로 객체들을 보이게 한 후 　SelCrv 명령으로 선들을 선택합니다.

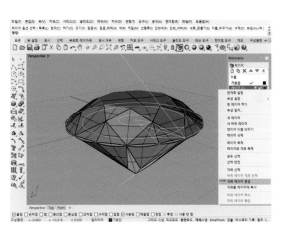

32 　Layer 명령 후 "레이어 01"을 RMB(오른쪽 마우스 버튼)로 선택하고 개체 레이어 변경을 선택 후 레이어는 끕니다.

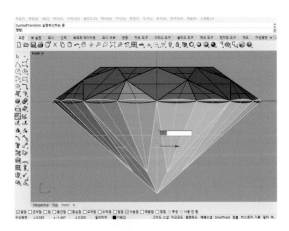

33 　서피스를 모두 선택하고 　Join 명령으로 결합 후 검볼을 활용하여 Z 방향으로 –0.25 이동합니다.

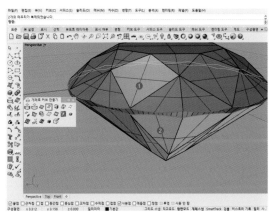

34 　DupBorder 명령으로 ❶ 과 ❷ 서피스의 경계를 커브로 추출합니다.

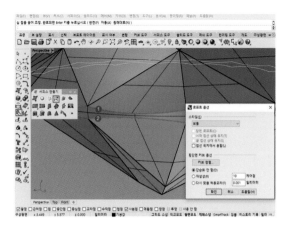 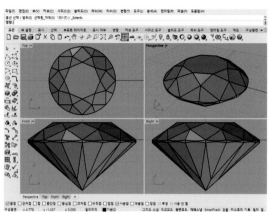

35 🖌 Loft 명령으로 ❶과 ❷선을 선택하여 서피스를 만든 후 🧩 Join 명령으로 서피스를 모두 선택하여 결합합니다.

36 ⊞ 4View 명령으로 모든 뷰포트가 보이게 합니다.

Lesson 02 다이아몬드의 구조와 명칭

다이아몬드의 구조와 종류에 대해서 알아보겠습니다.

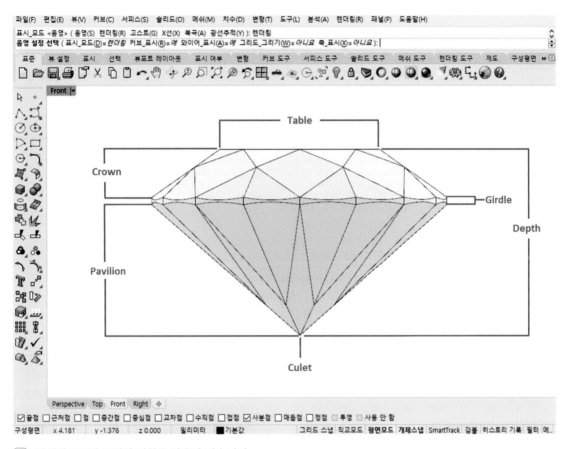

37 다이아몬드의 부위별 명칭은 다음과 같습니다.

Table 다이아몬드 꼭대기에 위치한 가장 큰 광택면
Crown 테이블에서 거들까지 연장되는 다이아몬드의 윗부분
Girdle 크라운과 파빌리온이 만나는 다이아몬드의 가장자리
Pavilion 거들에서 큐렛까지 이어지는 다이아몬드의 바닥 부분
Depth 테이블에서 큐렛까지 측정 된 다이아몬드의 총 높이
Culet 다이아몬드 바닥의 작고 뾰족한 면

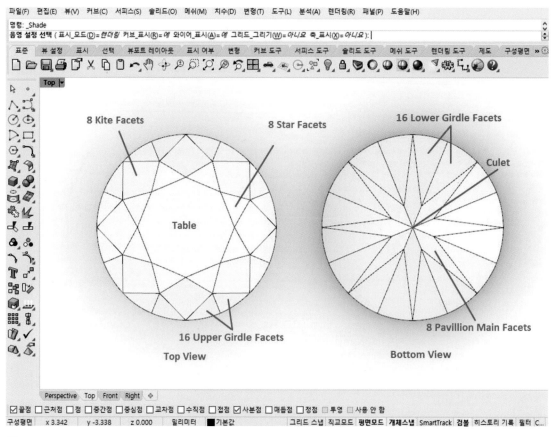

38 다이아몬드의 Facets(깍인 면)의 구성은 그림과 같습니다.

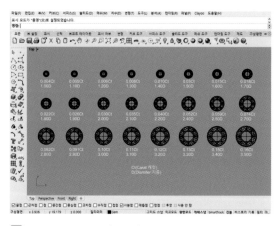

39 다이아몬드 크기(Carat)에 따른 다이아몬드의 지름입니다.

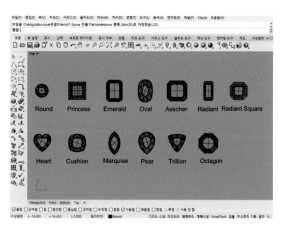

40 다이아몬드 컷에 따른 다양한 다이아몬드의 명칭은 다음과 같습니다.

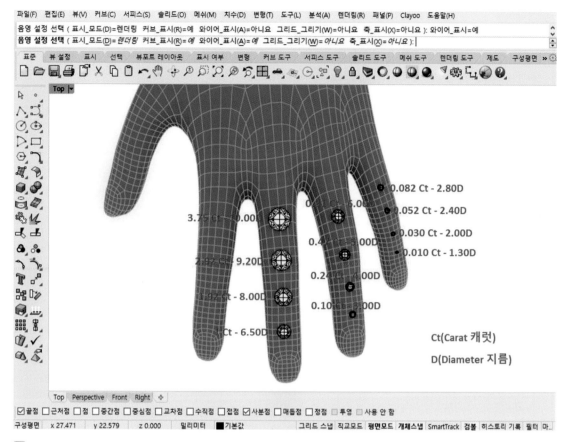

파일(F) 편집(E) 뷰(V) 커브(C) 서피스(S) 솔리드(O) 메쉬(M) 치수(D) 변형(T) 도구(L) 분석(A) 렌더링(R) 패널(P) Clayoo 도움말(H)

음영 설정 선택 (표시_모드(D)=렌더링 커브_표시(R)=예 와이어_표시(A)=아니요 그리드_그리기(W)=아니요 축_표시(X)=아니요): 와이어_표시=예

음영 설정 선택 (표시_모드(D)= 렌더링 커브_표시(R)= 예 와이어_표시(A)= 예 그리드_그리기(W)= 아니요 축_표시(X)=아니요):

Top

0.082 Ct - 2.80D

3.75 Ct - 20.00D   5.06D

0.052 Ct - 2.40D

0.47 Ct - 3.00D

0.030 Ct - 2.00D

2.97 Ct - 9.20D

0.010 Ct - 1.30D

0.24 Ct - 4.00D

1.92 Ct - 8.00D

0.10 Ct - 3.00D

Ct - 6.50D

Ct(Carat 캐럿)

D(Diameter 지름)

Top | Perspective | Front | Right

☑끝점 ☐근처점 ☐점 ☐중간점 ☐중심점 ☐교차점 ☐수직점 ☐접점 ☑사분점 ☐매듭점 ☐정점 ☐투영 ☐사용 안 함

구성평면   x 27.471   y 22.579   z 0.000   밀리미터   ■기본값   그리드 스냅 직교모드 평면모드 개체스냅 SmartTrack 검볼 히스토리 기록 필터 마...

41 손가락에 착용했을 때 대략적인 다이아몬드 캐럿과 지름입니다.

다이아몬드의 지름과 높이를 참고하여 모델링 합니다.

Carat	Dirneter	Depth	Carat	Dirneter	Depth	Carat	Dirneter	Depth
0.01	1.3mm	0.78	0.33	4.5mm	2.70	1.20	6.9mm	4.14
0.02	1.7mm	1.02	0.36	4.6mm	2.76	1.25	7.0mm	4.20
0.03	2.0mm	1.20	0.38	4.7mm	2.82	1.31	7.1mm	4.26
0.04	2.2mm	1.32	0.40	4.8mm	2.88	1.37	7.2mm	4.32
0.05	2.4mm	1.44	0.43	4.9mm	2.94	1.42	7.3mm	4.38
0.06	2.6mm	1.56	0.46	5.0mm	3.00	1.50	7.4mm	4.44
0.07	2.7mm	1.62	0.49	5.1mm	3.06	1.54	7.5mm	4.50
0.08	2.8mm	1.68	0.50	5.2mm	3.12	1.61	7.6mm	4.56
0.09	2.9mm	1.74	0.55	5.3mm	3.18	1.75	7.8mm	4.68
0.10	3.0mm	1.80	0.58	5.4mm	3.24	2.00	8.2mm	4.72
0.11	3.1mm	1.86	0.61	5.5mm	3.30	2.25	8.6mm	5.16
0.13	3.2mm	1.92	0.65	5.6mm	3.36	2.50	9.0mm	5.40
0.14	3.3mm	1.98	0.68	5.7mm	3.42	3.00	9.3mm	5.58
0.15	3.4mm	2.04	0.71	5.8mm	3.48	4.00	10.2mm	6.12
0.16	3.5mm	2.10	0.75	5.9mm	3.54	5.00	11.0mm	6.60
0.17	3.6mm	2.16	0.79	6.0mm	3.60	6.00	11.7mm	7.02
0.18	3.7mm	2.22	0.83	6.1mm	3.66	7.00	12.4mm	7.44
0.20	3.8mm	2.28	0.85	6.2mm	3.72	8.00	13.0mm	7.80
0.22	3.9mm	2.34	0.92	6.3mm	3.78	10.00	14.0mm	8.40
0.23	4.0mm	2.40	0.96	6.4mm	3.80	20.00	17.6mm	10.60
0.25	4.1mm	2.46	0.98	6.45mm	3.87	30.00	20.0mm	12.30
0.27	4.2mm	2.52	1.00	6.5mm	3.90			
0.29	4.3mm	2.58	1.05	6.6mm	3.96			
0.30	4.4mm	2.61	1.10	6.7mm	4.02			
0.31	4.5mm	2.64	1.15	6.8mm	4.08			

Carat(캐럿) Diameter(지름) Depth(높이)

Lesson 03   반지의 구조

반지를 구성하고 있는 각각의 명칭에 대해서 알아보겠습니다.

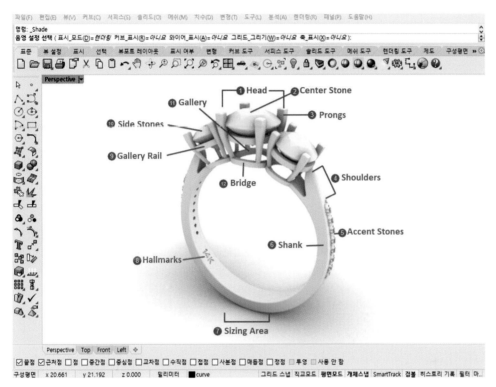

42 반지의 명칭은 다음과 같습니다.

❶ Head 링(반지)에 센터(중앙) 스톤을 고정시키는 부분이며 Prongs(프롱:발)과 붙어있는 조각으로 이루어져 있습니다.

❷ Center Stone 반지에서 주가 되는 스톤입니다.

❸ Prongs 스톤을 잡아주는 발을 말합니다.

❹ Shoulders 반지의 상단 면을 말하며 악센트를 주는 스톤이 놓이는 곳입니다.

❺ Accent Stones 일반적으로 melees(0.25캐럿 이하의 작은 다이아몬드)라고 부르며 Shank을 장식하고 링에 반짝임을 더하는 스톤입니다.

❻ Shank Band 라고도 하며 손가락에 끼우는 몸체를 말합니다.

❼ Sizing Area Shank의 아래 중앙에 위치한 부분으로 금속을 자르거나 떼어내어 크기를 조정하는 부위입니다.

❽ Hallmarks 제조업자가 금속(14K, 18K 등)의 식별 표시를 각인하는 곳입니다.

❾ Gallery Rail 스톤과 Bridge 사이에 있는 레일을 말하며 센터 스톤과 사이드 스톤 프롱을 안전하게 유지시켜 줍니다.

❿ Side Stones 중앙 스톤의 양측에 있는 스톤을 말합니다.

⓫ Gallery Gallery Rail과 Bridge 사이의 빈 공간입니다.

⓬ Bridge 손가락 위에 얹히는 부분입니다.

Chapter

8

기본 반지 만들기

이 장에서는 라이노의 기초 명령을 활용하여 반지의 기본 형태들을 만들어 보도록 하겠습니다.

Lesson 01 평반지 만들기

가장 심플한 반지형태로 라이노의 돌출 명령을 활용하여 쉽게 만들 수 있습니다.

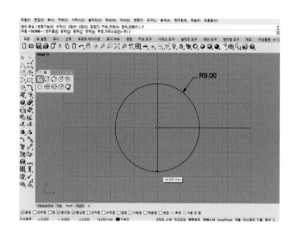

① ⊙ Circle 명령으로 원점에서 지름이 18mm인 원을 만듭니다.

반올림

남성과 여성 반지호수는 다음과 같습니다.

반지호수	반지안지름	반지둘레	반지호수	반지안지름	반지둘레
1호	13.1	44	16호	18	59
2호	13.6	45	17호	18.3	60
3호	13.8	46	18호	18.6	61
4호	14.2	47	19호	19	62
5호	14.5	1.44	20호	19.3	63
6호	14.7	1.56	21호	19.6	64
7호	15	1.62	22호	19.8	65
8호	15.4	1.68	23호	20.1	66
9호	15.8	1.74	24호	20.5	67
10호	16	1.80	25호	20.8	68
11호	16.4	1.86	26호	21.1	69
12호	16.6	1.92	27호	21.5	70
13호	17	1.98	28호	21.8	71
14호	17.2	2.04	29호	22.1	72
15호	17.7	2.10	30호	22.5	73

반지안지름과 반지둘레의 단위는 mm입니다. (▨ 여성 평균 호수 ▨ 남성 평균 호수)

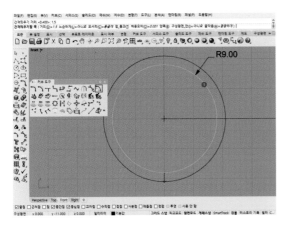

② 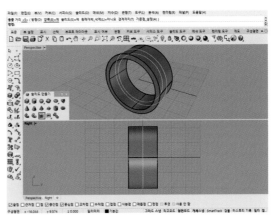 Offset 명령으로 ❶ 원을 1.5mm 간격을 띄웁니다.

③ ExtrudeCrv 명령으로 두 원을 선택해 양방향으로 5mm 돌출합니다.

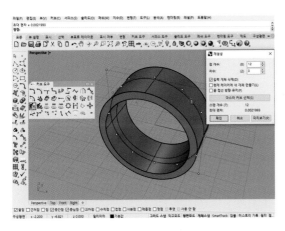

④ ❶ 원을 선택하고 Rebuild 명령으로 점 개수 : 12, 차수 : 3으로 변경합니다.

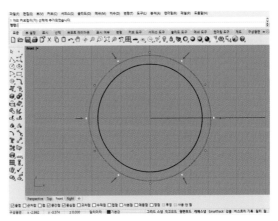

⑤ Front 뷰에서 화살표 지점의 포인트를 (Shift) 키를 누르고 하나씩 선택합니다.

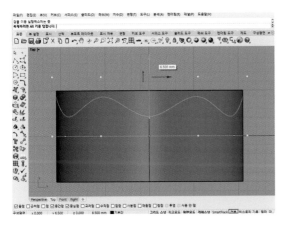

⑥ Top 뷰에서 검볼을 활용하여 Y축 방향으로 6.5mm 이동합니다.

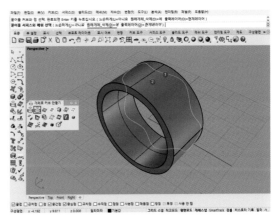

⑦ Pull 명령으로 ❶ 커브를 ❷ 서피스의 Normal(법선)방향으로 입사되게 합니다.

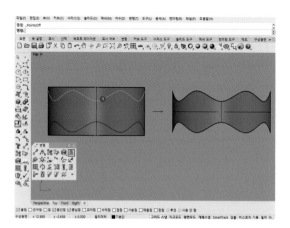

⑧ 〰 Mirror 명령으로 ❶ 커브를 원점에서 대칭복사한 후 〰 Trim 명령으로 선을 경계로 서피스의 바깥 부분을 그림처럼 지웁니다.

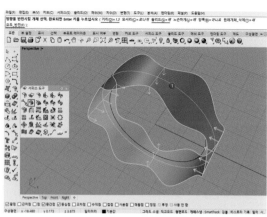

⑨ 〰 OffsetSrf 명령으로 ❶ 서피스를 안쪽방향으로 1.5mm 두께로 솔리드를 만듭니다.

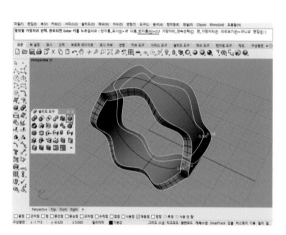

⑩ 〰 FilletEdge 명령으로 엣지를 선택하고 반지름 =0.3mm 필렛을 줍니다.

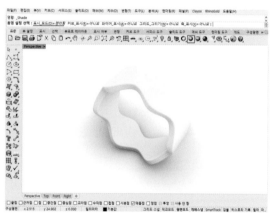

⑪ 〰 Shade 명령의 렌더링 모드로 결과물을 확인합니다.

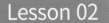
Engagement(약혼) Ring(반지) 만들기

약혼반지를 뜻하며 "엥게이지"라고 불리는 반지입니다. 여기서는 단순한 약혼반지를 만들어 보겠습니다.

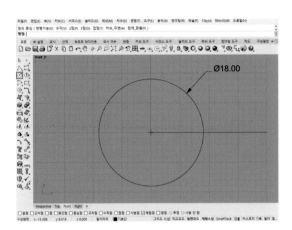

① Front 뷰에서 ⊙ Circle 명령으로 원점에서 지름이 18mm인 원을 만듭니다.

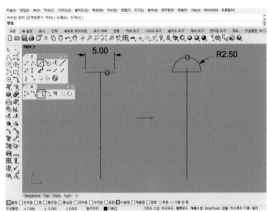

② Right 뷰에서 ╱ Line 명령으로 5mm인 ❶선을 만들고 ⌐ Arc 명령으로 ❷호를 만듭니다.

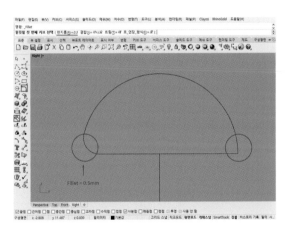

③ ⌐ Fillet 명령으로 빨간 원 부분을 0.5mm 필렛합니다. 필렛을 한 호와 선들은 ♨ Join 명령으로 결합합니다.

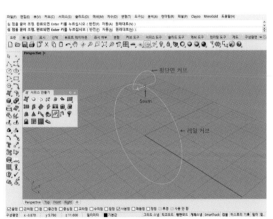

④ ⚙ Sweep1 명령으로 레일 커브와 횡단면 커브를 선택해 서피스를 만듭니다. Seam점은 중간으로 이동 후 명령을 실행합니다.

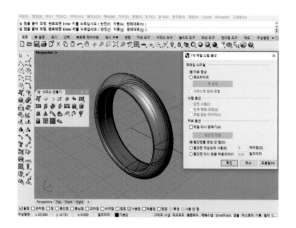

⑤ 옵션은 기본으로 설정하고 서피스를 만듭니다.

⑥ ⬤ Shade 명령으로 결과물을 확인합니다.

Lesson 03 볼록반지 만들기

일본씩 용어로 "고마루" 반지라고 하며 볼록한 형태의 반지를 말합니다.

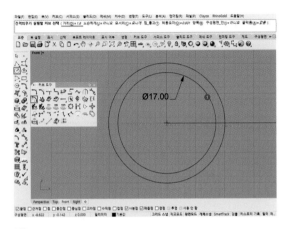

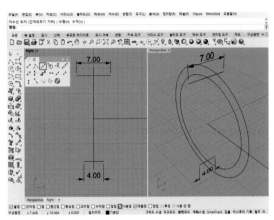

① ⊙ Circle 명령으로 지름이 17mm인 원을 만들고 ⟲ Offset 명령으로 ❶원을 바깥방향으로 1.6mm 간격을 띄웁니다.

② ✎ Line 명령으로 안쪽원의 사분점에 그림처럼 4mm와 7mm인 선을 수평으로 만듭니다.

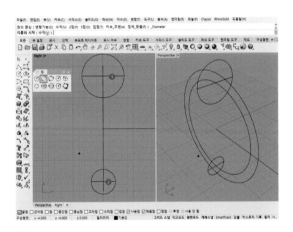

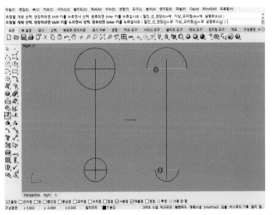

③ Right 뷰에서 ⊘ Circle 명령으로 ❶과 ❷선의 끝점을 지나는 원을 각각 만듭니다.

④ ⬚ Trim 명령으로 ❶과 ❷선을 경계로 필요 없는 부분을 그림처럼 지웁니다.

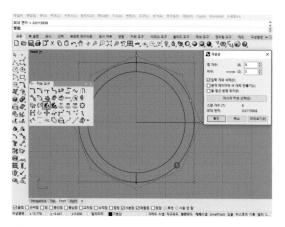

⑤ ❶바깥원을 선택하고 🏍 Rebuild 명령으로 점 개수 :8, 차수:3으로 변경합니다.

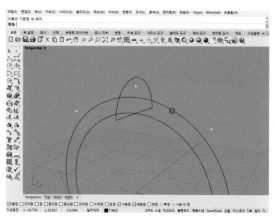

⑥ ❶선의 제어점을 켜고(F10) 제어점 3개를 선택합니다.

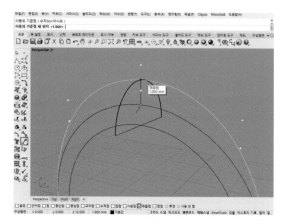

⑦ 🔲 Move 명령으로 원의 매듭점에서 호의 매듭점으로 원을 이동합니다.

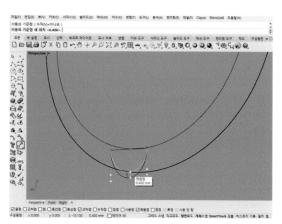

⑧ 호의 제어점을 켜고 3개의 제어점을 선택한 후 🔲 Move 명령으로 호의 매듭점에서 원의 매듭점으로 이동합니다.

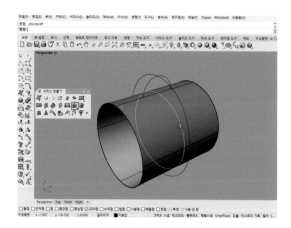

⑨ 🔲 Extrude 명령으로 ❶원을 그림처럼 돌출합니다.

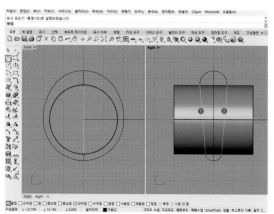

⑩ Right 뷰에서 ⋀ Polyline 명령으로 ❶과 ❷선을 만듭니다.

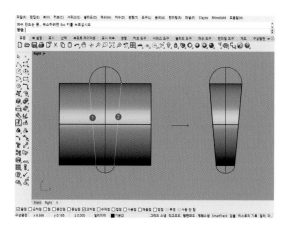

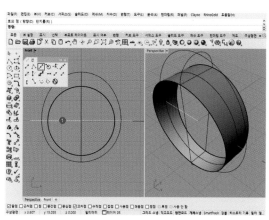

⑪ Trim 명령으로 ❶과 ❷선을 경계로 바깥쪽 서피스 영역을 선택해 지웁니다.

⑫ Front 뷰에서 Line 명령으로 원점에서 ❶선을 만듭니다.

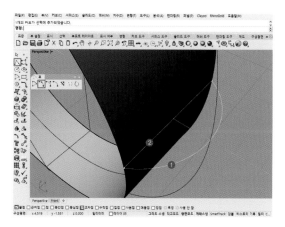

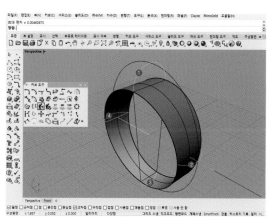

⑬ Arc 명령으로 ❶호를 만든 후 Polyline 명령으로 ❷선을 만듭니다.

⑭ Rebuild 명령으로 ❶❷❸❹호를 선택하고 Enter 합니다.

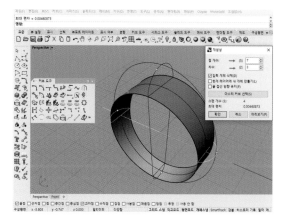

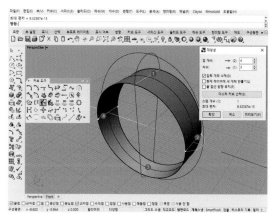

⑮ 옵션 창에서 점 개수 : 7, 차수 : 3으로 변경합니다.

⑯ ❶❷❸❹선을 선택하고 Rebuil 명령을 실행합니다. 옵션 창에서 점 개수 : 4, 차수 : 3으로 변경합니다.

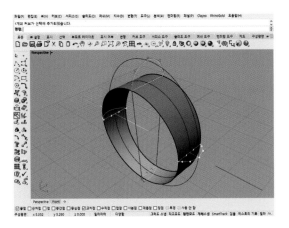

⑰ 재설정한 호와 선을 모두 선택하고 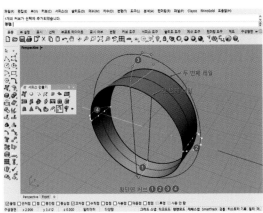 Join 명령으로 결합합니다.

⑱ Sweep2 명령으로 레일과 횡단면 커브를 순서대로 선택하고 (Enter) 합니다.

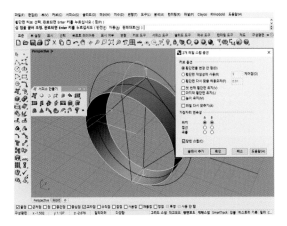

⑲ 옵션창에서 닫힌 스윕을 체크하고 서피스를 만듭니다.

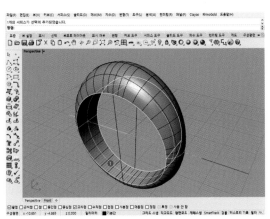

⑳ 원래 있던 ❶서피스를 선택하고 지웁니다.

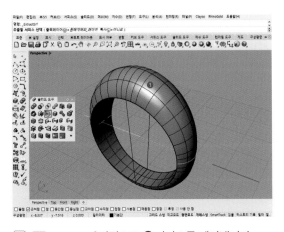

㉑ ExtractSrf 명령으로 ❶서피스를 떼어냅니다. .

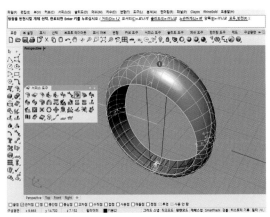

㉒ 떼어낸 ❶서피스를 OffsetSrf 명령으로 안쪽방향으로 1.2mm 간격을 띄웁니다.

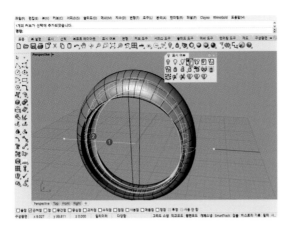

23 ❶과 ❷서피스를 선택하고 💡 Isolate 명령으로 나머지 오브젝트는 숨깁니다.

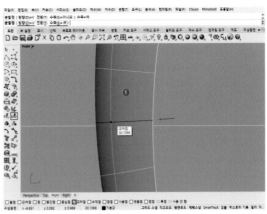

24 🔲 Split 명령으로 ❶서피스를 선택하고 방향 = V, 수축 = 예로 설정하고 화살표 지점의 아이소커브를 교차점에서 자릅니다. 반대편도 같은 방법으로 자릅니다. 잘린 아래쪽 서피스는 지웁니다.

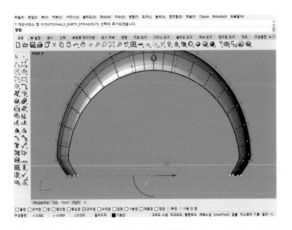

25 ❶서피스의 제어점을 켜고(F10) 가장 아래쪽 제어점을 선택하고 검볼을 활용해 그림처럼 만듭니다.

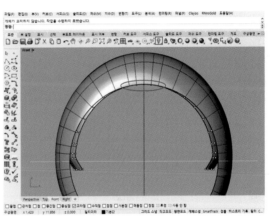

26 💡 Show 명령으로 오브젝트를 모두 보이게 합니다. 빨간 원 부분의 서피스가 튀어나와야 합니다.

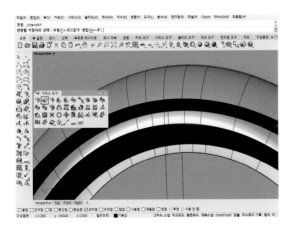

27 ◈ ExtendSrf 명령으로 안쪽 서피스의 엣지를 선택해 1mm 연장합니다.

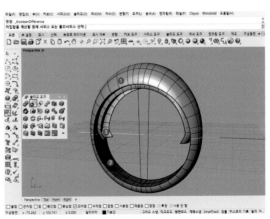

28 ❶과 ❷서피스를 선택하고 🔩 Join 명령으로 결합합니다. ◉ BooleanDifference 명령으로 ❶과 ❷로 결합된 솔리드에서 ❸서피스를 뺍니다.

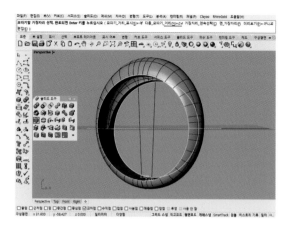

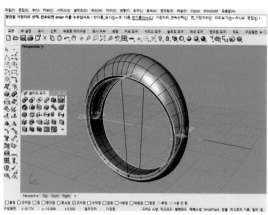

㉙ 🔲 ChamferEdge 명령으로 엣지를 선택하고 거리 =
0.4로 모깎기를 합니다.

㉚ 🔲 FilletEdge 명령으로 엣지를 선택하고 필렛을
0.2mm합니다.

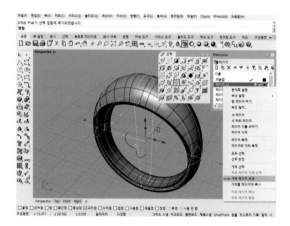

㉛ 🔲 SelCrv 명령으로 선들을 모두선택하고 🔲 Layer
명령을 실행하고 "레이어 01"을 RMB로 선택하고 "개체 레
이어 변경" 항목을 선택하고 레이어는 끕니다.

㉜ 🔲 Shade 명령으로 결과물을 확인합니다.

Lesson 04 사방반지 만들기

반지의 헤드부분이 사각형 모양인 반지를 말합니다.

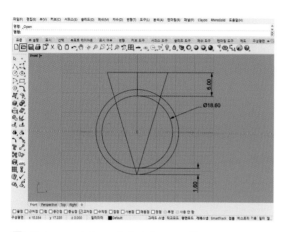

1️⃣ 📂 Open명령으로 "사방반지.3dm" 파일을 엽니다.

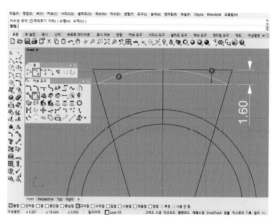

2️⃣ 🔧 Offset 명령으로 ❶선을 아래로 1.6mm 간격을 띄운 후 🔧 Arc 명령으로 ❷호를 만듭니다.

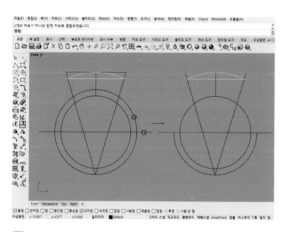

3️⃣ 🔧 Trim 명령으로 ❷선을 경계로 ❶원의 위쪽 부분을 선택하여 지웁니다.

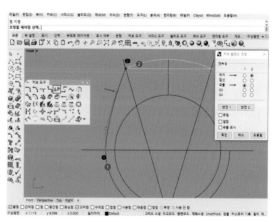

4️⃣ 🔧 BlendCrv 명령으로 ❶선과 ❷호를 연결하고 커브 블렌드 조정은 그림을 참고합니다.

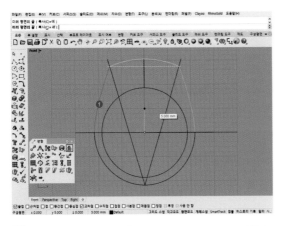

⑤ 🔧 Mirror 명령으로 ❶선을 원점을 기준으로 대칭 복사합니다.

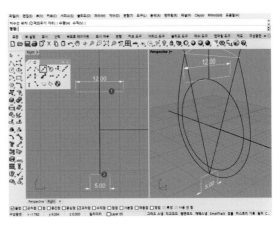

⑥ 📏 Right 뷰에서 📏 Line 명령으로 5mm와 12mm 선을 만듭니다.

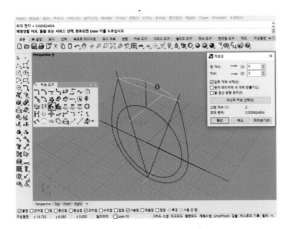

⑦ ❶호를 선택하고 🐾 Rebuild 명령으로 점 개수 : 5, 차수 : 3으로 변경합니다.

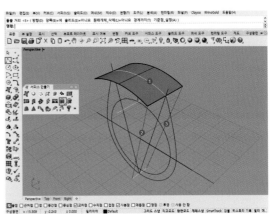

⑧ 📦 ExtrudeCrv 명령으로 ❶호를 양방향으로 5mm 돌출하고 🔺 Polyline 명령으로 ❷와 ❸선을 만듭니다.

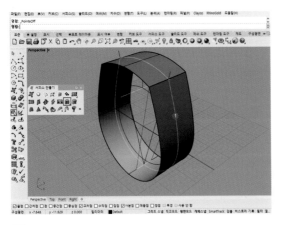

⑨ 돌출할 ❶선들을 선택하고 🔧 Join 명령으로 결합합니다. 📦 ExtrudeCrv 명령으로 ❶선을 양방향으로 5mm 돌출합니다.

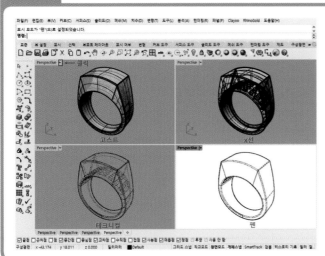

라이노에서는 오브젝트를 다양하게 볼 수 있습니다. 뷰포트 타이틀 옆의 역삼각형을 선택하여 표시모드를 설정할 수 있습니다.

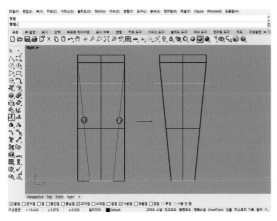

⑩ Wireframe 명령을 Right 뷰에서 실행한 후 Trim 명령으로 ❶과 ❷선을 경계로 선의 바깥 부분의 서피스를 선택하여 그림처럼 ❶과 ❷선은 지웁니다.

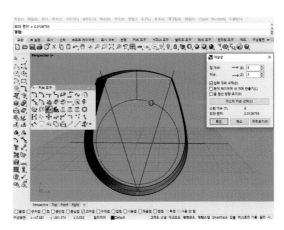

⑪ Rebuild 명령으로 ❶원을 점 개수 : 8, 차수 : 3으로 변경합니다.

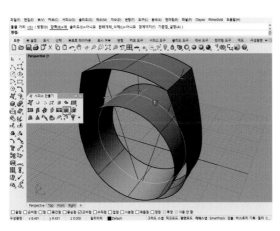

⑫ ExtrudeCrv 명령으로 ❶원을 양방향으로 5mm 돌출합니다.

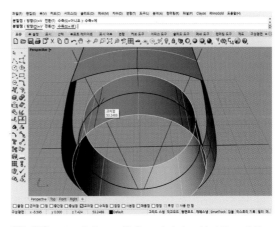

⑬ Split 명령으로 화살표 지점의 교차점을 V 방향으로 자릅니다.

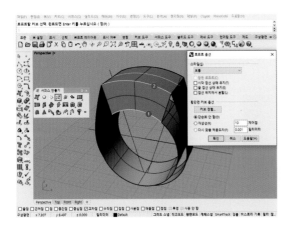

⑭ Loft 명령으로 ❶과 ❷엣지를 선택해 서피스를 만듭니다.

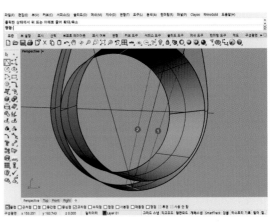

⑮ Polyline 명령으로 ❶과 ❷선을 만듭니다.

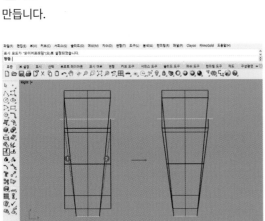

⑯ Right 뷰에서 Wireframe 명령을 실행하고 Trim 명령으로 ❶과 ❷선을 경계로 선 바깥부분의 서피스를 선택해 ❶과 ❷선은 지웁니다.

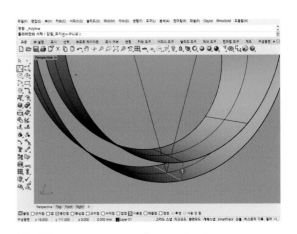

⑰ Polyline 명령으로 ❶선을 만듭니다.

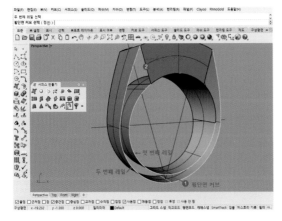

⑱ Sweep2 명령으로 레일을 순서대로 선택한 다음 횡단면 커브를 순서대로 선택하고 Enter 합니다.

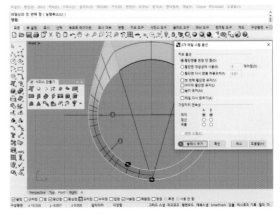

⑲ 옵션에서 ❶슬래시 추가를 선택하고 ❷와 ❸지점에 섹션을 추가해 아이소커브의 흐름을 자연스럽게 만들고 Enter 후 확인을 선택해 서피스를 만듭니다.

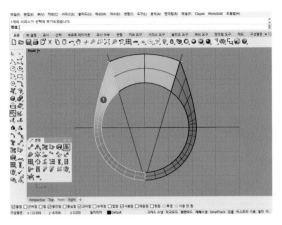

20 Mirror 명령으로 ❶ 서피스를 원점을 기준으로 대
칭 복사한 후 Join 명령으로 세 개의 서피스를 결합합
니다.

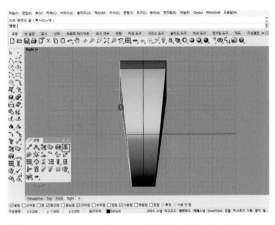

21 Right 뷰에서 결합된 세 개의 ❶ 서피스를 Mirror
명령으로 원점을 기준으로 대칭 복사합니다.

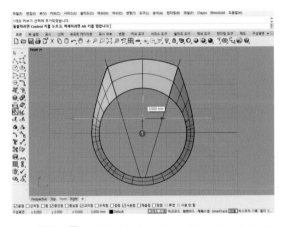

22 Ctrl + A (전체선택)후 Join 명령으로 객체들을
결합한 후 검볼을 활용해 ❶ 선을 Z 방향으로 3mm 이동
합니다.

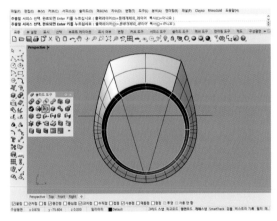

23 ExtractSrf 명령으로 안쪽 면을 떼어낸 후 선택해
지웁니다.

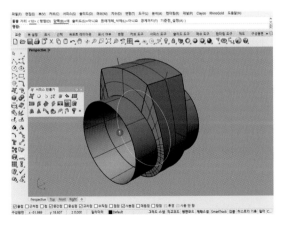

24 ExtrudeCrv 명령으로 ❶ 원을 양방향으로 10mm
돌출합니다.

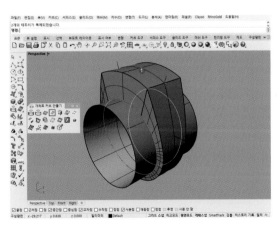

25 DupBorder 명령을 실행하고 ❶ 오브젝트를 선택
해 열린 부분의 경계선을 커브로 추출합니다.

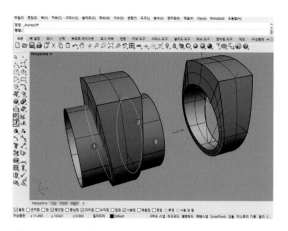

26 ⬚ Trim 명령으로 ❶과 ❷커브를 경계로 ❸ 서피스의 바깥 부분을 선택해 그림처럼 지웁니다. 서피스를 모두 선택해 🔗 Join 명령으로 결합합니다.

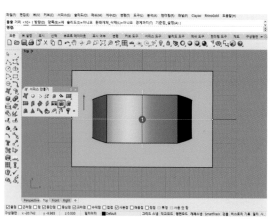

27 ⬚ Top 뷰에서 ⬚ ExtrudeCrv 명령으로 ❶ 선을 양방향으로 10mm 돌출합니다. 방향(D)을 선택해 돌출하고자 하는 방향을 설정할 수 있습니다.

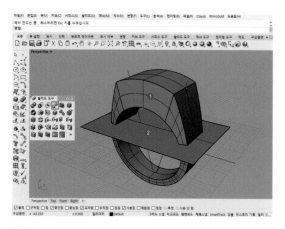

28 ⬚ BooleanSplit 명령으로 ❶ 오브젝트를 ❷ 서피스를 자릅니다.

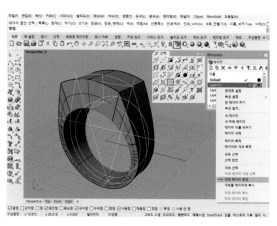

29 ⬚ SelCrv 명령으로 커브들을 선택하고 ⬚ Layer 명령을 활용해 선택된 커브들을 "Layer 01" 변경 후 레이어는 끕니다.

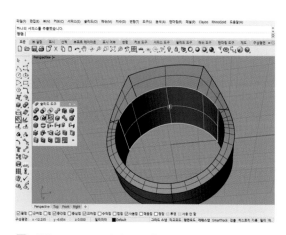

30 ⬚ ExtractSrf 명령으로 ❶ 서피스를 떼어낸 후 떼어낸 서피스를 Ctrl + C(복사) 한 후 🔗 Join 명령으로 원래의 서피스와 떼어낸 서피스를 결합합니다.

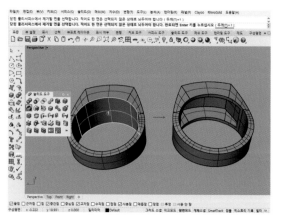

31 ⬚ Shell 명령으로 ❶ 서피스를 선택하고 두께를 1mm 줍니다.

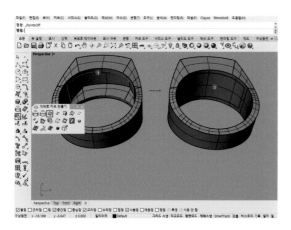

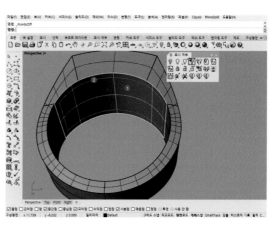

32 ✎ DupEdge 명령으로 그림처럼 ❶엣지를 선택해 커브로 추출한 후 🐾 Join 명령으로 결합합니다. Ctrl + V(붙여넣기)하면 ❷서피스가 생성됩니다.

33 ❶과 ❷서피스를 선택하고 💡 Isolate 명령으로 나머지 오브젝트는 숨깁니다.

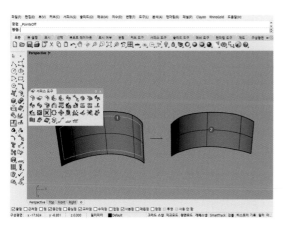

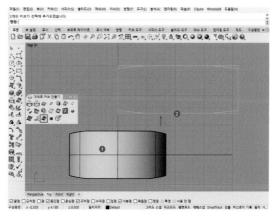

34 ✄ Trim 명령으로 ❶선을 경계로 해서 경계선 바깥 부분의 서피스를 선택해 지웁니다. ❷서피스를 선택 후 ▣ ShrinkTrimmedSrf 명령을 실행합니다. 제어점이 서피스에 맞게 정렬됩니다.

35 ✎ CreateUVCrv 명령으로 ❶서피스를 선택해 ❷ UV커브를 생성합니다.

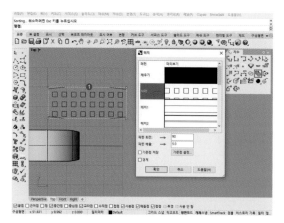

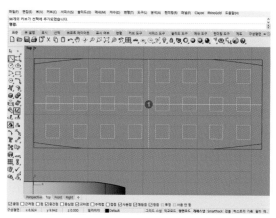

36 ❶선을 선택하고 🖌 Hatch 명령을 실행하여 사각패턴을 선택하고 패턴을 90° 회전하고 배율은 5배 크게 합니다.

37 ⋀ Polyline 명령으로 가로, 세로 ❶중심선을 만듭니다. 사각 패턴을 선택 후 🔨 Explode 명령으로 사각 패턴을 분해하고 🔵 Group 명령으로 사각 패턴을 모두 선택해 그룹으로 설정하고 검볼을 이용해 패턴 위치를 재설정합니다.

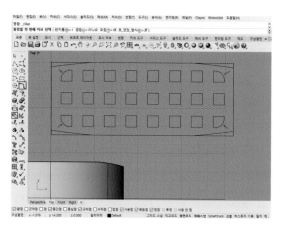

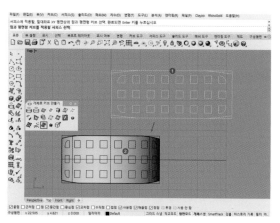

38 ⌐ Fillet 명령으로 화살표 지점의 사각형들을 둥글게 1mm 필렛합니다. 필렛한 커브들은 🔩 Join 명령으로 다시 결합합니다.

39 🖌 ApplyCrv 명령으로 ❶커브들을 모두 선택한 다음 ❷서피스에 UV커브를 입사합니다.

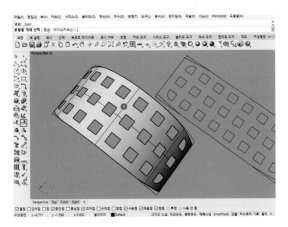

40 ⬚ Split 명령으로 ❶ 서피스를 입사한 UV커브로 자른 다음 마우스로 드래그하여 잘린 서피스를 선택해 지웁니다.

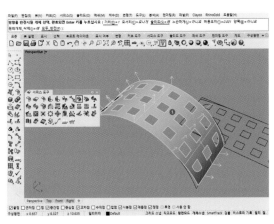

41 ◉ OffsetSrf 명령으로 ❶ 서피스를 1mm두께로 만듭니다. 디렉션(화살표)은 모두_반전으로 변경할 수 있습니다. 💡 Show 명령으로 오브젝트를 모두 보이게 합니다.

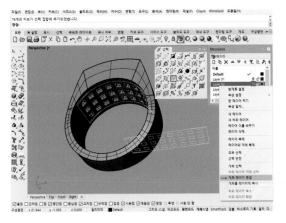

42 ◉ SelCrv 명령으로 커브를 모두 선택하고 ▽ Layer 명령으로 선택된 커브들을 "Layer 02" 변경하고 레이어는 끕니다.

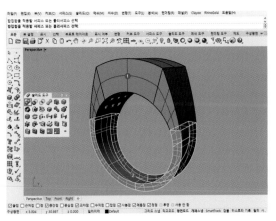

43 ◉ BooleanUnion 명령으로 ❶과 ❷ 오브젝트를 합칩니다.

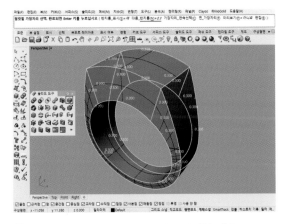

44 ◉ FilletEdge 명령으로 엣지를 선택한 다음 0.3mm 필렛합니다.

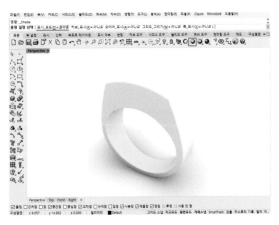

45 ◉ Shade 명령으로 결과물을 확인합니다.

Chapter

9

기본 반지 응용하기

이 장에서는 기본 반지를 좀 더 다양하게 응용하고 모델링하는 방법에 대해서 알아보겠습니다.

Lesson 01 벌집문양 반지 만들기

법집문양 패턴을 만들어 평반지에 응용하는 방법에 대해서 알아보겠습니다.

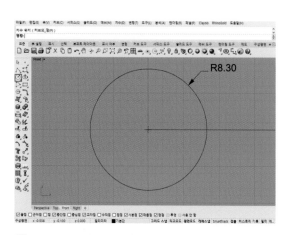

1 ⊙ Circle 명령으로 Front 뷰에서 반지름이 8.3mm 인 원을 만듭니다.

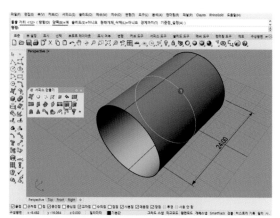

2 🗔 ExtrudeCrv 명령으로 ❶ 원을 양방향으로 12mm 돌출합니다.

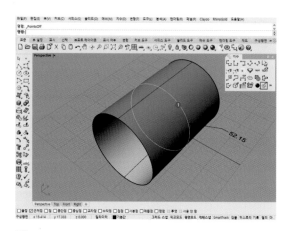

3 ✍ DimCurveLength 명령으로 ❶ 원의 길이를 측 정합니다.

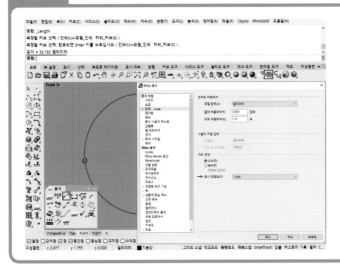

Length 명령으로 ❶원을 선택하면 원 둘레 길이를 알 수 있습니다.

Option 명령의 문서 속성 > 단위 > 거리 단위 > 표시 정밀도에서 소수점 이하 자리수를 설정할 수 있습니다.

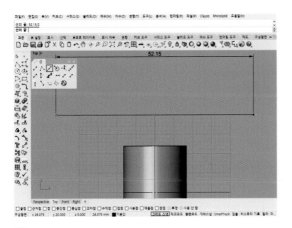

④ Line 명령으로 양방향으로 52.15/2인 선을 그림과 같이 만듭니다.

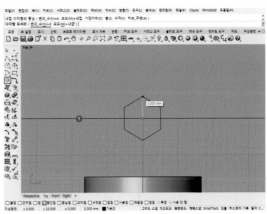

⑤ ❶선의 중간점에서 Polygon 명령으로 반경이 3mm인 6각형을 만듭니다.

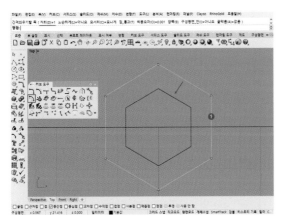

⑥ Offset 명령으로 ❶6각형을 안쪽으로 1mm 간격을 띄웁니다.

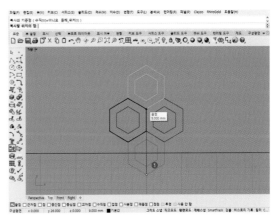

⑦ Copy 명령으로 ❶6각형들을 그림과 같이 복사 배치합니다.

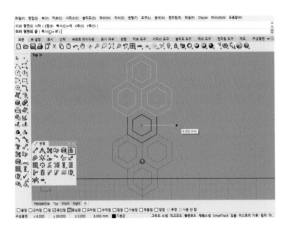

⑧ 🔷 Mirror 명령으로 ❶6각형들을 대칭 복사 합니다.

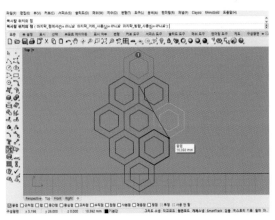

⑨ 🔳 Copy 명령으로 ❶6각형들을 그림처럼 복사 배치합니다.

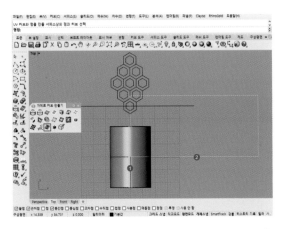

⑩ ◈ CreateUVCrv 명령으로 ❶서피스를 선택해 ❷ UV 커브를 만듭니다.

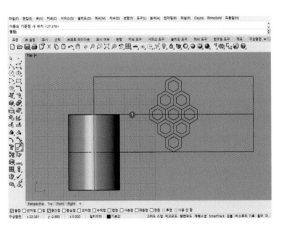

⑪ 🔲 Move 명령으로 ❶선을 사각형을 중앙으로 이동 합니다.

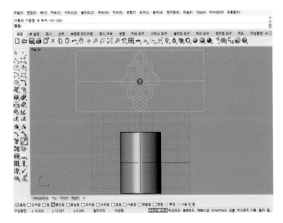

⑫ 작업을 편하게 하기 위해 🔲 Move 명령으로 ❶ 선들을 그림처럼 중간지점으로 이동합니다.

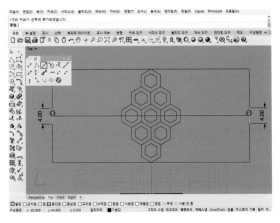

⑬ ✏ Line 명령으로 길이가 4mm인 ❶과 ❷ 선을 만듭니다.

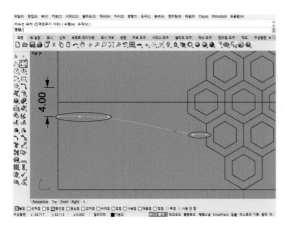

⑭ ⟳ Curve 명령으로 4mm 선의 끝점에서 Shift 키를 누르고 3개의 제어점을 수평으로 맞추고 그림처럼 육각형의 중간점에 2개의 제어점은 수평하게 만듭니다.

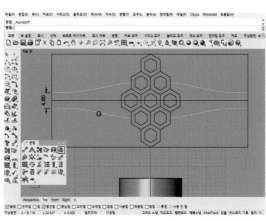

⑮ ⧉ Mirror 명령으로 ❶ 선을 대칭 복사하여 그림과 같이 배치합니다.

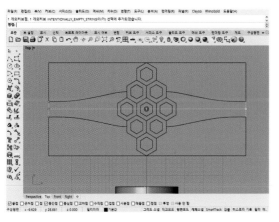

⑯ ❶ 선들은 필요 없으므로 선택해서 지웁니다.

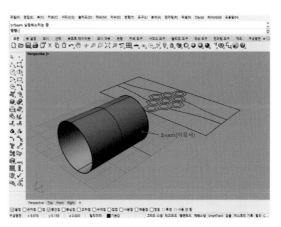

⑰ ⟐ ApplyCrv 명령을 적용하기 전에 Seam의 위치를 확인합니다.

반올림   Seam(이음새) 위치를 바꾸는 이유

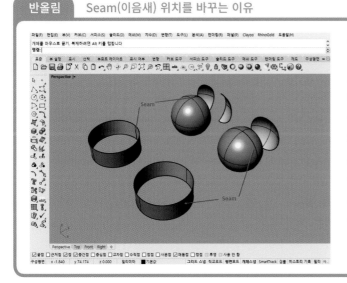

Seam은 커브나 서피스가 처음과 끝이 만나는 경계부분이라고 보면 됩니다. 원을 그릴 때 3, 6, 9, 12시 방향으로 그렸냐에 따라 Seam의 위치는 달라집니다. Split 같은 명령으로 Seam을 지나는 부분을 자르면 서피스는 자동으로 분리됩니다. ApplyCrv 명령을 적용하기 전에 Seam의 위치를 확인하고 변경하는 이유는 UVCrv가 원하는 위치에 올바르게 적용되게 하기 위해서입니다.

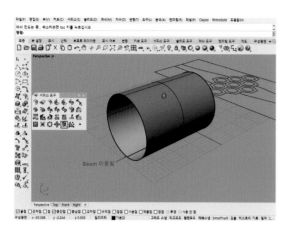

⑱ 🖱 SrfSeam 명령으로 ❶서피스의 Seam을 6시 방향으로 이동합니다.

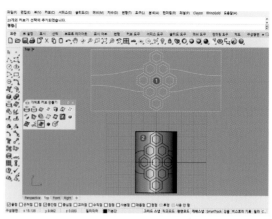

⑲ 🖱 ApplyCrv 명령으로 ❶커브를 선택하고 Enter 후 ❷서피스를 선택하여 UVCrv가 서피스를 감싸게 합니다.

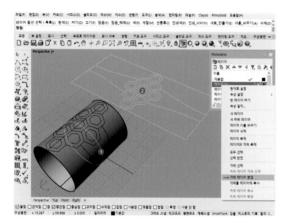

⑳ ❶과 ❷커브들을 선택하고 🛡 Layer 명령으로 선택된 선들을 "레이어 01"로 변경하고 레이어는 끕니다.

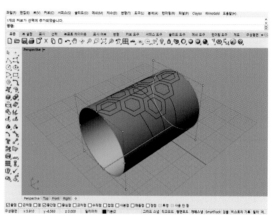

㉑ 🖱 두 원과 직선은 선택해서 지웁니다.

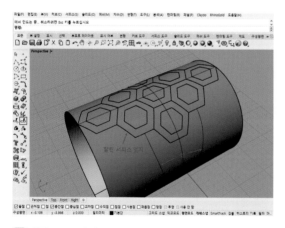

㉒ 🖱 Split 명령으로 서피스를 선으로 자릅니다. 결과물을 보면 선 부분이 잘리지 않았습니다. 잘린 사람은 문제점을 찾지 않아도 됩니다.

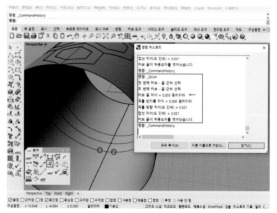

㉓ 🖱 Gcon 명령으로 ❶과 ❷커브의 연속성을 검사하면 커브 끝 차이가 0.003mm 확인됩니다. 이런 경우는 오스냅이 약간 부정확하게 설정되어서 나오는 경우입니다.

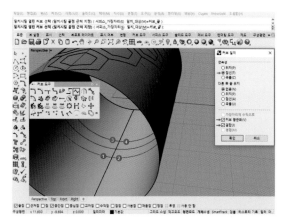

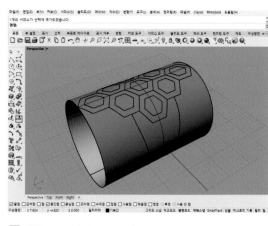

㉔ 〰️ Match 명령을 활용하여 ❶과 ❷커브를 접선 일치시킵니다. ❸과 ❹커브도 같은 방식으로 접선 일치시킵니다.

㉕ ⊿ Split 명령으로 서피스를 선들로 자릅니다.

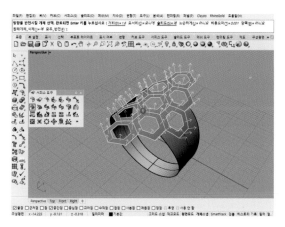

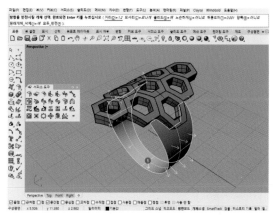

㉖ 🌰 필요없는 서피스는 선택해 지우고 🌰 OffsetSrf 명령을 선택하고 ❶서피스들을 1.6mm 두께를 가진 솔리드로 만듭니다.

㉗ 🌰 OffsetSrf 명령을 선택하고 ❶서피스들을 1.2mm 두께를 가진 솔리드로 만듭니다.

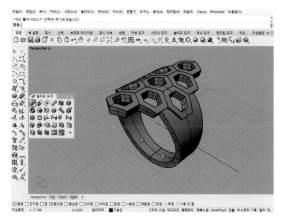

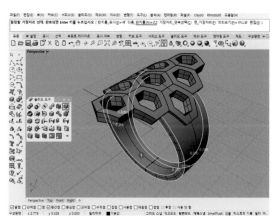

㉘ 🌐 BooleanUnion 명령으로 ❶과 ❷오브젝트를 합칩니다.

㉙ 🔲 FilletEdge 명령을 활용하여 필렛을 0.2mm 합니다. ❶오브젝트를 선택하고 💡 Hide 명령으로 숨깁니다.

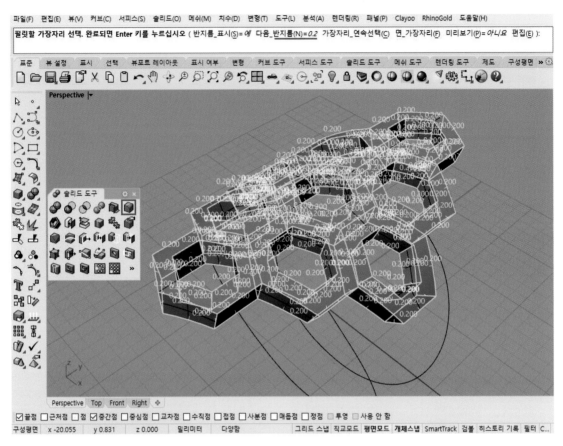

30 FilletEdge 명령으로 나머지 엣지들도 선택하여 0.2mm 필렛합니다.

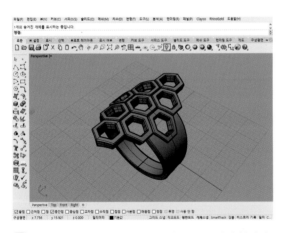

31 Show 명령으로 오브젝트가 모두 보이게 합니다.

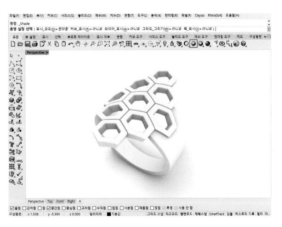

32 Shade 명령으로 결과물을 확인합니다.

Lesson 02 꼬임반지 만들기

Sweep1 명령을 이용하여 꼬임반지 모양을 만드는 과정에 대해서 설명하겠습니다.

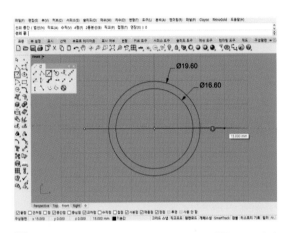

① ⊙ Circle 명령으로 원을 2개 만든 후 ✎ Line 명령으로 ❶선을 원점에서 (Shift) 키를 누르고 수평으로 만듭니다.

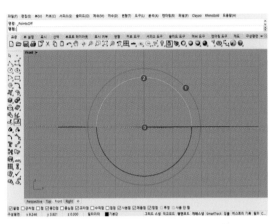

② ❶원은 🔒 Lock 명령으로 잠급니다. ⊥ Split 명령으로 ❷원을 ❸선으로 자릅니다.

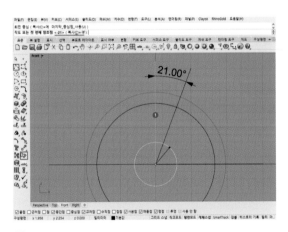

③ ⋀ Polyline 명령으로 원점에서 ❶선을 만듭니다. 📝 Rotate 명령으로 ❶선을 21° 복사회전합니다.

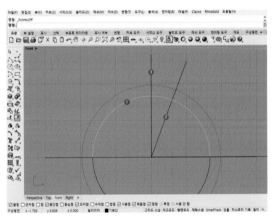

④ ⊥ Split 명령으로 ❶호를 ❷선으로 자릅니다. ❸선은 🔒 Lock 명령으로 잠급니다.

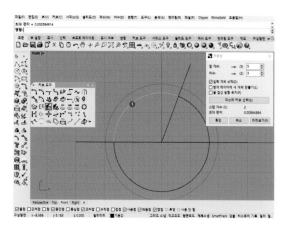

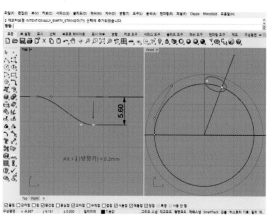

⑤ 🏃 Rebuild 명령으로 ❶ 선을 점 개수 : 5, 차수 : 3으로 변경합니다.

⑥ Top뷰에서 제어점 2개를 선택한 후 (Alt)+↓ (방향키)를 눌러서 5.6mm 이동합니다.

반올림 Seam(이음새) 위치를 바꾸는 이유

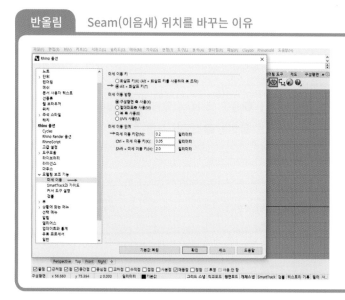

미세 이동 키 설정은 🔧 Options 명령에서 할 수 있습니다. Rhino 옵션 > 모델링 보조 기능 > 미세 이동 항목해서 변경할 수 있습니다.

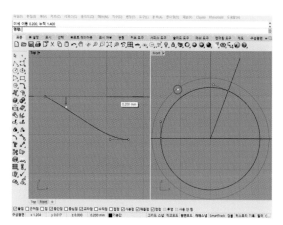

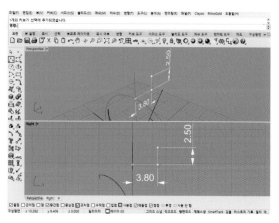

⑦ 화살표 지점의 제어점을 선택하고 Top 뷰에서 (Alt)+↓ (방향키)를 눌러서 1.4mm 이동합니다.

⑧ Right 뷰에서 ⋀ Polyline 명령으로 그림처럼 직선을 만듭니다.

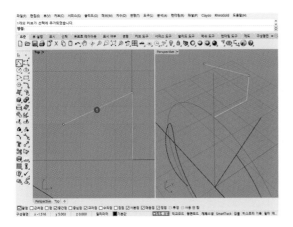

⑨ 그리드 스냅을 체크하고 Top 뷰에서 ⋀ Polyline 명령으로 ❶ 선을 만듭니다.

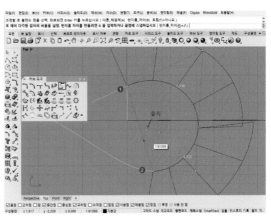

⑩ 𝄞 ArcBlend 명령으로 ❶ 선과 ❷ 선을 연결합니다. 포인트를 클릭하여 반경을 그림처럼 만듭니다.

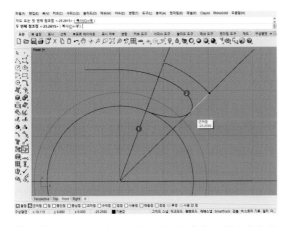

⑪ ⫏ Rotate 명령으로 ❶ 선을 ❷ 선의 근처점까지 회전합니다.

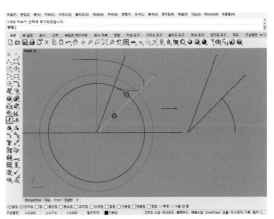

⑫ ⫸ Trim 명령으로 ❶ 선을 경계로 ❷ 지점의 선을 선택하여 지웁니다.

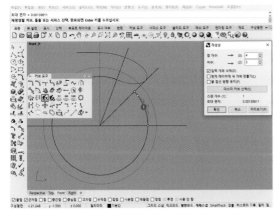

⑬ 🏃 Rebuild 명령으로 ❶ 선을 점 개수 : 4, 차수 : 3으로 변경합니다.

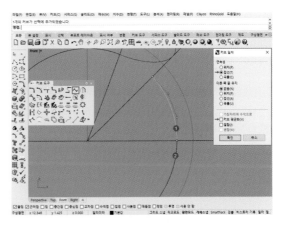

⑭ ⁓ Match 명령으로 ❶ 과 ❷ 커브를 접선 일치합니다.

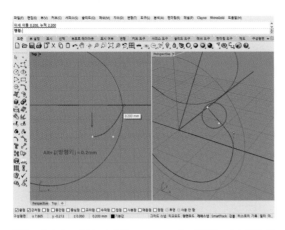

15 제어점 2개를 선택하고 Top 뷰에서 Alt + ↓ (방향키)로 2.2mm 이동합니다.

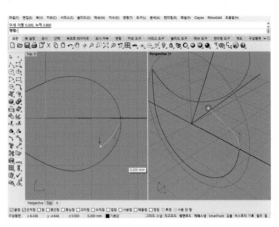

16 Top뷰에서 제어점 하나를 선택하고 Alt + ↓ (방향키)로 0.8mm 이동합니다.

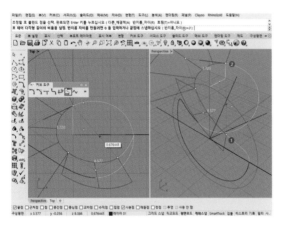

17 ArcBlend 명령으로 ❶과 ❷선을 연결합니다.

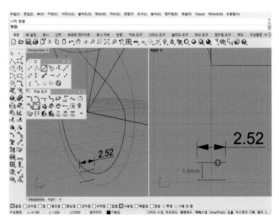

18 Line 명령으로 6시 방향 원의 사분점에서 2.52 mm선을 만듭니다. Right 뷰에서 Offset 명령으로 ❶ 선을 1.5mm 간격 띄웁니다.

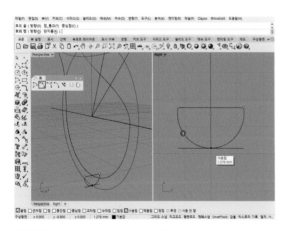

19 Arc 명령으로 ❶호를 만듭니다.

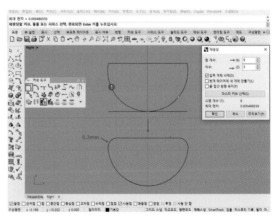

20 Rebuild 명령으로 ❶호를 점 개수 : 9, 차수 : 3으로 변경합니다. Fillet 명령으로 모서리 부분을 0.3mm 필렛합니다.

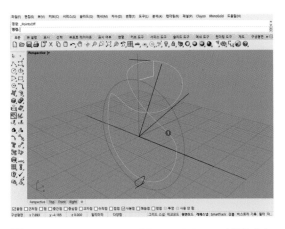

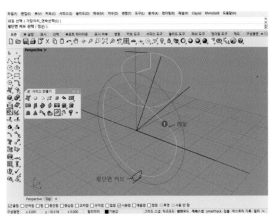

21 ❶선들을 모두 선택하고 🔧 Join 명령으로 결합합니다.

22 횡단면 커브를 선택하고 🔧 Join 명령으로 결합합니다. 🖋 Sweep1 명령으로 ❶레일과 횡단면 커브를 선택합니다.

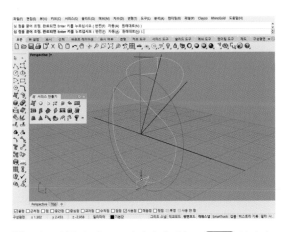

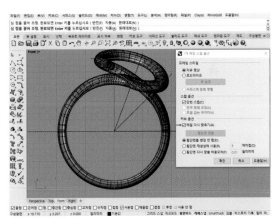

23 디렉션(화살표)은 중간지점에 맞추고 Enter 합니다.

24 옵션에서 레일 다시 맞추기를 체크하고 서피스를 만듭니다.

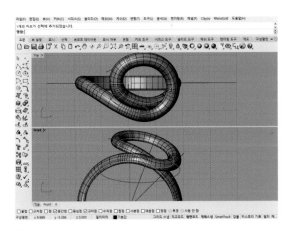

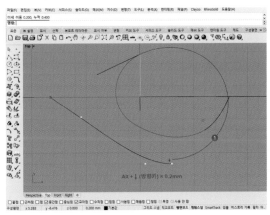

25 Top 뷰에서 빨간 원 부분이 겹쳐있고 Front 뷰에서 보면 서피스가 레일보다 아래에 위치해 있습니다.

26 Ctrl + Z (명령취소)을 눌러 선을 결합하기 전 상태로 되돌아갑니다. Top 뷰에서 제어점 3개를 선택하고 Alt + ↓ (방향키)로 0.4mm 이동합니다. ❶선은 지웁니다.

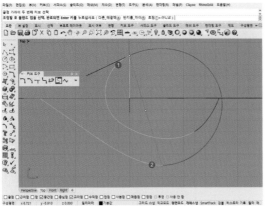

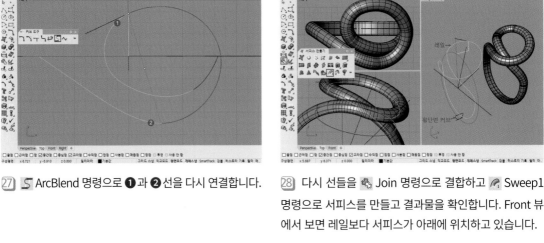

27 ArcBlend 명령으로 ❶과 ❷선을 다시 연결합니다.

28 다시 선들을 🦑 Join 명령으로 결합하고 🖌 Sweep1 명령으로 서피스를 만들고 결과물을 확인합니다. Front 뷰에서 보면 레일보다 서피스가 아래에 위치하고 있습니다.

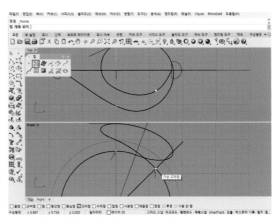

29 🖋 Rotate 명령으로 ❶ 횡단면 커브를 원점에서 화살표(사분점)에 회전 복사합니다.

30 Front 뷰에서 🔧 Points 명령을 실행해 가상 교차점에 2점을 만듭니다.

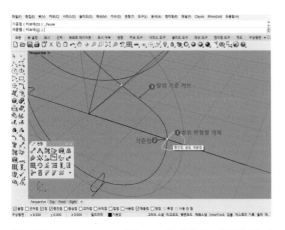

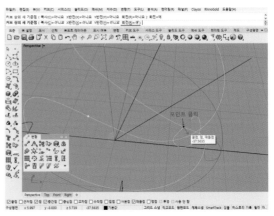

31 🔧 OrientOnCrv 명령으로 ❶개체 ❷기준점 ❸기준 커브 순으로 선택합니다.

32 "회전 = 예"로 설정하고 포인트 점을 클릭합니다.

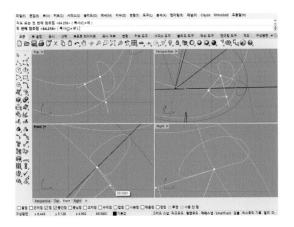

③③ 각 뷰포트를 참고하여 회전 각도를 정합니다.

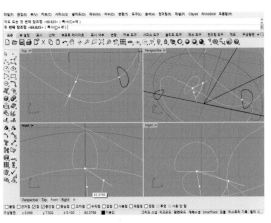

③④ 다음 포인트 지점에 같은 방식으로 횡단면 커브의 각도를 알맞게 조정합니다.

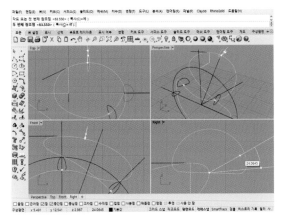

③⑤ 이와 같은 방식으로 섹션을 추가해 각도를 잡아줍니다. 중간 중간에 Sweep1 명령으로 서피스를 만들어 보고 섹션을 추가해도 상관없습니다.

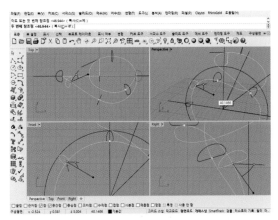

③⑥ 마지막으로 화살표 지점에 섹션을 하나 더 추가하여 각도를 잡아줍니다.

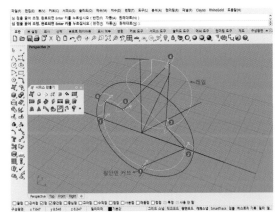

③⑦ Sweep1 명령으로 레일을 선택하고 횡단면 커브를 ❶❷❸❹❺❻❼ 순으로 선택합니다. 디렉션(화살표) 방향도 교차점으로 이동시켜 한 방향으로 통일합니다.

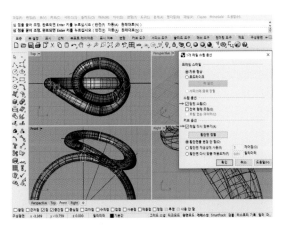

③⑧ 옵션항목에서 닫힌 스윕과 레일 다시 맞추기를 체크하고 서피스를 만듭니다.

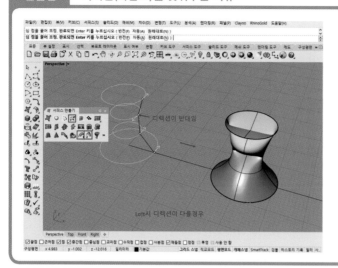

폐곡선일 경우 디렉션을 맞춰야 하는 이유는 서피스가 꼬이지 않게 하기 위해서입니다.

대표적인 명령어로는 Loft, Sweep1, Sweep2 명령어들이 있습니다.

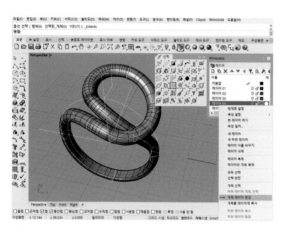

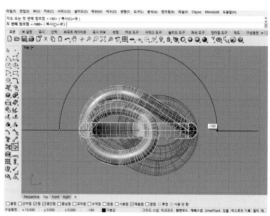

39 SelCrv 명령으로 커브를 모두 선택하고 Layer 명령으로 "레이어 04"로 변경하고 레이어는 끕니다.

40 Top 뷰에서 Rotate 명령으로 오브젝트를 원점에서 180° 복사합니다.

41 Shade 명령으로 결과물을 확인합니다.

 **Lesson 03** 볼록 반지에 문양 넣기

ApplyCrv 명령을 활용하여 볼록 반지에 당초문양을 넣는 방법에 대해서 알아보겠습니다.

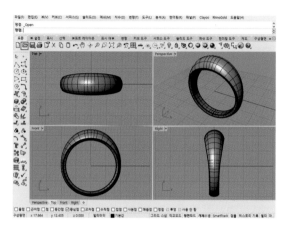

① 📂 Open 명령으로 "볼록반지.3dm" 파일을 불러옵니다.

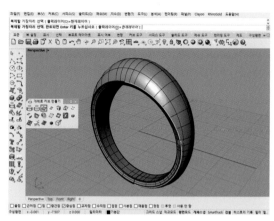

② ◆ DupEdge 명령으로 ❶엣지를 선택하여 엣지를 커브로 추출합니다.

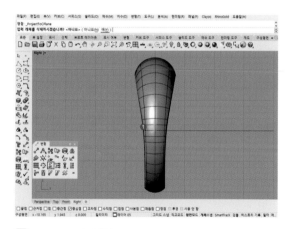

③ Right 뷰에서 ✍ ProjectToCPlane 명령으로 추출한 ❶커브를 작업평면(CPlane)에 투영합니다.

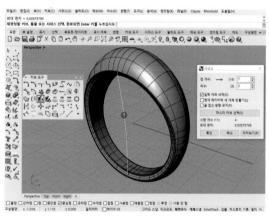

④ 🏃 Rebuild 명령으로 ❶커브를 선택하고 점 개수 : 7, 차수 : 3으로 변경합니다.

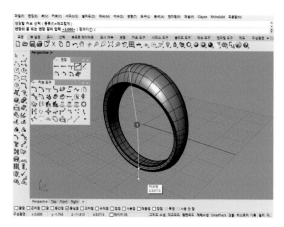

⑤ Extend 명령으로 ❶커브의 양 끝점을 3mm 연장합니다.

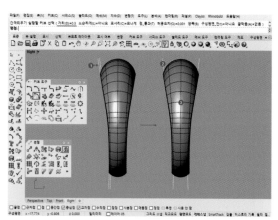

⑥ Right 뷰에서 Offset 명령으로 ❶커브를 우측으로 0.3mm 간격을 띄웁니다. Mirror 명령으로 ❷커브를 원점을 기준으로 대칭 복사합니다. Hide 명령으로 ❸오브젝트를 숨깁니다.

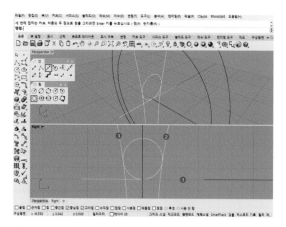

⑦ Right 뷰에서 Line 명령으로 원점에서 ❶선을 만들고 Circle 명령으로 ❶❷❸커브의 접선을 지나는 원을 만듭니다.

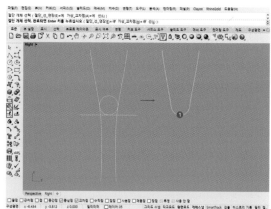

⑧ Trim 명령으로 모든 커브를 선택하고 필요 없는 부분을 지워서 ❶커브를 만듭니다. Join 명령으로 ❶커브를 결합합니다. Show 명령으로 오브젝트가 모두 보이게 합니다.

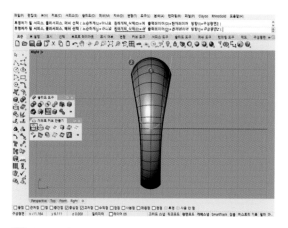

⑨ 🗂 ExtractSrf 명령으로 ❶서피스를 떼어내고 🗂
Project 명령으로 ❷커브를 ❶서피스에 투영합니다.

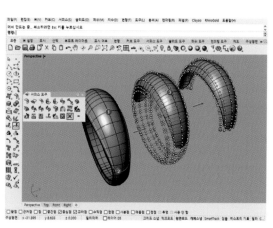

⑩ 🗂 Split 명령으로 ❶서피스를 ❷커브로 자릅니다.
🗂 ShrinkTrimmedSrf 명령으로 잘린 ❸서피스를 선택
해 제어점이 서피스에 맞게 조정합니다.

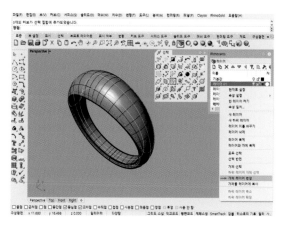

⑪ 🗂 SelCrv 명령으로 커브를 모두 선택합니다. 🗂
Layer 명령을 선택하고 "레이어 01"로 변경하고 레이어
는 끕니다.

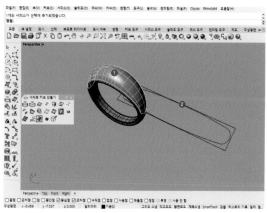

⑫ 🗂 CreateUVCrv 명령으로 ❶서피스를 선택하여 ❷
UV커브를 만듭니다.

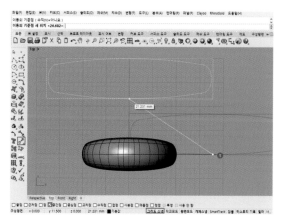

⑬ Top 뷰에서 🗂 Move 명령으로 ❶UV커브를 중앙으
로 그림처럼 이동합니다.

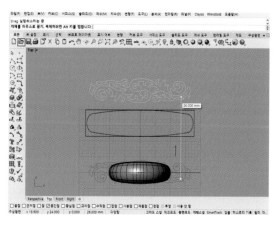

⑭ 🗂 Import 명령으로 "당초문양.3dm" 파일을 가져
온 후 그림처럼 Y축 방향으로 UV 커브 위로 이동합니다.

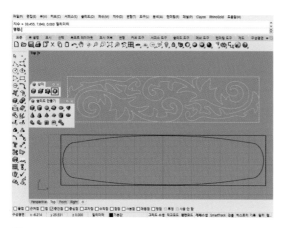

⑮ 🔷 BoundingBox 명령으로 당초문양 커브를 모두 선택하여 문양을 감싸는 사각형을 만듭니다.

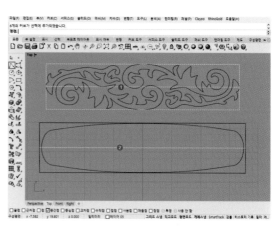

⑯ ⋀ Polyline 명령으로 ❶과 ❷ 선을 만듭니다.

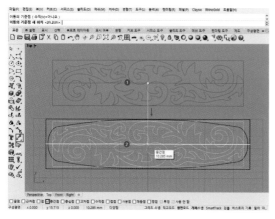

⑰ ⇗ Move 명령으로 당초문양과 선을 ❶선의 중간점에서 ❷선의 중간점으로 이동합니다.

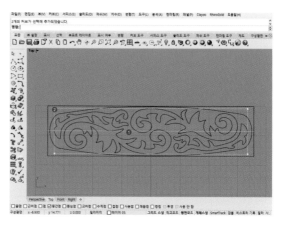

⑱ ❶과 ❷선을 선택해 지웁니다.

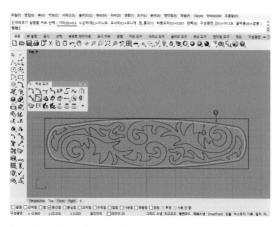

⑲ 〰 Offset 명령으로 ❶선을 안쪽으로 0.3mm 간격을 띄웁니다. 개인적으로 다른 문양을 넣고자 하는 분들은 ❷ 커브 안에 문양이 들어가도록 한 후 ❷커브는 지웁니다.

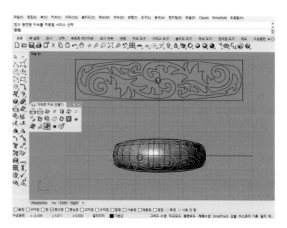

⑳ 🖌 ApplyCrv 명령으로 ❶문양과 UV커브를 ❷ 서피스에 입사합니다.

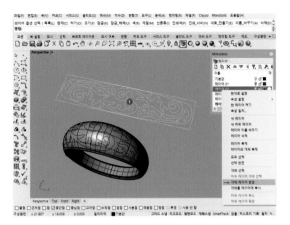

㉑ ❶커브를 선택하고 🗒 Layer 명령으로 "레이어 02"
로 변경하고 레이어는 끕니다.

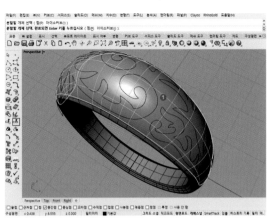

㉒ 🔲 Split 명령으로 ❶서피스를 당초문양으로 자릅니다.

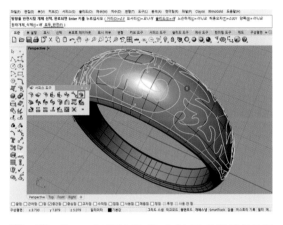

㉓ 🖱 OffsetSrf 명령으로 ❶ 서피스를 안쪽 방향으로
0.5mm 두께를 줍니다.

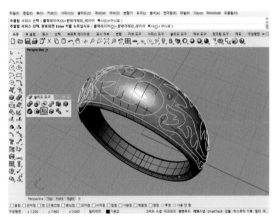

㉔ 🖱 ExtractSrf 명령으로 ❶서피스를 떼어내 지웁니다.

㉕ 🖱 SelCrv 명령으로 커브를 모두 선택하고 🗒 Layer
명령으로 "Layer 03"으로 변경하고 레이어는 끕니다.
Ctrl + A (전체선택)하고 🖱 Join 명령으로 결합하여 솔
리드로 만듭니다.

㉖ 🖱 Shade 명령으로 결과물을 확인합니다.

NetworkSrf 명령 활용하여 Signet Ring 만들기

이 장에서는 NetworkSrf 명령을 활용하여 Signet(인장)반지 형태를 다양하게 만들어 보겠습니다.

별 반지 만들기

라이노 기본 명령을 활용하여 별 반지 만드는 방법에 대해 알아보겠습니다.

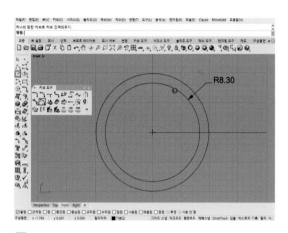

[1] Front 뷰에서 ⊘ Circle 명령으로 반지름이 8.3mm 인 원을 만든 후 ⟍ Offset 명령으로 ❶원을 1.6mm 간 격을 띄웁니다.

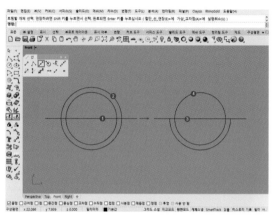

[2] ╱ Line 명령으로 원점에서 ❶선을 만들고 ✂ Trim 명령으로 ❶선을 경계로 ❷원의 위쪽 부분을 선택해 지 운 후 ✂ Split 명령으로 ❸선을 ❹원으로 자릅니다.

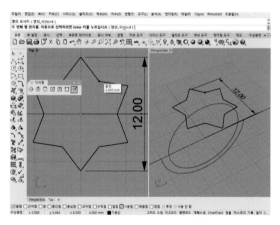

[3] Top 뷰에서 ⬠ Polygon 명령으로 원의 사분점에서 길이가 12mm인 별을 만듭니다.

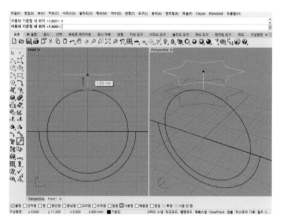

[4] Front 뷰에서 ⊞ Move 명령으로 별을 3mm 이동 합니다.

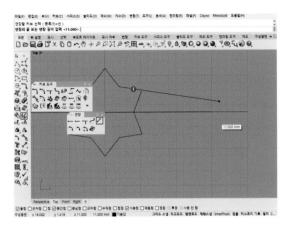

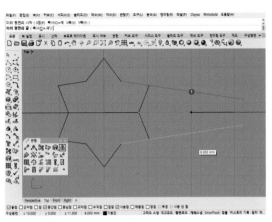

⑤ 🖊 Explode 명령으로 별을 분해합니다. 🖊 Extend 명령으로 ❶선을 11mm 연장합니다.

⑥ 🪞 Mirror 명령으로 ❶선을 대칭 복사합니다.

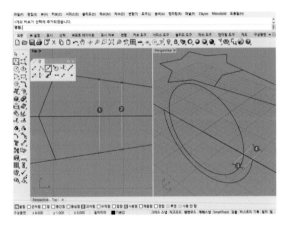

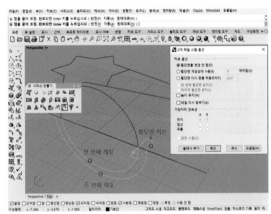

⑦ Top 뷰에서 🖊 Line 명령으로 ❶과 ❷선을 원의 사분점에서 교차점까지 만듭니다. 🖊 Polyline 명령으로 ❸❹선을 만듭니다. 🔧 Join 명령으로 ❶❷❸❹선을 결합합니다.

⑧ 🖊 Sweep2 명령으로 ❶과 ❷레일을 선택 후 ❸횡단면 커브를 선택하고 서피스를 만듭니다.

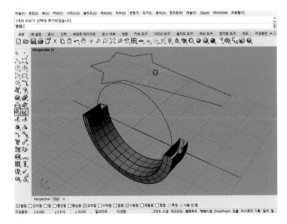

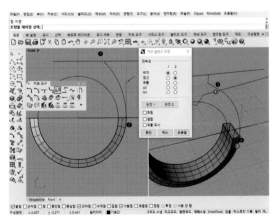

⑨ 🔧 Join 명령으로 ❶선은 결합하고 🖊 Explode 명령으로 ❷선을 분해합니다.

⑩ 🖊 BlendCrv 명령으로 ❶선과 ❷엣지를 결합합니다. Front 뷰에서 화살표 점을 조정해서 커브형상을 조정합니다.

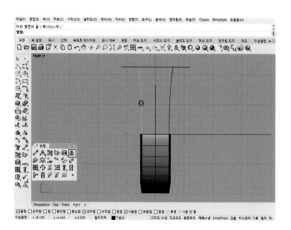

⑪ Right 뷰에서 BlendCrv 명령으로 만든 ❶선을 Mirror 명령으로 원점에서 대칭 복사합니다.

⑫ Sweep2 명령으로 ❶과 ❷ 레일을 선택하고 ❸과 ❹ 횡단면 커브를 선택하여 서피스를 만듭니다.

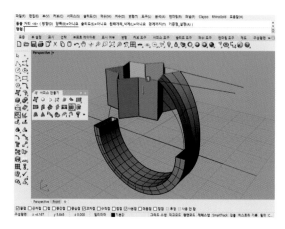

⑬ Join 명령으로 ❶선을 결합 후 Extrude 명령으로 6mm 돌출합니다.

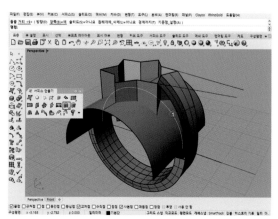

⑭ Extrude 명령으로 ❶선을 양방향으로 9mm 돌출합니다.

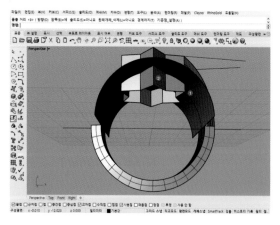

⑮ Trim 명령으로 ❶서피스를 경계로 ❷서피스의 아랫부분을 선택해 지웁니다. ❶서피스는 선택해 지웁니다.

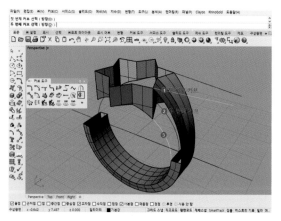

⑯ Crv2View 명령으로 ❶커브 ❷커브 순으로 선택해서 ❸커브를 만듭니다.

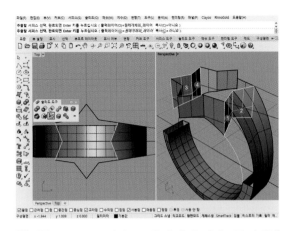

⑰ ☒ ExtractSrf 명령으로 ❶❷❸❹ 서피스를 선택해
떼어낸 후 지웁니다.

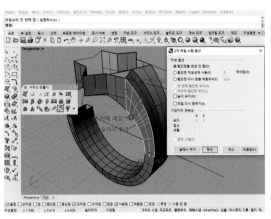

⑱ ☒ Sweep2 명령으로 ❶과 ❷ 레일을 선택하고 ❸
과 ❹ 횡단면 커브를 선택해 서피스를 만들고 옵션 창에
서 슬래시 추가 버튼을 눌러 아이소커브를 추가합니다.

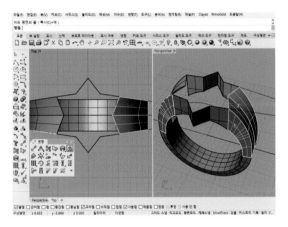

⑲ Top 뷰에서 ☒ Mirror 명령으로 ❶과 ❷ 서피스를
원점을 기준으로 대칭 복사 합니다.

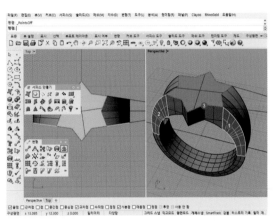

⑳ ☒ Mirror 명령으로 ❶과 ❷ 서피스를 원점을 기준
으로 반대편으로 대칭 복사 합니다. ☒ PlanarSrf 명령
으로 ❸ 선을 선택해 평면을 만듭니다.

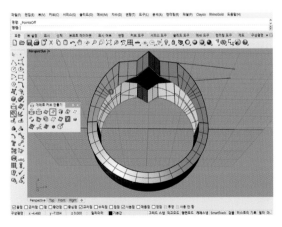

㉑ 서피스를 모두 선택한 다음 ☒ Join명령으로 결합합
니다. ☒ Dupborder 명령을 선택하고 결합된 서피스를
선택해 ❶ 경계선을 추출합니다.

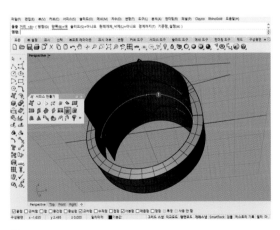

㉒ ☒ Extrude 명령으로 ❶ 선을 양방향으로 8mm 돌
출합니다.

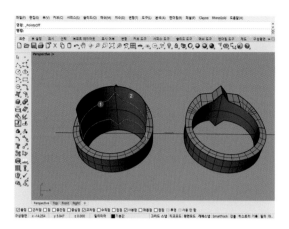

23 Trim 명령으로 ❶선을 경계로 ❷서피스를 선택해 그림처럼 지웁니다. Join 명령으로 서피스를 모두 선택해 결합합니다.

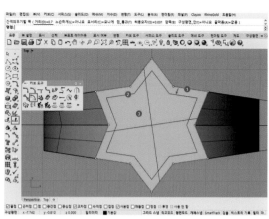

24 Offset 명령으로 ❶선을 안쪽으로 0.7mm 간격을 띄웁니다. Split 명령으로 ❸서피스를 ❷선으로 자릅니다.

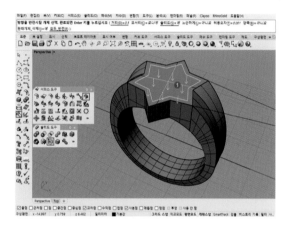

25 OffsetSrf 명령으로 ❶서피스를 0.5mm 두께를 준 후 ExtractSrf 명령으로 ❶서피스를 떼어내 지웁니다. Join 명령으로 서피스를 모두 선택하고 결합합니다.

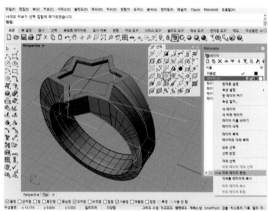

26 SelCrv 명령으로 커브를 모두 선택하고 Layer 명령으로 "레이어 01"로 선택한 커브의 레이어를 변경하고 레이어는 끕니다.

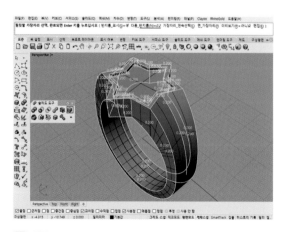

27 FilletEdge 명령으로 엣지를 그림과 같이 선택하고 0.2mm 필렛합니다.

28 Shade 명령으로 결과물을 확인합니다.

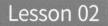

Lesson 02   Signet Ring 만들기

가장 기본적인 Signet ring 만드는 방법과 음각하는 방법에 대해서 알아보겠습니다.

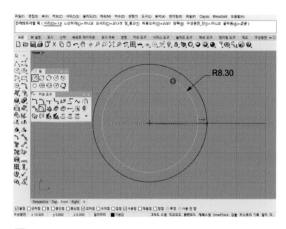

① ⊙ Circle 명령으로 반지름이 8.3mm인 ❶ 원을 만듭니다. ⤵ Offset 명령으로 ❶ 원을 바깥 방향으로 1.6mm 간격을 띄웁니다.

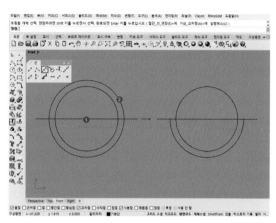

② ✎ Line 명령으로 원점에서 ❶ 선을 만들고 ✂ Trim 명령으로 ❶ 선을 경계로 ❷ 원의 위쪽을 선택해 지웁니다.

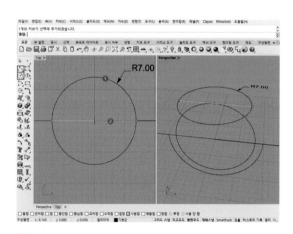

③ Top 뷰에서 ⊙ Circle 명령으로 원의 사분점에서 반지름이 7mm인 원을 만듭니다. ⋀ Polyline 명령으로 ❷ 선을 만듭니다.

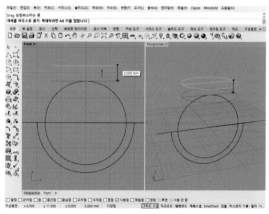

④ Front 뷰에서 ⤢ Move 명령으로 원과 선을 3mm 이동합니다.

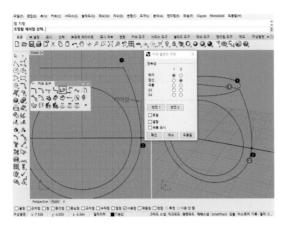

⑤ BlendCrv 명령으로 ❶과 ❷ 선을 연결하고 제어
점을 선택해서 형태를 조정합니다.

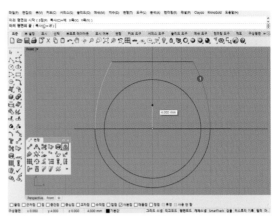

⑥ Mirror 명령으로 ❶선을 선택해 대칭 복사합니다.

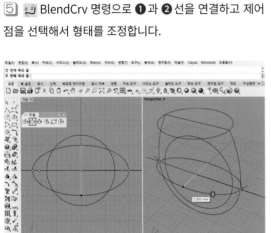

⑦ Ellipse 명령으로 화살표 지점을 지나고 단축이
5mm인 ❶타원을 만듭니다.

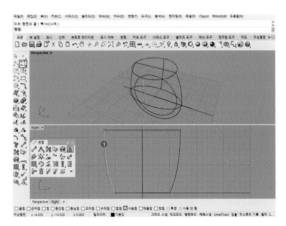

⑧ Right 뷰에서 ❶선을 만들고 Mirror 명령으로
❶커브를 대칭 복사합니다.

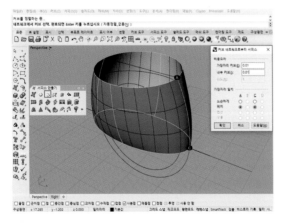

⑨ NetworkSrf 명령으로 그림처럼 커브를 선택해
서 서피스를 만듭니다.

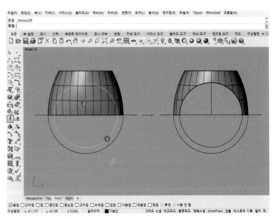

⑩ Trim 명령으로 ❶선을 경계로 ❷ 서피스의 안쪽
을 선택해 지웁니다.

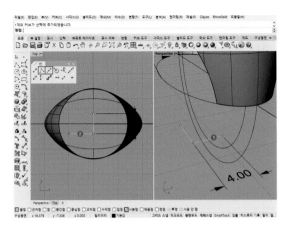

⑪ ✏ Line 명령으로 4mm인 ❶선을 만든 후 ⌇
Polyline 명령으로 ❷선을 만듭니다.

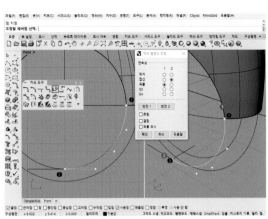

⑫ ⌣ BlendCrv 명령으로 ❶엣지와 ❷선을 연결합니다.

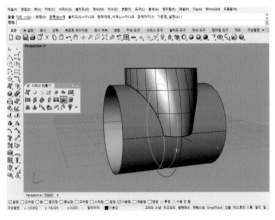

⑬ ▣ Extrude 명령으로 ❶원을 양방향으로 10mm 돌
출합니다.

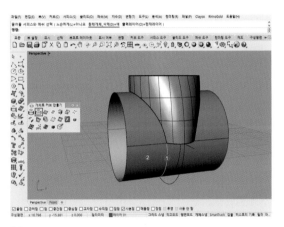

⑭ ⬚ Pull 명령으로 ❶선을 ❷서피스에 입사합니다.

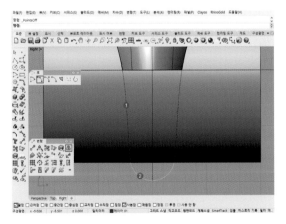

⑮ ◨ Mirror 명령으로 ❶커브를 대칭 복사합니다. ↖
Arc 명령으로 ❷호를 만듭니다.

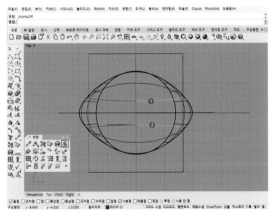

⑯ Top 뷰에서 ◨ Mirror 명령으로 ❶과 ❷선을 대칭
복사합니다.

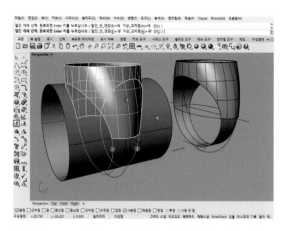

⑰ 🖱 Trim 명령으로 ❶ 서피스와 ❷와 ❸ 선을 경계로 선택하고 ❹ 서피스를 지웁니다.

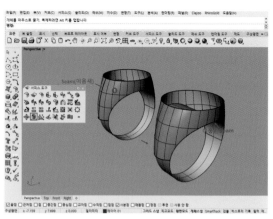

⑱ 🖱 SrfSeam 명령으로 ❶ 서피스의 Seam을 그림처럼 이동합니다.

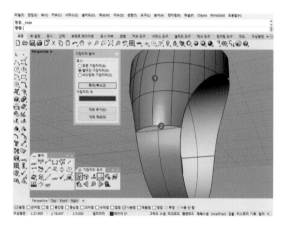

⑲ 🖱 ShowEdges 명령으로 ❶ 서피스를 선택하여 엣지가 어떻게 나누어져 있는지 확인합니다. 🖱 Merge Edge 명령으로 둘로 나뉜 ❷ 엣지를 하나로 병합합니다.

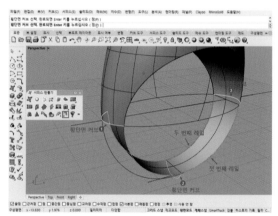

⑳ 🖱 Sweep2 명령으로 첫 번째, 두 번째 레일을 선택 후 횡단면 커브를 ❶❷❸ 순으로 선택합니다.

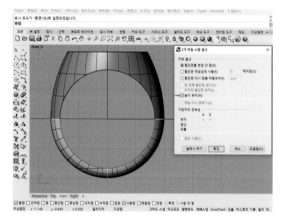

㉑ 옵션 창에서 높이 유지를 체크하고 서피스를 만듭니다.

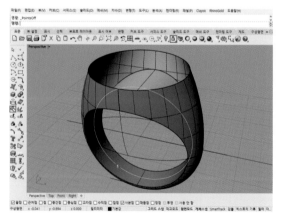

㉒ 🖱 Lock 명령으로 ❶ 원을 잠급니다. 서피스는 모두 선택하고 🖱 Join 명령으로 결합합니다.

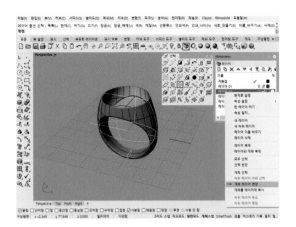 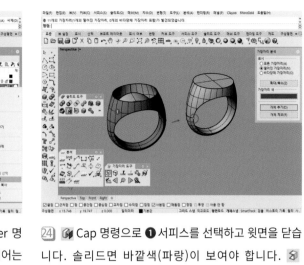

23 SelCrv 명령으로 커브를 선택하고 ✎ Layer 명령으로 선택된 커브를 "레이어 02"로 변경하고 레이어는 끕니다.

24 Cap 명령으로 ❶ 서피스를 선택하고 윗면을 닫습니다. 솔리드면 바깥색(파랑)이 보여야 합니다. ✎ ShowEdges 명령으로 서피스를 선택해 보면 열려있는 엣지 포인트가 표시됩니다. 이 지점이 열려있어서 솔리드가 아닙니다.

반올림　　솔리드의 특징

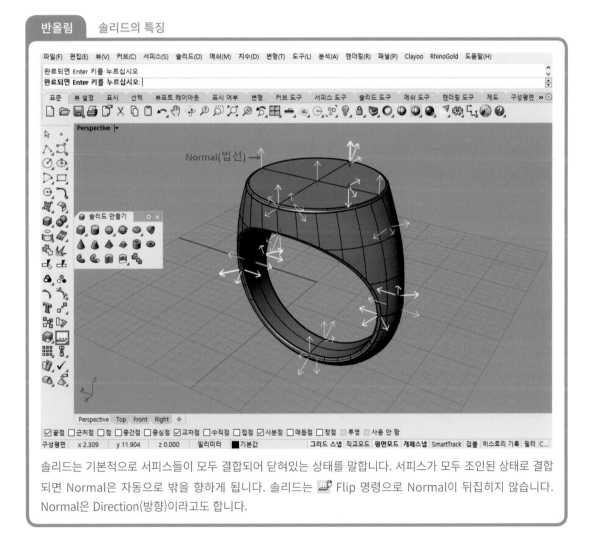

솔리드는 기본적으로 서피스들이 모두 결합되어 닫혀있는 상태를 말합니다. 서피스가 모두 조인된 상태로 결합되면 Normal은 자동으로 밖을 향하게 됩니다. 솔리드는 ✎ Flip 명령으로 Normal이 뒤집히지 않습니다. Normal은 Direction(방향)이라고도 합니다.

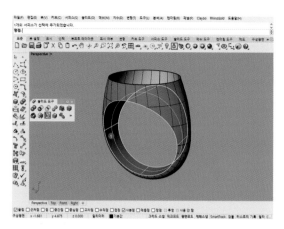

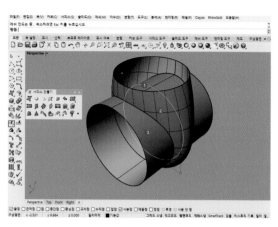

25 ⬛ ExtractSrf 명령으로 ❶ 서피스를 떼어내 지웁니다. 🔒 Unlock 명령으로 잠금을 해제합니다.

26 ⬛ ExtrudeCrv 명령으로 ❶ 원을 양방향으로 돌출합니다. ✂ Trim 명령으로 ❷ 서피스를 경계로 필요 없는 부분의 ❸ 서피스를 선택해 지웁니다.

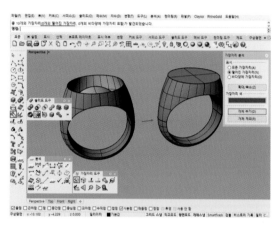

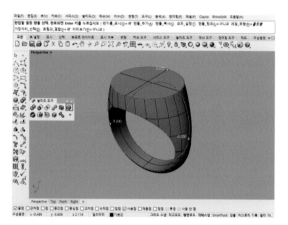

27 서피스를 모두 선택하고 🔗 Join 명령으로 결합합니다. 🔷 Cap 명령으로 서피스를 선택해서 솔리드로 만듭니다. 🔷 ShowEdges 명령으로 떨어진 가장자리를 확인하면 "0개의 떨어진 가장자리"로 나옵니다.

28 ⬛ FilletEdge 명령으로 엣지를 선택하고 0.3mm 필렛합니다.

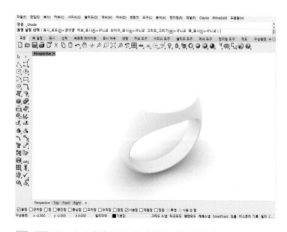

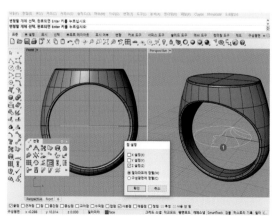

29 🔵 Shade 명령으로 결과물을 확인합니다.

30 📂 Import 명령으로 "face.3dm" 파일을 가져옵니다.

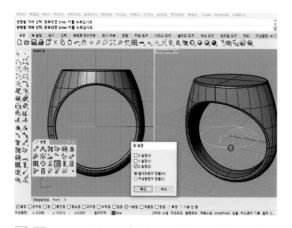

③1 SetPt 명령으로 ❶커브를 선택하고 "Z 설정" 하고 확인 버튼을 누릅니다.

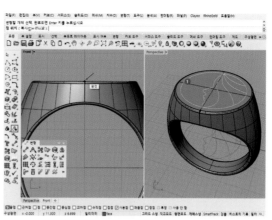

③2 Front 뷰에서 상단의 끝점을 선택합니다. Ungroup 명령으로 ❶커브를 선택해 묶음을 해제합니다.

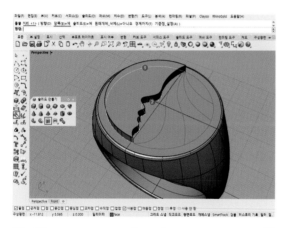

③3 Join 명령으로 ❶과 ❷선을 결합합니다. ExtrudeCrv 명령으로 결합된 커브를 양방향으로 1mm 돌출합니다.

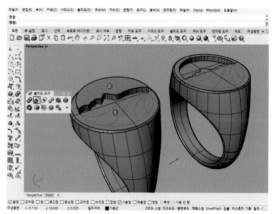

③4 BooleanDifference 명령으로 ❶오브젝트에서 ❷오브젝트를 뺍니다.

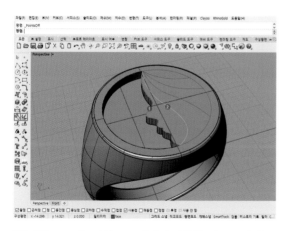

③5 Extrude 명령으로 앞에서 결합한 커브를 다시 분해하고 Join 명령으로 ❶과 ❷선을 결합합니다.

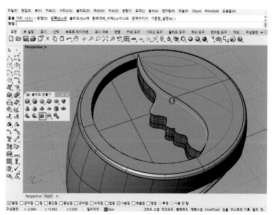

③6 ExtrudeCrv 명령으로 ❶선을 양방향으로 0.5mm 돌출합니다.

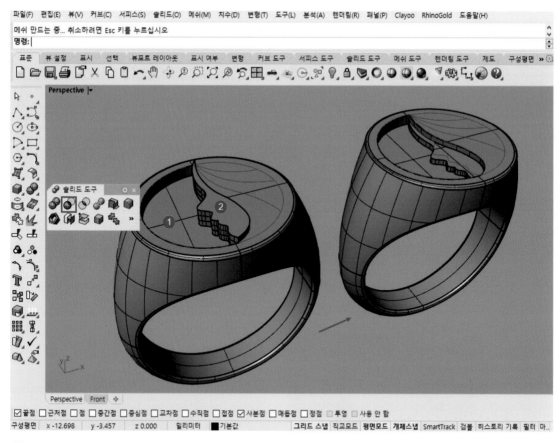

37 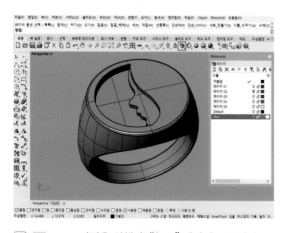 BooleanDifference 명령으로 ❶오브젝트에서 ❷오브젝트를 뺍니다.

38 Layer 명령을 실행 후 "face" 레이어는 끕니다.

39 Shade 명령으로 결과물을 확인합니다.

Lesson 03 방패 모양 반지 만들기

NetworkSrf 명령을 활용하여 방패 모양 반지를 만드는 방법을 알아보겠습니다.

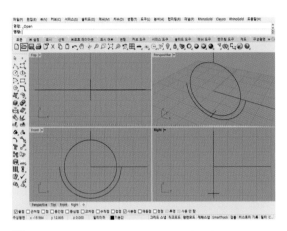

① 📂 Open 명령으로 "network_r.3dm" 파일을 불러
옵니다.

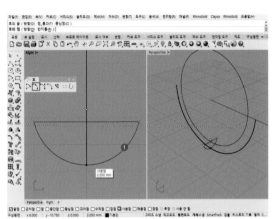

② Right 뷰에서 🥢 Arc 명령으로 ❶호를 만듭니다.

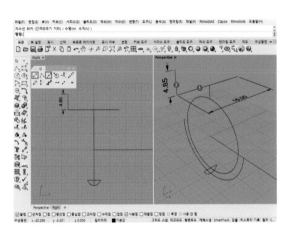

③ Right 뷰에서 ✏️ Line 명령으로 ❶선(16mm)을 만
들고 ✏️ Line 명령으로 ❷선을 만듭니다.

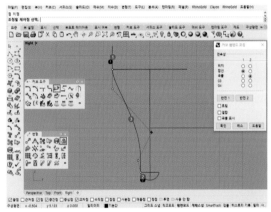

④ 🔵 BlendCrv 명령으로 ❶선과 ❷호를 연결하는
❸커브를 만든 후 ❷와 ❸은 🔗 Join 명령으로 결합합
니다. 결합한 커브는 🔱 Mirror 명령으로 반대편으로 대
칭 복사합니다.

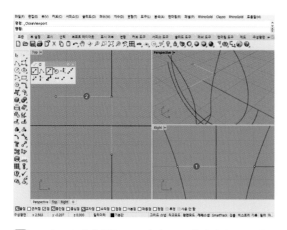

[5] Right 뷰에서 ✏ Line 명령으로 원점에서 교차점까지 선을 만듭니다. Top 뷰에서 ✏ Line 명령으로 ❷선을 만듭니다.

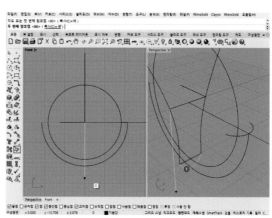

[6] Front 뷰에서 🔄 Rotate 명령으로 원점에서 ❶호를 반시계 방향으로 90° 회전 복사합니다.

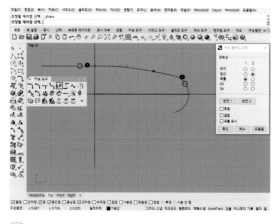

[7] 🔗 BlendCrv 명령으로 ❶선과 ❷호를 연결합니다.

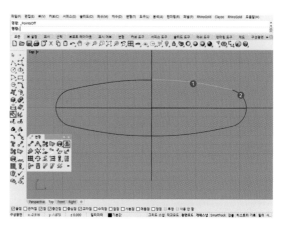

[8] 🔀 Mirror 명령으로 ❶선을 대칭 복사한 후 ❷호도 대칭 복사합니다. 그림과 같이 선을 복사한 후 🔗 Join 명령으로 6개의 선들을 선택해 결합합니다.

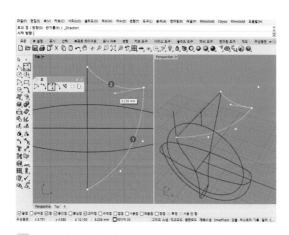

[9] Top 뷰에서 ⤵ Curve 명령으로 ❶선을 만들고 ⤴ Arc 명령으로 ❷호를 만듭니다. 편의상 레이어는 "레이어 05"로 변경하였습니다.

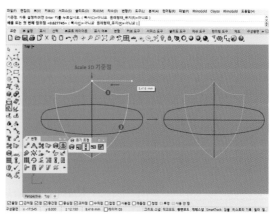

[10] ❶호와 ❷커브를 선택해 🔗 Join 명령으로 결합하고 🔀 Mirror 명령으로 결합된 커브를 반대편으로 대칭 복사합니다. 🔳 Scale 1D 명령으로 크기를 약간 줄입니다.

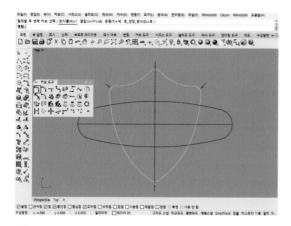

⑪ Fillet 명령으로 화살표 지점의 꼭지점을 1mm 필렛하여 부드럽게 만듭니다.

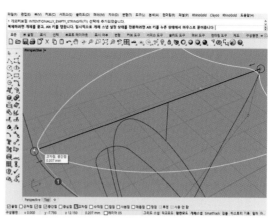

⑫ F10 으로 ❶선의 제어점을 켜고 빨간 원의 제어점을 선택하고 교차점까지 이동합니다. 반대편 제어점도 교차점까지 드래그하여 이동합니다.

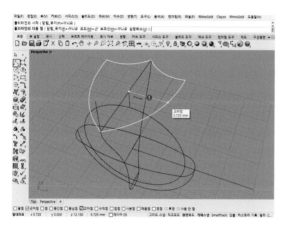

⑬ Polyline 명령으로 ❶선을 교차점까지 만듭니다.

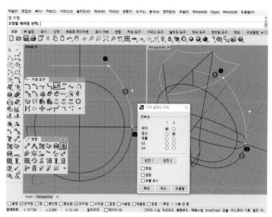

⑭ BlendCrv 명령으로 ❶선과 ❷호를 연결하여 ❸ 커브를 만듭니다. Front 뷰에서 Mirror 명령으로 ❸커브를 원점을 기준으로 대칭 복사합니다.

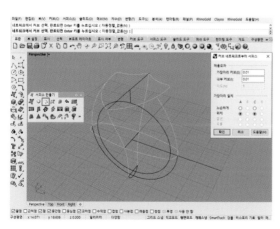

⑮ NetworkSrf 명령을 선택하고 그림처럼 커브를 모두 선택하고 Enter 하여 서피스를 만듭니다.

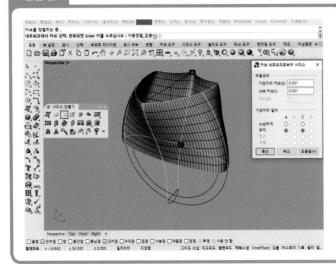

허용오차를 작게하면 좀 더 정밀하게 표현되므로 아이소커브가 추가됩니다. A와 C가 가장자리 커브이며 가장자리 커브의 안쪽을 지나는 4개의 커브가 내부 커브가 됩니다. 가장자리를 제외한 커브가 내부 커브입니다. 허용오차는 사용자가 상황에 따라 설정해 줄 수 있고 일반적으로 기본값으로 설정합니다.

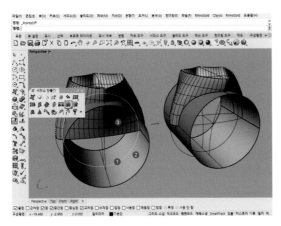

⑯ 🖻 ExtrudeCrv 명령으로 ❶원을 돌출하고 ⬦ Trim 명령으로 ❷서피스를 경계로 ❸서피스의 안쪽을 선택해 지웁니다. ❷서피스는 지웁니다.

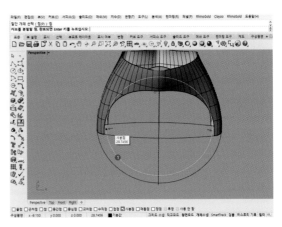

⑰ ⬦ Split 명령으로 ❶원의 사분점(화살표 지점)을 자릅니다.

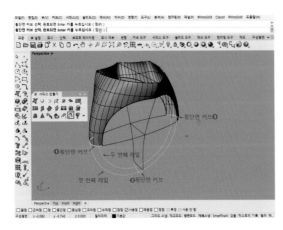

⑱ 🖻 Sweep2 명령으로 레일을 순서대로 선택한 다음 ❶❷❸횡단면 커브를 선택하여 서피스를 만듭니다.

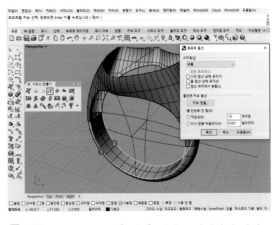

⑲ ⬦ Loft 명령으로 ❶과 ❷엣지를 선택하여 서피스를 만듭니다.

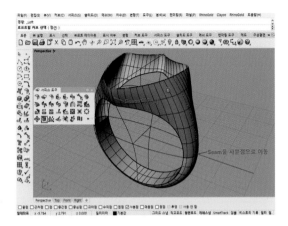

⑳ SrfSeam 명령으로 ❶ 서피스의 Seam을 우축의 사분점으로 이동합니다. 서피스의 Normal 방향(서피스의 안과 밖)이 바뀝니다.

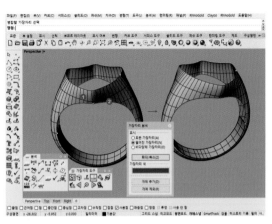

㉑ ShowEdge 명령으로 ❶ 서피스의 엣지가 어떻게 나뉘어 있는지 확인합니다. MergeEdge 명령으로 ❷ 엣지를 하나로 병합합니다.

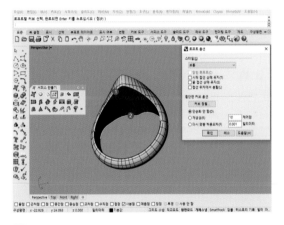

㉒ Loft 명령으로 ❶과 ❷ 엣지를 선택하여 서피스를 만듭니다.

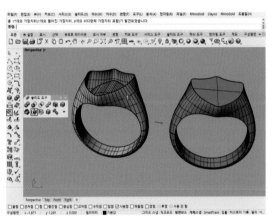

㉓ Ctrl + A (전체선택)하여 Join 명령으로 서피스를 결합합니다. Cap 명령으로 ❶ 서피스를 선택해 윗면을 막아 솔리드로 만듭니다.

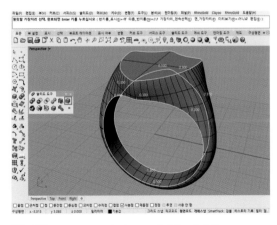

㉔ FilletEdge 명령으로 엣지를 선택하고 0.3mm 필렛합니다.

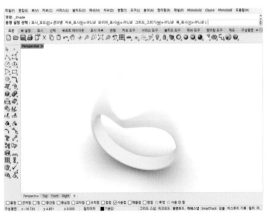

㉕ Shade 명령으로 결과물을 확인합니다.

Lesson 04 · 하트 모양 반지 만들기

NetworkSrf 명령을 앞 예제와 다르게 활용하여 하트 모양 반지를 만드는 방법에 대해서 설명하겠습니다.

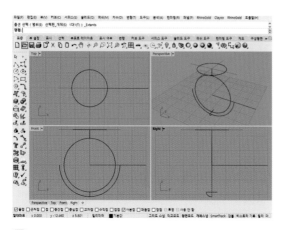

1️⃣ 📂 Open 명령으로 "network_r1.3dm" 파일을 엽니다.

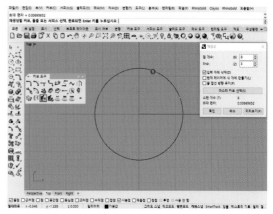

2️⃣ 🏃 Rebuild 명령으로 ❶원을 점 개수 : 8, 차수 : 3으로 변경합니다.

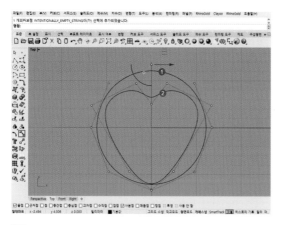

3️⃣ 🏃 PointsOn 명령으로 ❶원의 제어점을 켜고 검볼을 활용하여 ❷커브 모양으로 제어점을 조정합니다.

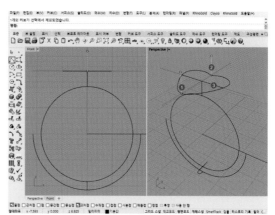

4️⃣ ⟋ Polyline 명령으로 ❶❷❸선을 그림처럼 만듭니다.

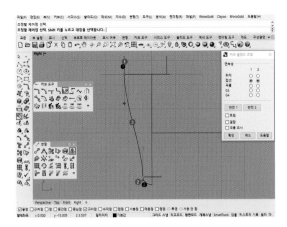

⑤ Right 뷰에서 🔧 BlendCrv 명령으로 ❶선과 ❷선을 연결하여 ❸커브를 만든 후 ❷와 ❸커브는 🔧 Join 명령으로 결합합니다. 🔧 Mirror 명령으로 결합된 커브를 원점을 기준으로 반대편으로 대칭 복사합니다.

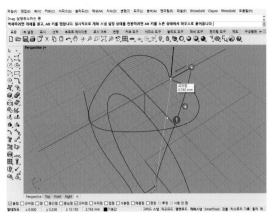

⑥ ❶커브를 선택하고 F10으로 제어점을 켭니다. 두 개의 제어점을 선택(빨간 원)하고 교차점까지 이동합니다.

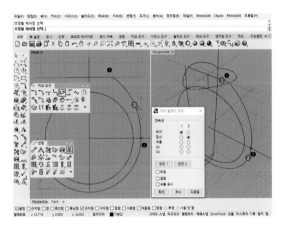

⑦ 🔧 BlendCrv 명령으로 ❶선과 ❷호를 연결하여 ❸커브를 만듭니다. Front 뷰에서 🔧 Mirror 명령을 이용해 ❸커브를 원점에서 반대편으로 대칭 복사합니다.

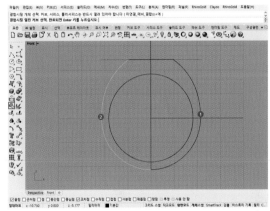

⑧ 🔧 Join 명령으로 선들을 결합하여 ❶과 ❷선을 만듭니다.

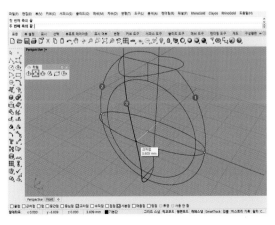

⑨ 🔧 Ellipse 명령으로 ❶과 ❷선의 사분점을 지나고 ❸선의 교차점을 지나는 타원을 만듭니다.

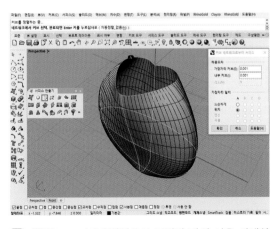

⑩ 🔧 NetworkSrf 명령으로 그림과 같이 선을 선택하고 서피스를 만듭니다.

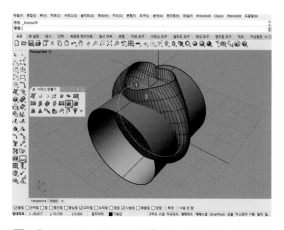

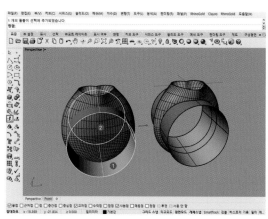

⑪ ❷서피스를 선택하고 🔲 Flip 명령으로 서피스의 Normal 방향을 바꿉니다. 🔲 ExtrudeCurve 명령으로 ❶원을 돌출합니다.

⑫ 🔲 Trim 명령으로 ❶서피스를 경계로 ❷서피스의 부분을 선택해 필요 없는 서피스는 지웁니다. ❶서피스는 지웁니다.

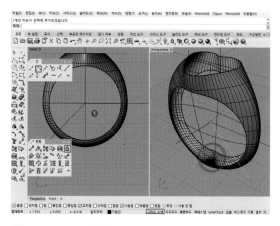

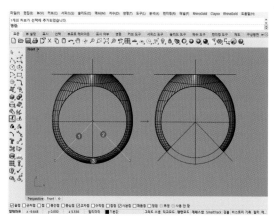

⑬ Front 뷰에서 🔲 Polyline 명령으로 대각선으로 ❶ 선을 만든 후 🔲 Mirror 명령으로 대칭 복사합니다. 빨간 원 부분이 부자연스럽습니다.

⑭ 🔲 Trim 명령으로 ❶과 ❷선을 경계로 ❸서피스를 선택해 지웁니다.

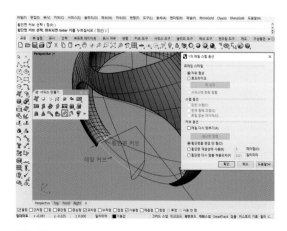

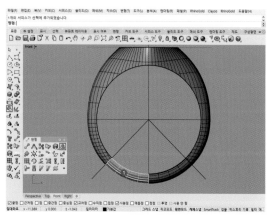

⑮ 🔲 Sweep1 명령으로 레일과 횡단면 커브를 선택하여 서피스를 만듭니다.

⑯ 🔲 Mirror 명령으로 ❶서피스를 대칭 복사합니다. 서피스를 모두 선택하고 🔲 Join 명령으로 결합합니다.

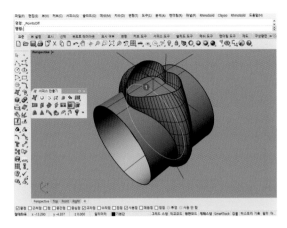

⑰ 🖻 ExtrudeCrv 명령으로 ❶원을 돌출합니다.

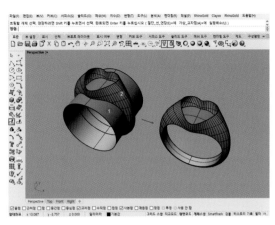

⑱ 🔒 Unlock 명령으로 잠금을 해제합니다. 선들은 선택해서 💡 Hide 명령으로 숨깁니다. ✂ Trim 명령으로 ❷서피스를 경계로 ❶서피스의 양옆을 선택해 지웁니다.

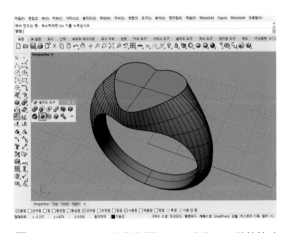

⑲ 서피스를 모두 선택해 🐾 Join 명령으로 결합합니다. 결합된 서피스를 선택하고 🗐 Cap 명령으로 윗면을 닫아 솔리드로 만듭니다.

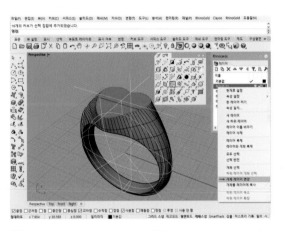

⑳ 선들을 모두 보이게 한 후 🐾 SelCrv 명령으로 커브를 모두 선택하고 📗 Layer 명령을 활용해 "레이어 01"로 변경하고 레이어는 끕니다.

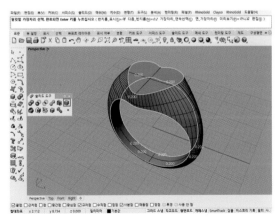

㉑ 🔘 FilletEdge 명령을 선택하고 엣지를 선택해 0.2mm 필렛합니다.

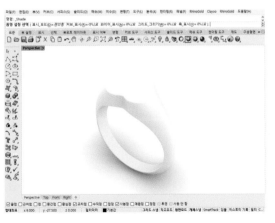

㉒ 🔘 Shade 명령으로 결과물을 확인합니다.

UV명령 활용하여 반지 만들기

UV명령을 활용하여 선과 패턴으로 반지를 만드는 방법에 대해 알아보겠습니다.

UV커브를 활용한 반지 만들기

CreateUVCrv 명령을 활용하는 방법과 응용하는 방법에 대해서 알아보겠습니다.

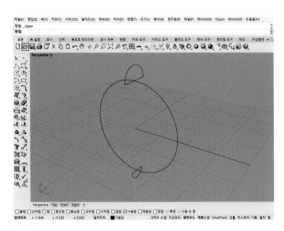

1 📁 Open 명령으로 "uv1.3dm" 파일을 불러옵니다.

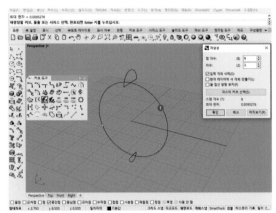

2 🔧 Rebuild 명령으로 ❶ 원을 점 개수 : 8, 차수 : 3으로 변경합니다.

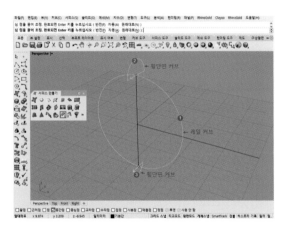

3 🖊 Sweep1 명령으로 ❶ 레일 ❷❸ 횡단면 커브 순으로 선택하고 (Enter) 합니다.

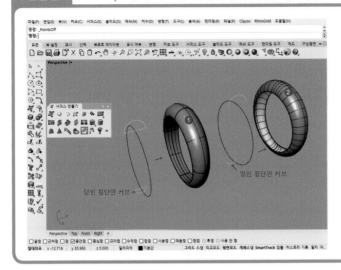

🔎 Sweep1 명령으로 서피스를 만들 때 횡단면 커브를 사용하는 것과 열린 커브를 사용할 때는 차이가 있습니다. 횡단면 커브가 닫혀 있을 때는 서피스가 깔끔하게 만들어 집니다. ❶과 ❷서피스를 비교해 보면 차이점을 확인할 수 있습니다.

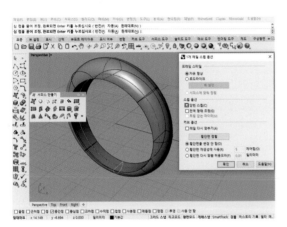

④ 옵션 창에서 닫힌 스윕를 체크하고 서피스를 만듭니다.

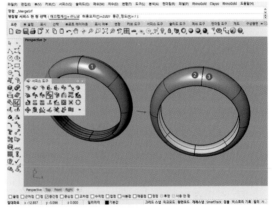

⑤ ❶오브젝트를 선택하고 🗡 Explode 명령으로 서피스를 분해한 후 안쪽 서피스는 지웁니다. 🖌 MergeSrf 명령으로 ❷와 ❸ 서피스를 병합합니다.

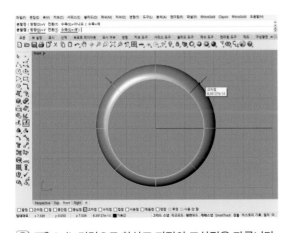

⑥ 🖋 Split 명령으로 화살표 지점의 교차점을 자릅니다.

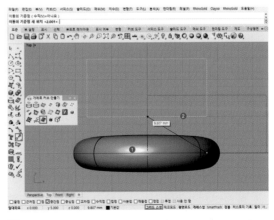

⑦ 🖋 CreateUVCrv 명령으로 ❶ 서피스를 선택해 UV 커브 ❷ 를 만듭니다. 🖋 Move 명령으로 ❷ 사각형을 가운데로 이동합니다.

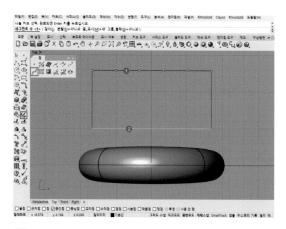

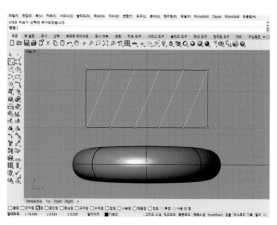

⑧ ✎ Explode 명령으로 사각형을 분해합니다. ✎ Divide 명령으로 ❶과 ❷선을 5등분하는 점을 만듭니다.

⑨ ∧ Polyline 명령으로 점과 점을 있는 사선을 5개 만듭니다.

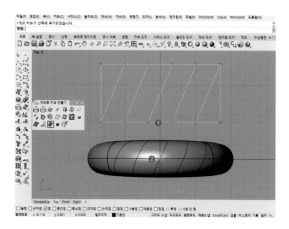

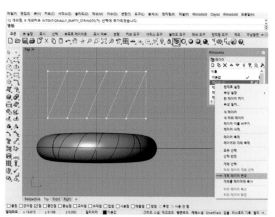

⑩ ✎ ApplyCrv 명령으로 ❶선들을 모두 선택(점은 제외)한 다음 ❷서피스에 선들을 입사합니다.

⑪ 마우스로 드래그하여 선과 점을 모두 선택하고 ✎ Layer 명령으로 "레이어 01"로 개체 레이어를 변경하고 레이어는 끕니다.

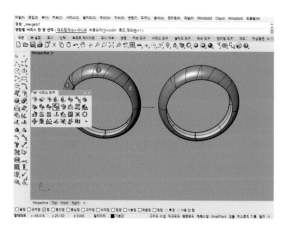

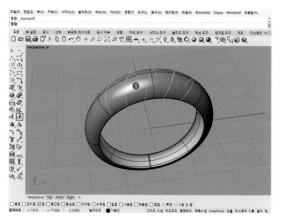

⑫ ✎ MergeSrf 명령으로 잘린 ❶과 ❸서피스를 병합하고 난 다음 ❷와 ❸서피스도 MergeSrf로 병합하여 하나의 서피스로 만듭니다.

⑬ ✎ Split 명령으로 ❶서피스를 5개의 커브로 자릅니다.

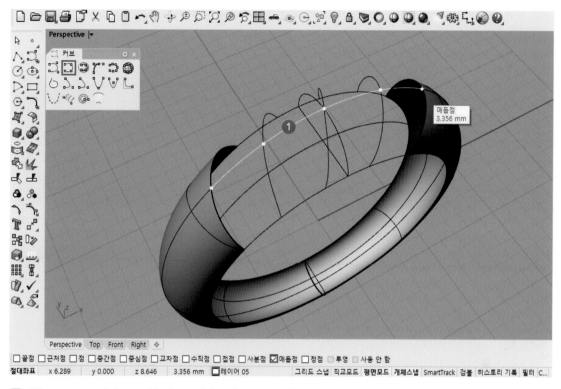

⑭ ⟲ InterpCrv 명령으로 가운데 Knot(매듭점)을 지나는 ❶커브를 만듭니다.

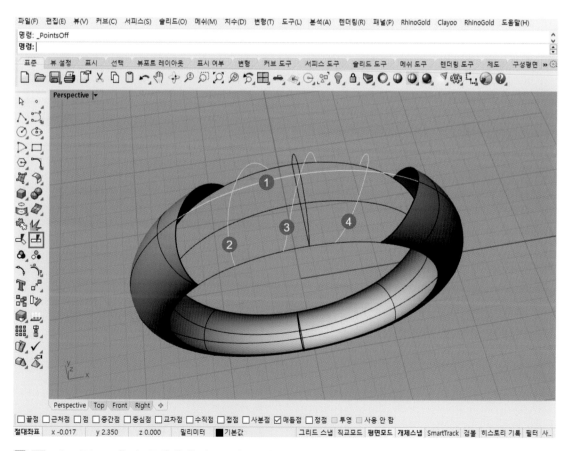

⑮ ⟱ Split 명령으로 ❶커브를 ❷❸❹커브로 자릅니다.

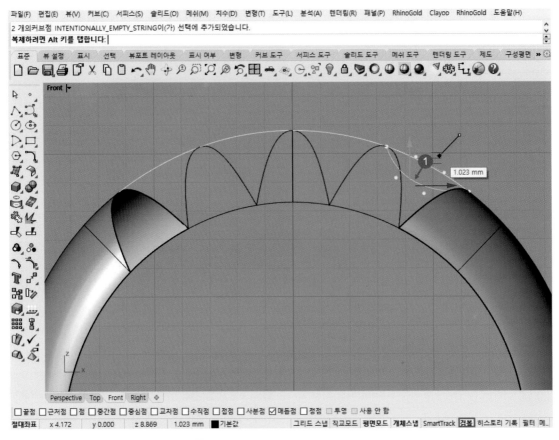

⑯ Front 뷰에서 ❶커브를 선택하고 F10 로 제어점을 켭니다. 검볼을 활용해 제어점 2개를 1mm정도 아래로 이동합니다.

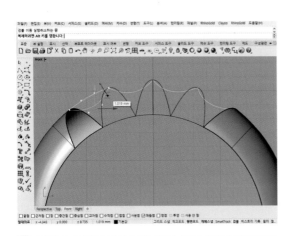

⑰ 나머지 3개의 커브도 제어점을 켜고 2개의 제어점을 선택해 1mm 정도 아래도 이동합니다.

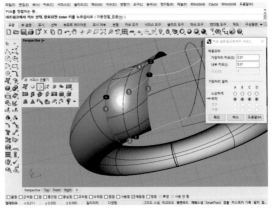

⑱ ▨ NetworkSrf 명령으로 ❶❷❸❹❺커브를 선택하여 서피스를 만듭니다. 나머지 부분도 NetworkSrf 명령으로 서피스를 만듭니다.

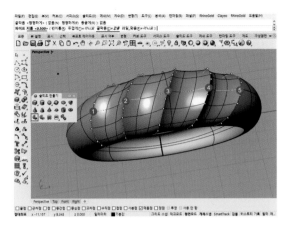

⑲ ❶❷❸❹❺ 커브를 선택하고 🟡 Pipe 명령으로 지름이 0.5mm인 파이프를 만듭니다.

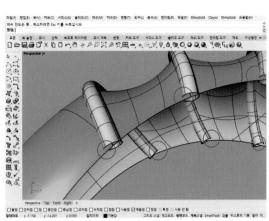

⑳ 빨간 원 부분을 보면 파이프의 길이가 짧은 걸 알 수 있습니다.

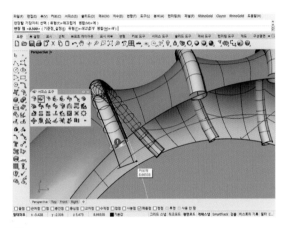

㉑ 📐 ExtendSrf 명령으로 ❶ 엣지를 선택하여 0.5mm 연장합니다. 나머지 파이프도 0.5mm씩 서피스를 연장합니다.

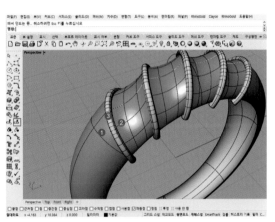

㉒ 🛠 Split 명령으로 ❶과 ❷ 서피스를 ❸ 파이프로 자릅니다. ❸ 파이프는 지웁니다.

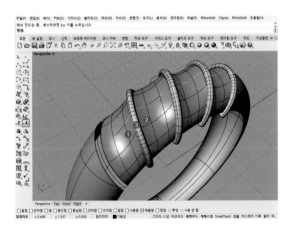

㉓ 잘린 서피스를 지우고 🛠 Split 명령으로 ❶과 ❷ 서피스를 ❸ 파이프로 자릅니다. ❸ 파이프는 지웁니다. 이와 같은 방식으로 작업을 반복해 서피스를 자르고 지웁니다.

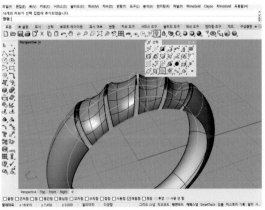

㉔ 🐚 SelCrv 명령으로 커브를 모두 선택하고 💡 Hide 명령으로 커브들을 숨깁니다.

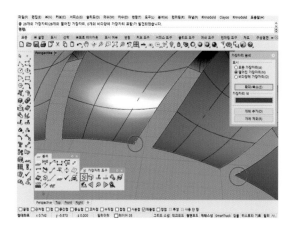

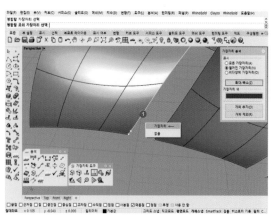

25 ⬈ ShowEdges 명령으로 잘린 서피스를 선택해 떨어진 가장자리(엣지)가 어떻게 나뉘어 있는지 확인합니다. 빨간 원 부분을 보면 엣지가 짧게 나뉘어 있습니다.

26 ⬒ MergeEdge 명령으로 ❶엣지를 선택하여 잘린 엣지를 병합합니다. MergeEdge 명령으로 나머지 잘린 엣지 부분도 확인하고 병합합니다.

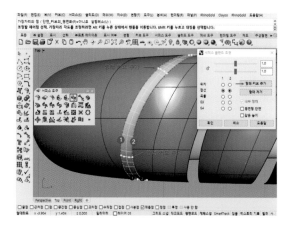

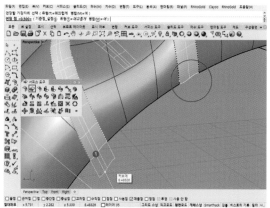

27 ⬧ BlendSrf 명령으로 ❶과 ❷엣지를 선택하여 서피스를 만들고 형태 커브 추가 해서 아이소커브의 결을 자연스럽게 만듭니다. BlendSrf 명령으로 나머지 부분도 서피스를 연결합니다.

28 ⬦ ExtendSrf 명령으로 ❶엣지를 선택하여 0.5mm 연장합니다. 반대편도 연장합니다. ExtendSrf 명령으로 만든 서피스를 모두 연장합니다.

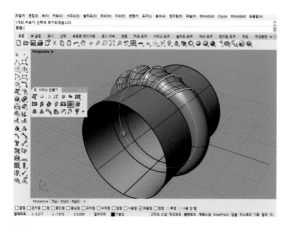

㉙ ExtrudeCrv 명령으로 ❶원을 10mm 정도 돌출
합니다.

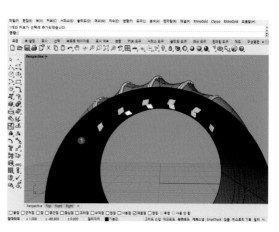

㉚ Trim 명령으로 ❶서피스를 경계로 연장해서 튀어
나온 서피스들을 모두 지웁니다.

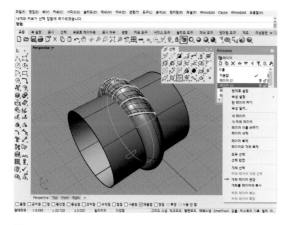

㉛ SelCrv 명령으로 커브를 모두 선택하고 Layer
명령으로 "레이어 02"로 변경하고 레이어는 끕니다.

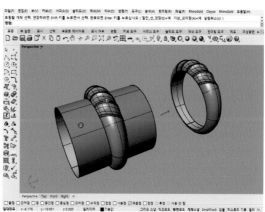

㉜ 서피스는 모두 결합한 후 Trim 명령으로 ❶오브
젝트를 경계로 ❷서피스의 양 옆을 선택해 필요 없는 부
분을 지웁니다.

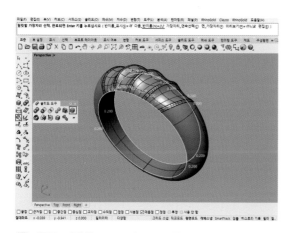

㉝ Ctrl+A((전체선택)한 후 Join 명령으로 결합
합니다. FilletEdge 명령 후 마우스로 드래그하여 엣
지를 선택하고 0.2mm 필렛합니다.

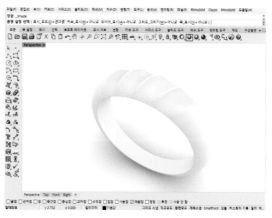

㉞ Shade 명령으로 결과물을 확인합니다.

UV를 활용한 진주 반지 만들기

UV커브의 패턴을 활용해 진주 반지 받침대와 링 만드는 방법에 대해서 알아보겠습니다.

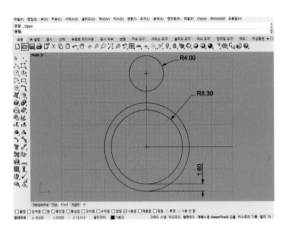

1. 📂 Open명령으로 "p_ring.3dm" 파일을 불러옵니다.

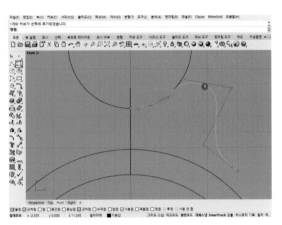

2. Front 뷰에서 ⬚ Curve 명령으로 ❶커브를 만듭니다. 제어점을 켜고 커브를 편집합니다.

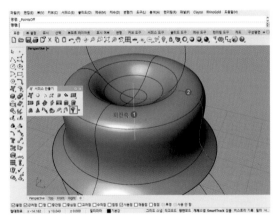

3. 🍾 Revolve 명령으로 ❷커브를 ❶회전축을 기준으로 360° 회전하여 서피스를 만듭니다.

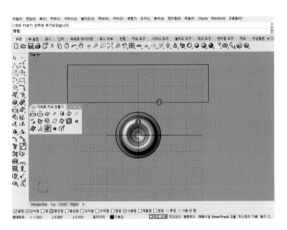

4. 📄 CreateUVCrv 명령으로 ❶ 서피스의 UV커브 ❷ 를 만든 후 📐 Move 명령으로 ❷UV 사각형을 그림처럼 배치합니다.

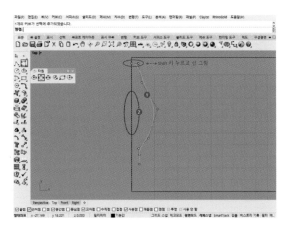

⑤ ⬚ Curve 명령으로 ❶커브를 만듭니다. ⬭ Ellipse 명령으로 ❷타원을 만듭니다.

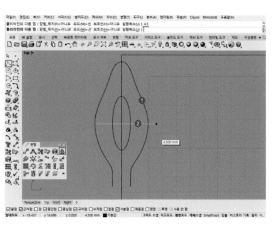

⑥ ⬣ Mirror 명령으로 ❶커브를 대칭 복사합니다. ⋀ Polyline 명령으로 4.5mm인 ❷선을 만듭니다.

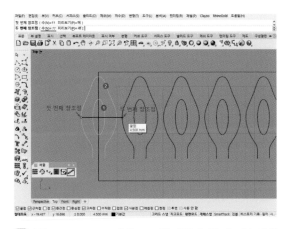

⑦ ⬚ ArrayLinear 명령으로 ❶타원과 ❷커브를 선택해 첫 번째, 두 번째 참조점을 기준으로 11개 복사합니다.

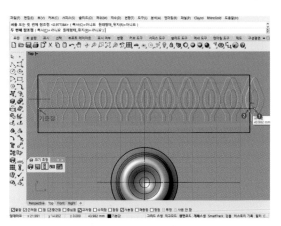

⑧ ⬚ Scale1D 명령으로 배열한 커브를 모두 선택한 다음 기준점과 첫 번째 ❶, 두 번째 ❷ 참조점을 선택해 사각형에 맞게 크기를 줄입니다.

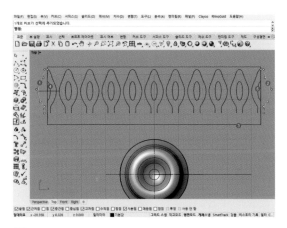

⑨ ❶과 ❷커브는 선택해 지웁니다. ⬚ Trim 명령으로 ❸사각형을 경계로 ❹와 ❺타원의 필요 없는 절반을 지웁니다.

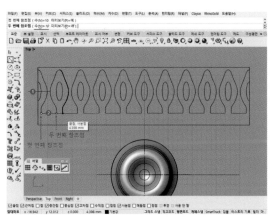

⑩ ❶선은 지웁니다. ⋀ Polyline 명령으로 ❷선을 만듭니다. ⬚ ArrayLinear 명령으로 ❷선을 10개 선형 배열합니다.

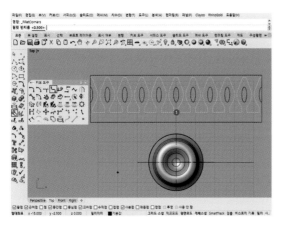

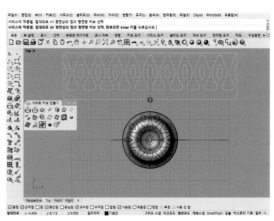

11 ❶선을 모두 선택해 🐝 Join 명령으로 결합합니다. ❗️ FilletCorners 명령으로 ❶선을 선택해 0.5mm 필렛합니다.

12 🖌 ApplyCrv 명령으로 ❶선들을 모두 선택하고 ❷서피스에 선택한 커브를 입사합니다.

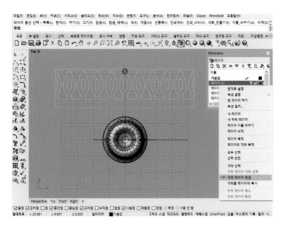

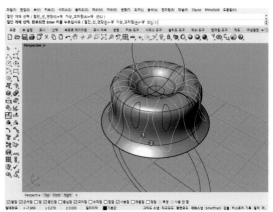

13 ❶커브들을 모두 선택하고 🛡 Layer 명령으로 "레이어 01"로 변경하고 레이어는 끕니다.

14 🪛 Trim 명령으로 ❶커브를 경계로 ❷서피스를 선택해 필요 없는 부분을 지웁니다.

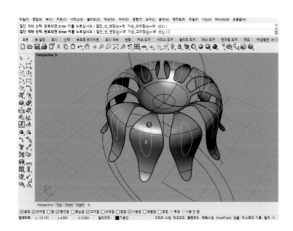

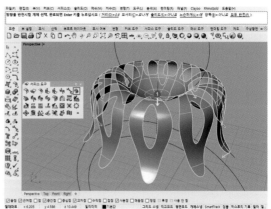

15 🪛 Trim 명령으로 ❶커브를 경계로 ❷서피스를 선택해 필요 없는 안쪽 부분을 지웁니다.

16 🖐 OffsetSrf 명령으로 ❶서피스를 0.8mm 간격 띄웁니다.

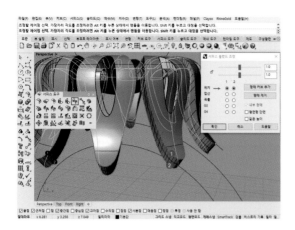

⑰ 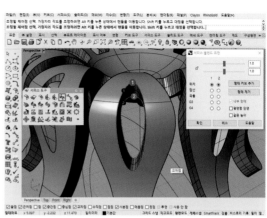 BlendSrf 명령을 ❶과 ❷엣지를 선택해 서피스
를 연결합니다.

⑱ BlendSrf 명령을 ❶과 ❷엣지를 선택해 서피스
를 연결합니다. 나머지 부분도 BlendSrf 명령으로 서피
스를 연결합니다.

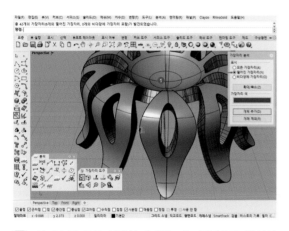

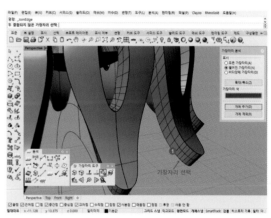

⑲ 서피스를 모두 선택한 후 Join 명령으로 결합합
니다. ShowEdge 명령으로 ❶오브젝트를 선택해 떨
어진 가장자리를 확인합니다.

⑳ JoinEdge 명령으로 ❶엣지를 두 번 선택해 엣지
를 결합합니다.

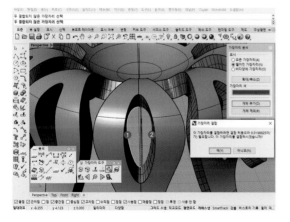

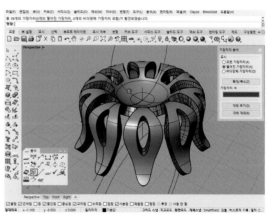

㉑ JoinEdge 명령으로 ❶엣지를 결한 후 JoinEdge
명령으로 ❷엣지도 결합합니다.

㉒ ShowEdge 명령으로 ❶오브젝트를 선택합니다.
떨어진 가장자리가 없습니다. ❶오브젝트가 닫힌 솔리드
가 됩니다.

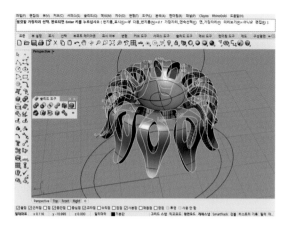

㉓ FilletEdge 명령으로 엣지를 선택하고 0.1mm 필렛합니다.

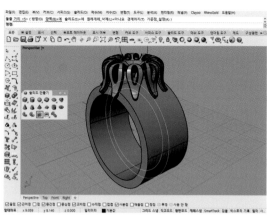

㉔ ExtrudeCrv 명령으로 두 원을 선택하고 양방향으로 5mm 돌출합니다.

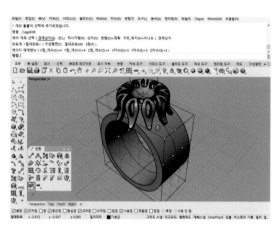

㉕ CageEdit 명령으로 ❶ 오브젝트를 경계상자로 감쌉니다.

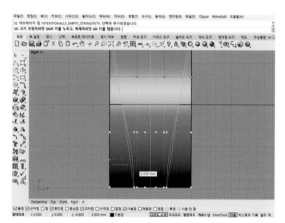

㉖ Right 뷰에서 그림처럼 제어점을 선택하고 검볼을 활용해 2mm 줄입니다.

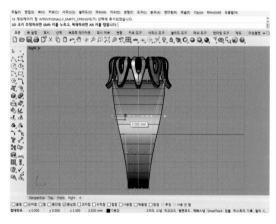

㉗ 가운데 제어점들을 그림처럼 선택하고 검볼을 활용해 2.5mm 줄입니다.

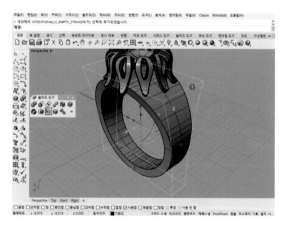

㉘ CageEdit로 만든 ❶ 선은 지웁니다. ExtractSrf 명령으로 ❷ 서피스를 떼어낸 후 지웁니다.

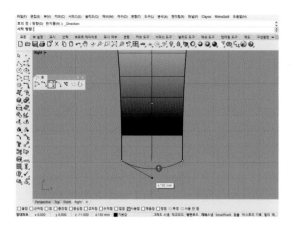

㉙ 🖋 Right 뷰에서 Arc 명령으로 ❶호를 만듭니다.

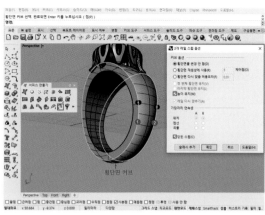

㉚ 🖋 Sweep2 명령으로 ❶과 ❷레일을 선택하고 횡단면 커브를 선택하여 서피스를 만듭니다.

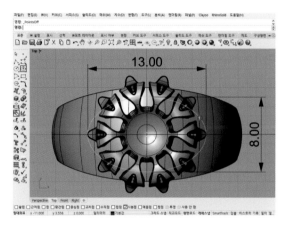

㉛ 🖋 Ellipse 명령으로 사분점에서 ❶타원을 만듭니다. 결합되지 않는 서피스들을 선택하여 Join 명령으로 결합합니다.

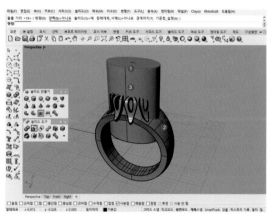

㉜ 🖋 ExtrudeCrv 명령으로 ❶타원을 18mm 아래로 돌출합니다. BooleanDifference 명령으로 ❷오브젝트에서 ❸오브젝트를 뺍니다.

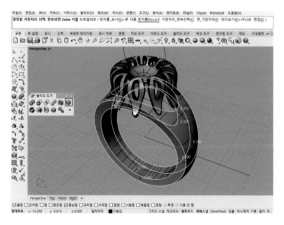

㉝ 🖋 FilletEdge 명령으로 엣지를 선택하고 0.3mm 필렛합니다.

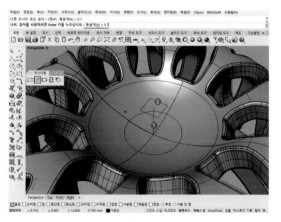

㉞ ❶선의 끝점에서 Rectangle 명령으로 0.7mm인 ❷정사각형을 만듭니다.

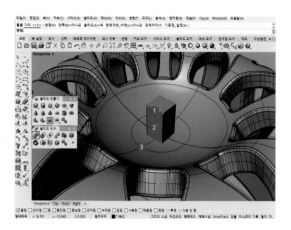

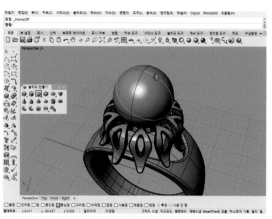

35 🔲 ExtrudeCrv 명령으로 ❶사각형을 1.5mm 아래로 돌출합니다. 🔵 BooleanUnion 명령어로 ❷와 ❸오브젝트를 합칩니다.

36 🔵 Sphere 명령으로 ❶원의 중심점에서 반지름이 4mm인 구를 만듭니다.

37 🔵 Shade 명령으로 결과물을 확인합니다.

UV커브와 FlowAlongSrf 명령을 활용하여 오브젝트를 배열하는 방법에 대해서 알아보겠습니다.

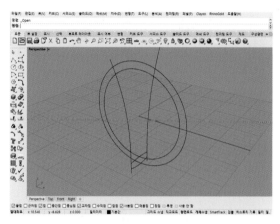

1 📂 Open 명령으로 "ufc.3dm" 파일을 불러옵니다.

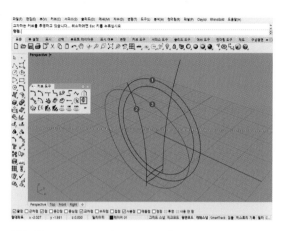

2 ⚡ Crv2View 명령으로 ❶ 원을 선택 후 ❷ 커브를 선택하여 ❸ 커브를 만듭니다.

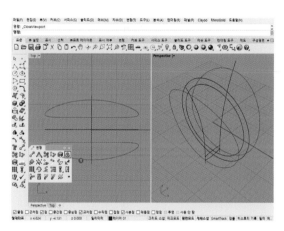

3 Top 뷰에서 🔷 Mirror 명령으로 ❶ 커브를 원점을 기준으로 대칭 복사합니다.

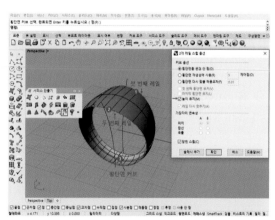

4 🔷 Sweep2 명령으로 ❶과 ❷ 레일을 선택 후 ❸ 횡단면 커브를 선택해서 서피스를 만듭니다.

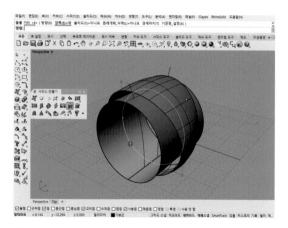

⑤ 🔲 ExtrudeCrv 명령으로 ❶ 원을 양방향으로 8mm 돌출합니다.

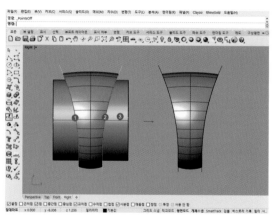

⑥ Right 뷰에서 ⬚ Trim 명령으로 ❶과 ❷선을 경계로 ❸ 서피스의 양단을 선택해 지웁니다.

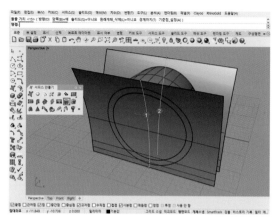

⑦ 🔲 ExtrudeCrv 명령으로 ❶과 ❷ 커브를 양방향으로 15mm 돌출합니다.

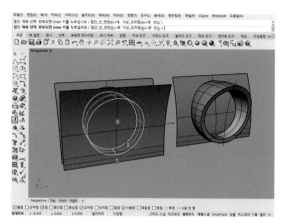

⑧ ⬚ Trim 명령으로 ❶커브와 ❷ 서피스를 경계로 선택한 다음 필요 없는 ❸ 서피스의 안쪽과 바깥 부분을 선택해 지웁니다. 반대편도 같은 방법으로 필요 없는 서피스를 지웁니다.

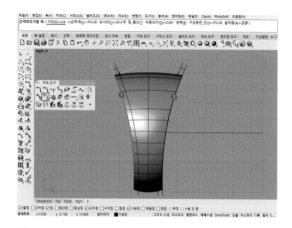

⑨ Right 뷰에서 ⬚ Offset 명령으로 ❶ 커브를 0.8mm 간격을 띄웁니다. ❷ 커브도 0.8mm 간격을 띄웁니다.

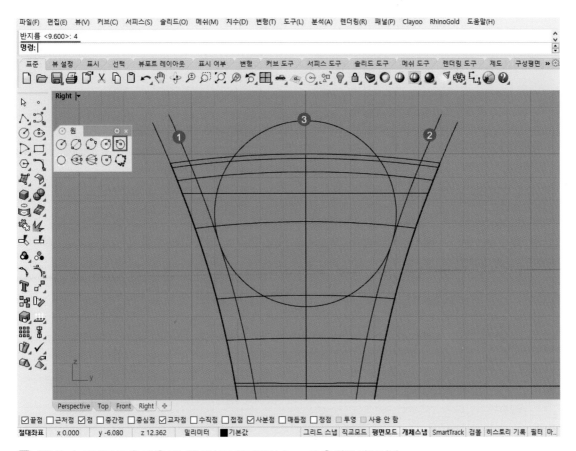

⑩ Circle 명령으로 ❶과 ❷ 커브에 접하고 반지름이 4mm인 ❸ 원을 만듭니다.

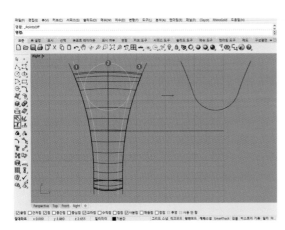

⑪ Trim 명령으로 ❶❷❸ 커브를 모두 선택하고 필요 없는 부분을 선택해 지우고 Join 명령으로 선들은 결합합니다.

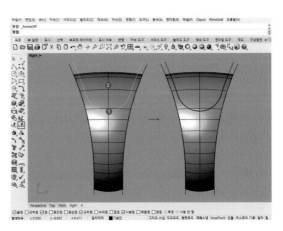

⑫ Right 뷰에서 Split 명령으로 ❷ 서피스를 ❶ 커브로 자릅니다.

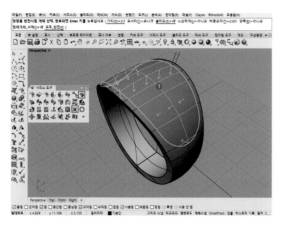

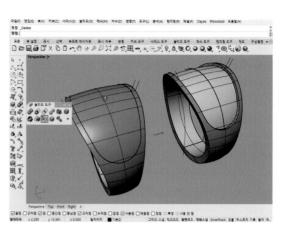

⑬ ❶ 서피스를 선택하고 ▣ ShrinkTrimmedSrf 명령 으로 서피스의 제어점을 서피스에 맞게 정렬합니다. 🖊 OffsetSrf 명령으로 ❶ 서피스를 안쪽으로 0.5mm 두께 를 줍니다.

⑭ 🗇 ExtractSrf 명령으로 ❶ 서피스를 떼어내 지웁니다.

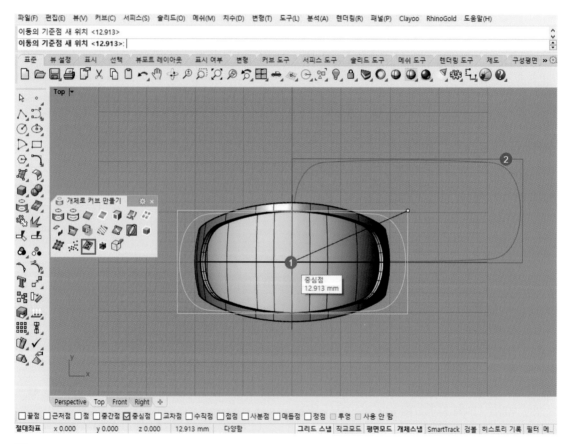

⑮ 🖊 CreatUVCrv 명령으로 ❶ 서피스를 선택해 ❷ UV 커브를 만들고 🖊 Move 명령으로 ❷ UV커브를 선택하고 UV커브의 중심점에서 원점으로 이동합니다.

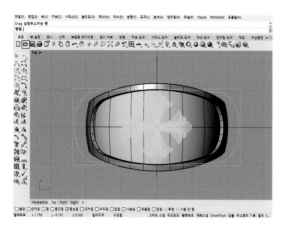

⑯ 🖱 Import 명령으로 "chrome.3dm" 파일을 불러옵니다. UV커브와 불러온 오브젝트를 기존의 서피스와 겹치지 않게 Y축 방향으로 이동합니다.

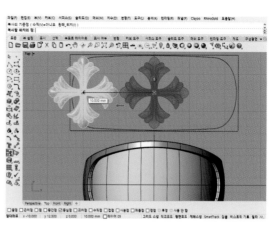

⑰ 🖱 Copy 명령으로 ❶오브젝트의 중심점에서 좌측으로 10mm 떨어진 곳으로 복사합니다.

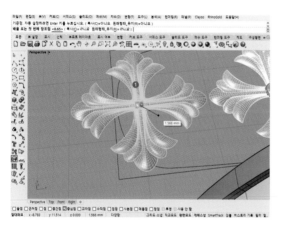

⑱ 🖱 Scale 명령으로 ❶오브젝트를 선택하고 오브젝트의 중심점(아래 서피스)을 기준으로 0.65배 줄입니다.

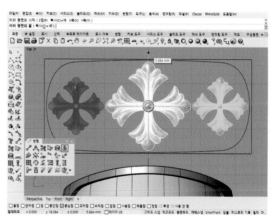

⑲ ❶오브젝트를 그림처럼 정렬한 후 🖱 Mirror 명령으로 ❶오브젝트를 중심점에서 반대편으로 대칭 복사합니다.

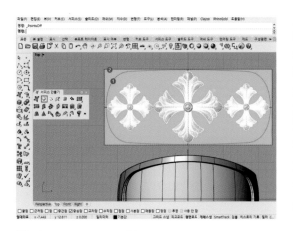

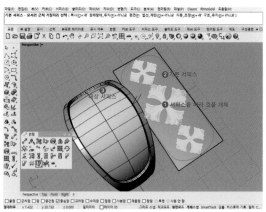

[20] ❶커브를 선택하고 🔒 Lock 명령으로 잠급니다. ❷선을 선택한 다음 ◎ PlanarSrf 명령으로 평면을 만듭니다.

[21] 📦 FlowAlongSrf 명령으로 ❶오브젝트(3개)를 선택한 다음 (Enter) 후 ❷기본 서피스를 선택한 다음 ❸대상 서피스를 선택합니다.

반올림　　📦 FlowAlongSrf 명령시 유의점

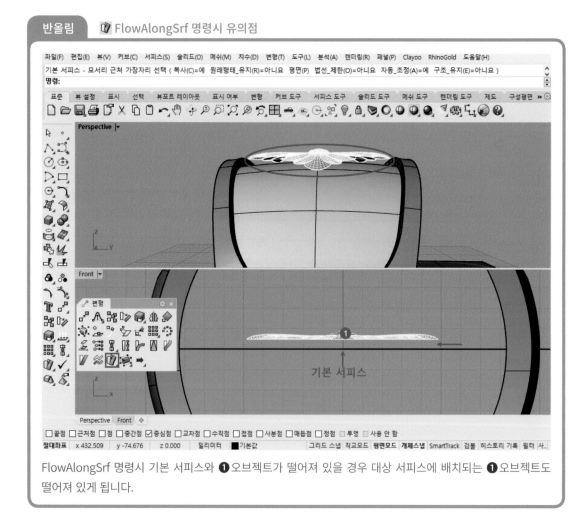

FlowAlongSrf 명령시 기본 서피스와 ❶오브젝트가 떨어져 있을 경우 대상 서피스에 배치되는 ❶오브젝트도 떨어져 있게 됩니다.

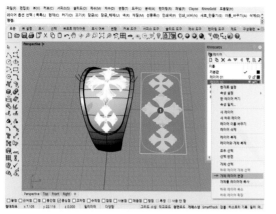

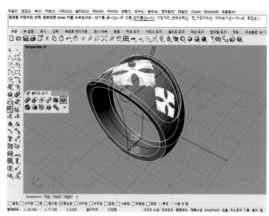

22 🔓 Unlock 명령으로 잠금을 해제합니다. ❶오브젝트들을 선택하고 🔽 Layer 명령으로 선택한 ❶오브젝트를 "레이어 02"로 변경하고 레이어는 끕니다.

23 🐝 Join 명령으로 서피스를 모두 결합하여 솔리드로 만듭니다. 🔷 FilletEdge 명령으로 엣지를 선택하고 필렛을 0.2mm 합니다.

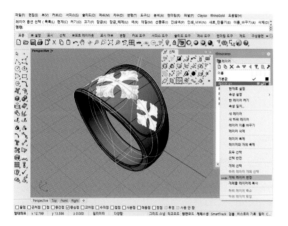

24 ⟳ SelCrv 명령으로 커브를 모두 선택하고 🔽 Layer 명령으로 선택한 커브들을 "레이어 01"로 변경하고 레이어는 끕니다.

25 ⚫ Shade 명령으로 결과물을 확인합니다.

Chapter

12

Cutter와 스톤 셋팅하기

이 장에서는 Cutter 만드는 방법과 스톤을 셋팅하는 다양한 방법에 대해서 알아보겠습니다.

Cutter는 스톤이 들어갈 자리를 잡아줄 수 있도록 구멍을 뚫는 역할을 합니다. 여기서는 커터를 만드는 방법에 대해서 알아보겠습니다.

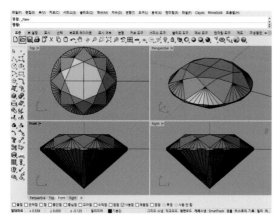

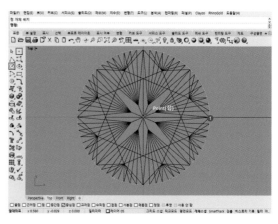

1️⃣ 📂 Open 명령으로 "1mmct.3dm" 파일을 불러옵니다.

2️⃣ ⊙ Circle 명령으로 원점에서 반지름이 0.5mm인 원을 만듭니다. ∘ Point 명령으로 원점 또는 원의 중심점에 Point(점) 하나를 만듭니다.

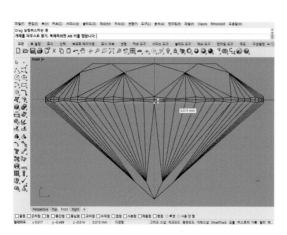

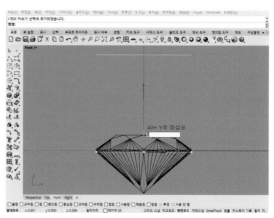

3️⃣ Front 뷰에서 점과 원을 선택하고 Stone(보석)의 거들이 끝나는 지점까지 내립니다. 0.015mm 정도 내리면 됩니다.

4️⃣ 검볼을 활성화하고 원을 선택하고 Y축 이동 화살표 (Alt)+Y축)를 선택한 후 1mm 입력하고 (Enter) 합니다. 원이 1mm Y축 방향으로 복사 이동합니다.

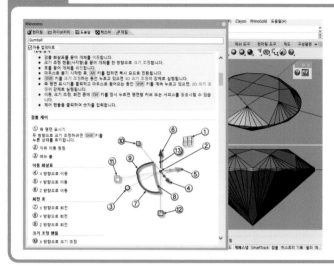

검볼은 오브젝트를 선택하고 이동, 복사, 크기 등을 조정할 수 있는 조정자입니다. 3DS Max 같은 프로그램에서는 Gizimo(기즈모)라고 부르기도 합니다.

📖 CommandHelp 명령 후 "Gumball" 입력해서 검볼에 대한 상세 설명을 참고할 수 있습니다.

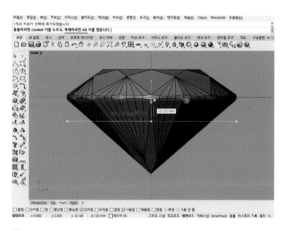

⑤ 검볼을 활용해 ❶원을 선택하고 (Alt) + Drag로 Y축 이동 화살표를 –0.125mm 이동합니다.

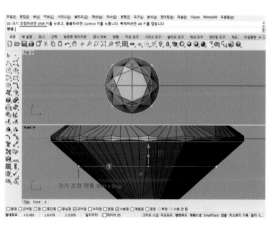

⑥ Front 뷰에서 ❶원을 선택하고 크기 조정 핸들을 (Shift)+Drag로 크기를 스톤의 경계선 부분까지 줄입니다.

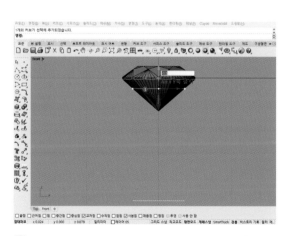

⑦ ❶원을 선택하고 검볼의 Y축 이동 화살표를 (Alt) 키를 누르고 선택한 후 –1.5를 입력하고 (Enter)합니다.

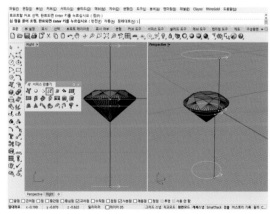

⑧ 🪁 Loft 명령으로 원을 위에서부터 아래로 순서대로 선택합니다.

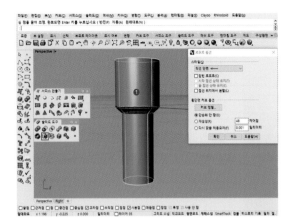

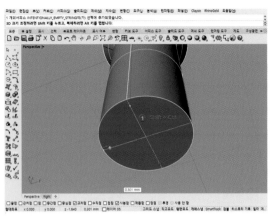

⑨ 로프트 옵션에서 스타일 > 직선 단면으로 변경하고 서피스를 만듭니다. 🎛 Cap 명령으로 ❶ 서피스를 솔리드(닫힌 오브젝트)로 만듭니다.

⑩ 검볼이 활성화된 상태에서 Shift + Ctrl 키를 누르고 ❶ 서피스를 선택하고 크기 조정자를 Shift 키를 누르고 0.3mm 정도 크기를 줄입니다.

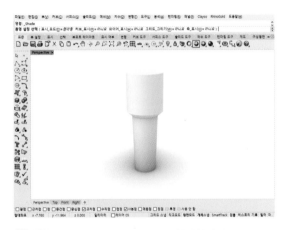

⑪ 🌑 Shade 명령으로 결과물을 확인합니다.

Lesson 02 Bezel(베젤) 세팅

베젤은 Stone(보석)의 거들부분을 테두리 형태로 감싸는 보석 세팅의 한 방법입니다. 여기서는 베젤을 만드는 방법에 대해서 알아보겠습니다.

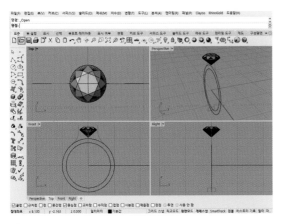

① 🗁 Open 명령으로 "bezel.3dm" 파일을 불러옵니다.

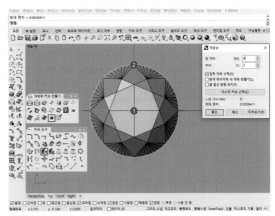

② Top 뷰에서 🐾 MeshOutline 명령으로 ❶Stone을 선택하여 외각선을 추출합니다. 🐾 Rebuild 명령으로 추출된 ❷커브를 선택하고 점 개수 :8, 차수 :3으로 변경합니다.

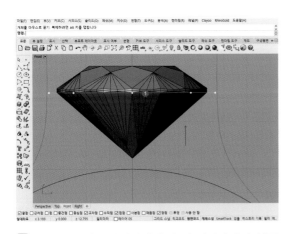

③ Front 뷰에서 앞에서 추출된 커브(원점에 추출)를 Stone의 거들 아랫부분까지 이동합니다. 그림에서 ❶커브의 위치입니다.

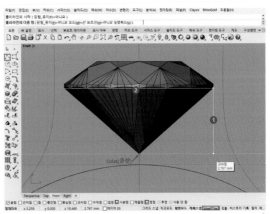

④ SmartTrack(가이드 라인)을 활성화 시킵니다. 🖊 Polyline 명령으로 ❷선의 사분점에서 큐렛 지점까지 수직으로 ❶선을 만듭니다.

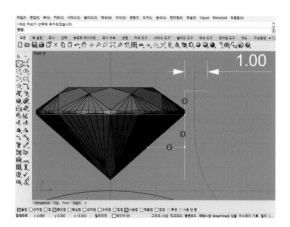

5 ⋀ Polyline 명령으로 ❶ 선의 끝점과 중간점을 지나는 ❷ 선을 만든 후 길이가 1mm ❸ 선을 만듭니다.

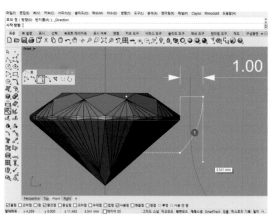

6 ⌇ Arc 명령으로 선의 끝점을 잇는 ❶ 호를 만들고 선과 호를 선택하여 ⬡ Join 명령으로 결합합니다.

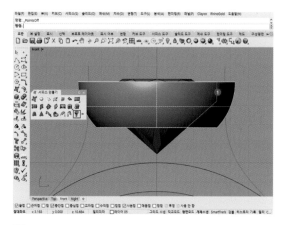

7 ⬤ Revolve 명령으로 ❶ 선을 360° 회전합니다.

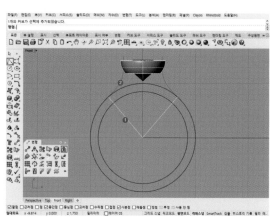

8 Front 뷰에서 ⋀ Polyline 명령으로 원점에서 ❷ 선의 끝점까지 ❶ 선을 만든 후 ⬡ Mirror 명령으로 ❶ 선을 대칭 복사합니다.

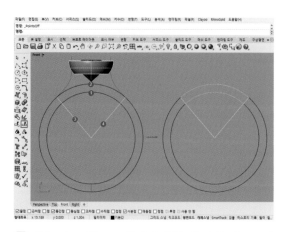

9 ⬡ Split 명령으로 ❶과 ❷ 원을 ❸과 ❹ 선으로 자릅니다.

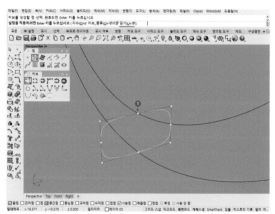

10 ⬡ Points 명령으로 사각형의 끝점과 중간점을 지나는 점을 8개 만듭니다. ⬡ CurveThroughPt 명령으로 ❶ 점에서부터 시계방향 순으로 점들을 선택하여 닫힌 커브를 만듭니다.

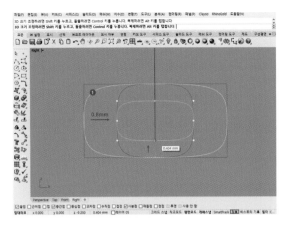

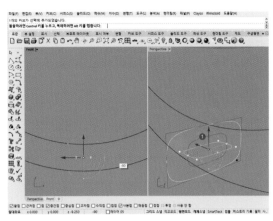

⑪ █ Right 뷰에서 ❶ 커브를 Ctrl + C (복사) 한 후 검볼의 크기 조정자를 활용하여 가로 0.8mm 세로 0.4mm 정도 크기를 줄입니다. 복사한 커브를 Ctrl + V (붙여넣기) 합니다.

⑫ █ 검볼을 활용하여 ❶ 커브를 90° 회전합니다.

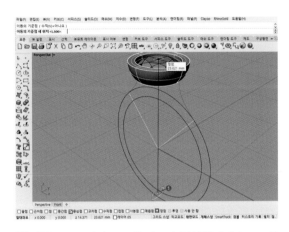

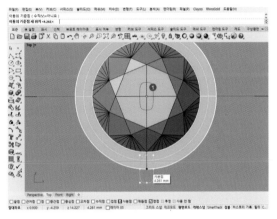

⑬ █ Move 명령으로 ❶ 커브의 중심점에서 Stone의 정점까지 이동합니다.

⑭ █ Move 명령으로 ❶ 커브를 사분점까지 이동합니다.

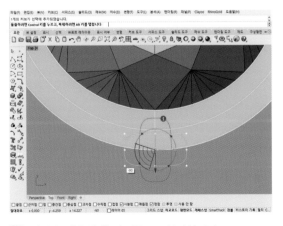

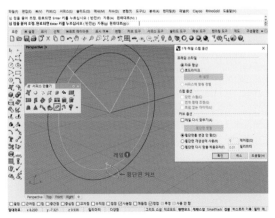

⑮ 검볼을 이용해 ❶ 커브를 90° 회전합니다.

⑯ █ Sweep1 명령으로 레일과 횡단면 커브를 선택하여 서피스를 만듭니다.

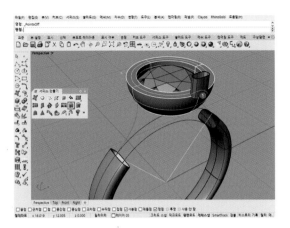

⑰ 🔲 ExtrudeCrv 명령으로 ❶커브를 돌출합니다.

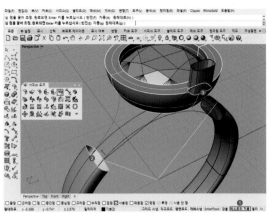

⑱ ❶히스토리 기록를 먼저 활성화 시킵니다. 🔄
BlendSrf 명령으로 ❷와 ❸엣지를 선택하여 서피스를
만듭니다. 이때 디렉션(화살표) 방향은 그림처럼 맞춥니
다. 방향과 위치가 다르면 서피스는 꼬이게 됩니다.

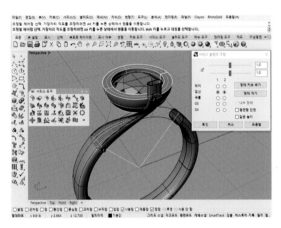

⑲ 블렌드 조정 옵션은 그림처럼 설정하고 서피스를 만듭
니다.

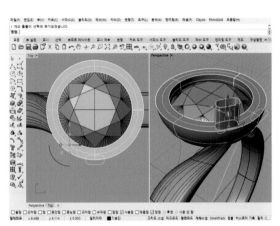

⑳ ❶서피스를 선택하고 Top 뷰에서 검볼을 활용해 이
동과 회전을 해서 그림과 같게 만들어 줍니다. 히스토리
가 기록된 상태이기 때문에 블렌드로 생성된 서피스도
함께 이동됩니다.

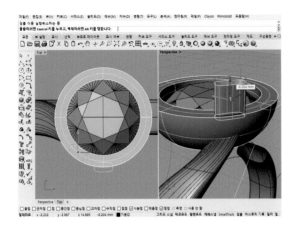

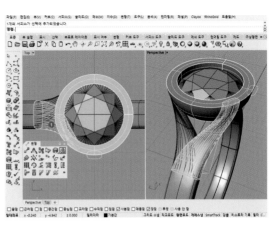

21 적당한 위치를 잡고 ❶서피스를 검볼을 활용해 –0.20mm 정도 아래로 내립니다. ❶ 서피스를 지웁니다. 히스토리는 깨지게 됩니다.

22 Top 뷰에서 Mirror 명령으로 ❶서피스를 대칭 복사합니다.

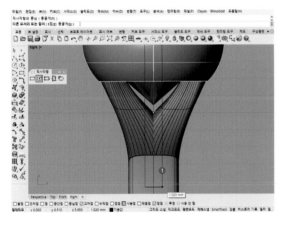

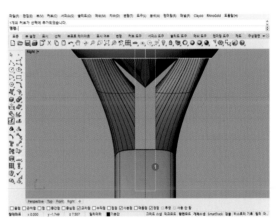

23 Right 뷰에서 Rectangle 명령으로 사분점 지점을 찾아 중심점을 설정하고 가로가 1mm 정도인 ❶사각형 을 만듭니다.

24 Trim 명령으로 ❶사각형을 경계로 필요 없는 안 쪽 서피스를 선택해 지웁니다.

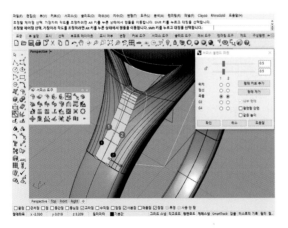

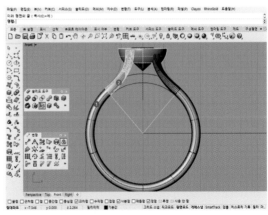

25 BlendSrf 명령으로 ❶과 ❷엣지를 선택하여 서 피스를 연결합니다. Join 명령으로 서피스를 모두 결 합합니다.

26 ExtractSrf 명령으로 ❶서피스를 떼어냅니다. Mirror 명령으로 ❷서피스를 대칭 복사합니다.

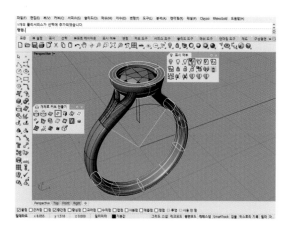

27 ❶ 서피스를 선택하고 🖼 Isolate 명령으로 다른 오브젝트를 숨깁니다. 📐 DupBorder 명령으로 ❶ 서피스의 경계선을 추출합니다.

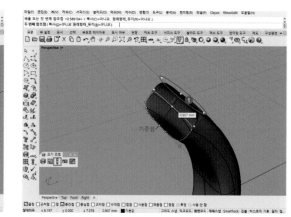

28 ❶ 커브의 제어점을 켜고 그림처럼 제어점 3개를 선택한 후 ⫶ Scale1D 명령으로 기준점을 설정하고 크기를 0.9mm 줄입니다. 💡 Show 명령으로 오브젝트를 모두 보이게 합니다.

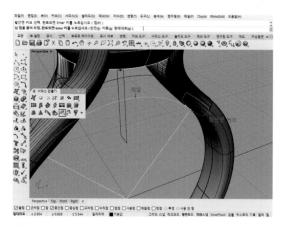

29 🖌 Sweep1 명령으로 레일과 횡단면 커브를 선택하고 서피스를 만듭니다.

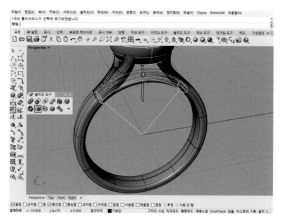

30 🖼 Cap 명령으로 ❶ 서피스르 선택하고 솔리드로 만듭니다. 🧩 Join 명령으로 나머지 서피스들을 선택하고 결합합니다.

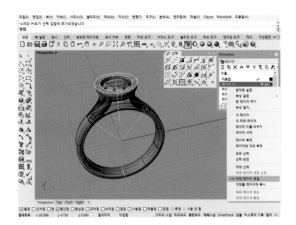

[31] SelCrv 명령으로 커브를 선택하고 Layer 명령을 실행하고 선택된 커브들을 "레이어 01"로 변경하고 레이어는 끕니다.

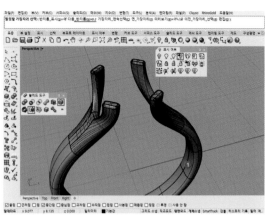

[32] ❶오브젝트를 선택하고 Isolate 명령으로 나머지는 숨깁니다. ❶오브젝트를 Cap 명령으로 솔리드로 만들고 FilletEdge 명령으로 엣지를 선택하고 0.2mm 합니다.

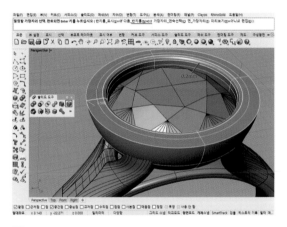

[33] FilletEdge 명령으로 엣지를 선택해 0.5mm와 0.2mm 필렛합니다.

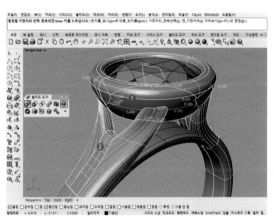

[34] BooleanUnion 명령으로 오브젝트를 모두 결합합니다. FilletEdge 명령으로 엣지를 선택하고 0.2mm 필렛합니다.

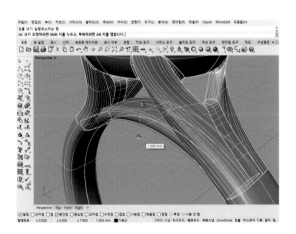

[35] ❶오브젝트를 선택하고 검볼을 활용해 약간 줄입니다.

[36] Shade 명령으로 결과물을 확인합니다.

4 Prong(프롱 : 발) 셋팅하기

Prong은 보석을 고정시키는 역할을 하는 발로서 난발이라고도 합니다. 보석의 크기와 형태에 따라 3발, 4발, 6발 등으로 다양하게 만들 수 있습니다.

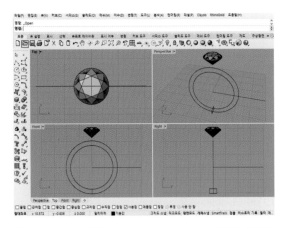

① 📂 Open 명령으로 "prong_4.3dm" 파일을 불러옵니다.

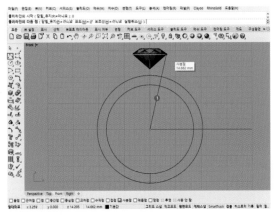

② ⋀ Polyline 명령으로 원점에서 사분점까지 ❶ 선을 만듭니다.

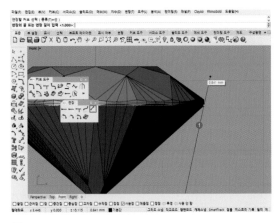

③ ✐ Extend 명령으로 ❶ 선을 0.84mm 연장합니다.

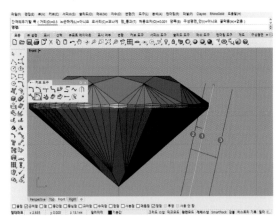

④ ⟋ Offset 명령으로 ❶ 선을 좌측으로 0.3mm 간격 띄웁니다. ❷ 선을 Offset 명령으로 1mm 간격을 띄웁니다. ❶ 선은 지웁니다.

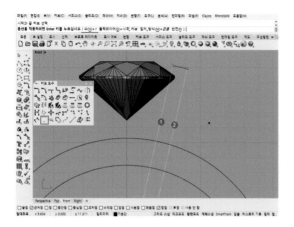

⑤ ▢ TweenCurves 명령으로 ❶선과 ❷선 사이에 중
심선을 하나 만듭니다.

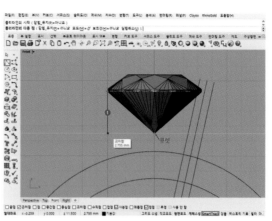

⑥ SmarTrack을 켭니다. ▢ Polyline 명령으로 원의
사분점에서 큐렛 지점까지 ❶선을 만듭니다.

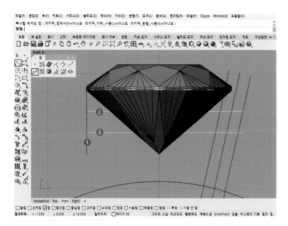

⑦ ▢ Divide 명령으로 ❶선을 3등분 합니다. ▢
Polyline 명령으로 ❷와 ❸ 선을 만듭니다.

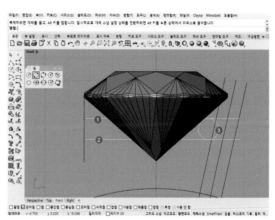

⑧ ⊘ Circle 명령으로 ❶과 ❷선의 근처점을 지나는
❸ 원을 Shift 키를 누르고 원을 만듭니다.

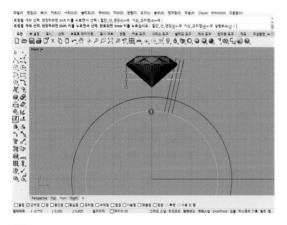

⑨ ▢ Trim 명령으로 ❶원을 경계로 원 안쪽의 선들을
선택해 지웁니다.

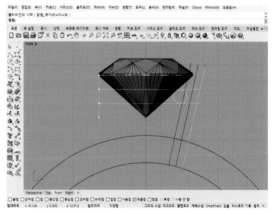

⑩ 그림과 같이 선택된 선과 점들을 지웁니다.

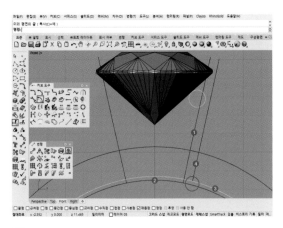

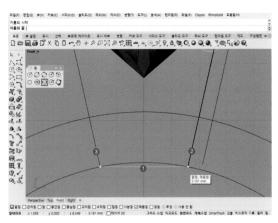

⑪ Mirror 명령으로 ❶선을 원점에서 대칭 복사합니다. ❀ Offset 명령으로 ❷원을 0.2mm 간격을 띄웁니다. Trim 명령으로 ❸원을 경계로 ❹선의 아래 부분을 선택해 지웁니다.

⑫ Circle 명령으로 ❷와 ❸선의 끝점을 지나는 ❶원을 만듭니다.

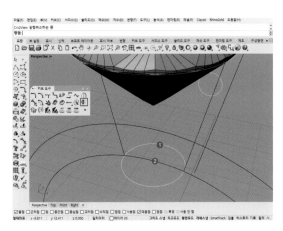

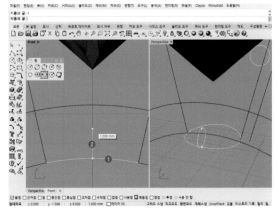

⑬ Crv2view 명령으로 ❶원을 선택한 다음 ❷원을 선택하여 커브를 생성합니다. ❶원은 지웁니다.

⑭ Front 뷰에서 Circle 명령으로 ❶커브의 매듭점에서 지름이 1mm인 ❷원을 만듭니다.

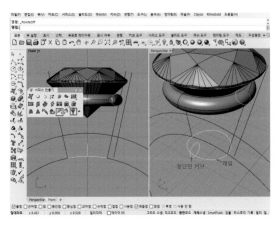

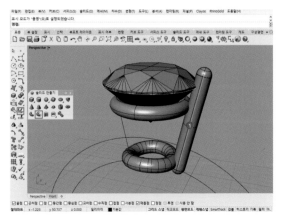

⑮ Revolve 명령으로 ❶원을 원점을 기준으로 360° 회전합니다. Sweep1 명령으로 레일과 횡단면 커브를 순서대로 택하고 서피스를 만듭니다.

⑯ ❶선을 선택하고 Pipe 명령으로 지름이 1mm인 파이프를 만듭니다. Explode 명령으로 파이프를 분해합니다. 아래쪽 반구는 지웁니다.

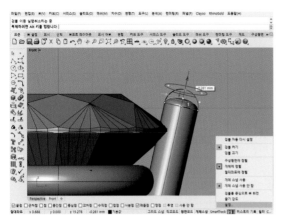

⑰ ❶서피스의 위쪽 제어점 3개를 선택합니다. 검볼(마우스 오른쪽 버튼)누르고 설정에서 개체에 정렬로 변경하고 검볼을 활용해 제어점을 –0.26mm 이동합니다.

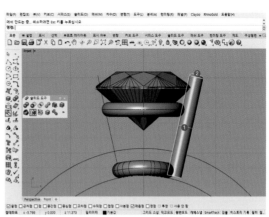

⑱ ❶과 ❷서피스를 선택하고 🐾 Join 명령으로 결합합니다. 결합된 서피스를 선택하고 🔲 Cap 명령으로 서피스를 닫아 솔리드로 만듭니다.

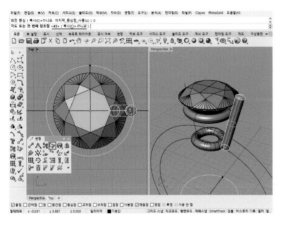

⑲ Top 뷰에서 📝 Rotate 명령으로 ❶오브젝트를 45° 회전합니다.

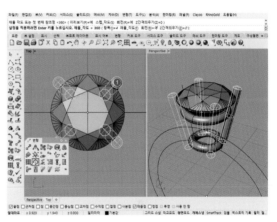

⑳ Top 뷰에서 ⚙ ArrayPolar 명령으로 ❶오브젝트를 4개 360° 회전 배열합니다.

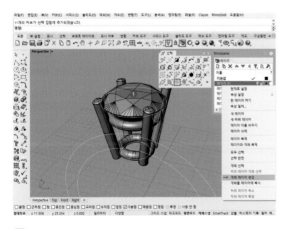

㉑ 💡 Hide 명령으로 ❶스톤을 숨깁니다. 🐾 SelCrv 명령으로 커브를 모두 선택하고 🔷 Layer 명령을 활용해 선택된 커브를 "레이어 01"로 변경하고 레이어는 끕니다.

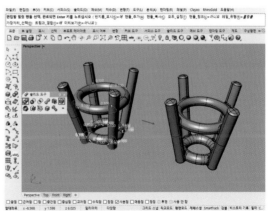

㉒ 오브젝트를 모두 선택하고 🔷 BooleanUnion 명령으로 오브젝트를 합칩니다. 🔶 FilletEdge 명령으로 엣지를 모두 선택하고 0.1mm 필렛합니다.

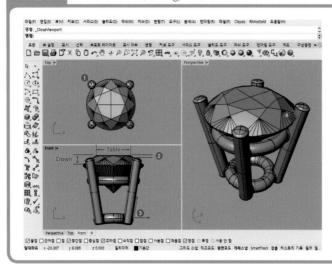

❶ 프롱(발)은 일반적으로 둥글고 크기와 모양이 일정합니다.

❷ 프롱의 끝단 높이는 테이블의 77-85% 까지 설정합니다. 또한 프롱 높이는 마모를 생각해서 충분한 높이를 갖도록 만듭니다.

❸ 프롱 각은 70-80° 입니다.

❹ 프롱 접촉은 총 크라운 길이의 33-50% 정도를 물립니다.

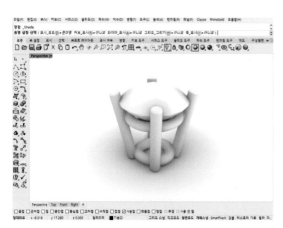

23　🔦 Show 명령으로 오브젝트를 보이게 합니다. 🔘
Shade 명령으로 결과물을 확인합니다.

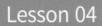

Lesson 04　6 Prong(프롱 : 발) 만들기

프롱 세팅중의 하나인 6 프롱(발)을 셋팅하는 방법에 대해서 설명하겠습니다.

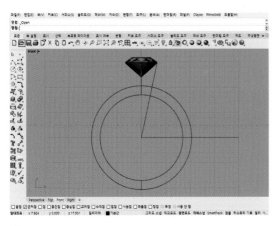

①　📁 Open 명령으로 "prong_6.3dm" 파일을 불러옵니다.

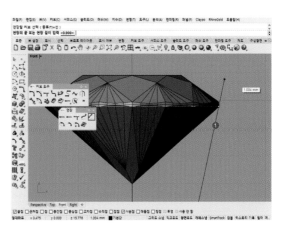

②　✎ Extend 명령으로 ❶선을 0.9mm 연장합니다.

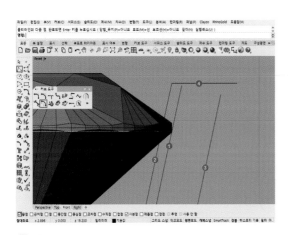

③　🖌 Offset 명령으로 ❶선을 좌측으로 0.2mm 간격 띄웁니다. Offset 명령으로 ❷선을 1mm 간격을 띄워 ❸선을 만듭니다. 🖊 Polyline 명령으로 ❷선의 끝점에서 ❹선을 만든 후 ❶과 ❷선을 지웁니다.

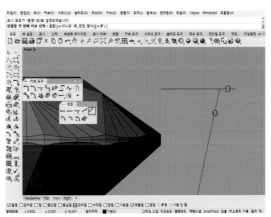

④　✎ Extend 명령으로 ❶선을 ❷선의 교차점까지 연장합니다. ❷선은 지웁니다.

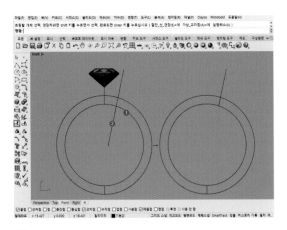

⑤ Trim 명령으로 ❶원을 경계로 원 안의 선을 선택
해 지웁니다.

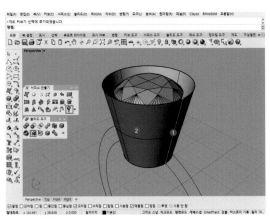

⑥ Revolve 명령으로 ❶선을 원점에서 360° 회전
합니다. ❷서피스를 선택하고 Cap 명령으로 솔리드
로 만듭니다.

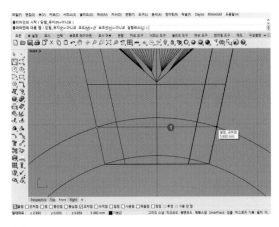

⑦ Front 뷰에서 Polyline 명령으로 교차점에서 교차
점까지 ❶선을 만듭니다.

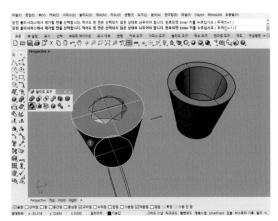

⑧ Shell 명령으로 ❶오브젝트의 윗면과 아랫면을
선택하고 두께를 1mm 줍니다.

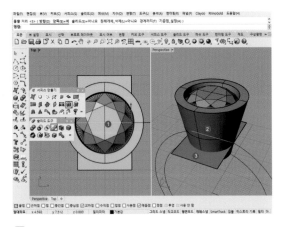

⑨ Top 뷰에서 ExtrudeCrv 명령으로 ❶선을 Y축
방향으로 양방향 5mm 돌출합니다. BooleanSplit
명령으로 ❷오브젝트를 ❸서피스로 자릅니다.

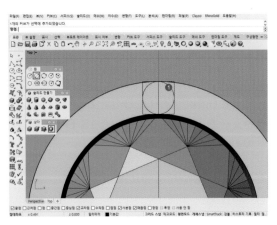

⑩ Circle 명령으로 사분점을 지나는 ❶원을 만듭니
다. BoundingBox 명령을 선택하고 ❶원을 선택해
원을 감싸는 사각형을 만듭니다.

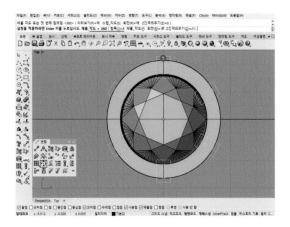

⑪ Top 뷰에서 사각형을 선택하고 검볼을 활용해 그림처럼 약간 늘립니다. ❖ ArrayPolar 명령으로 사각형과 ❶원을 선택하고 원점에서 6개 360° 회전합니다.

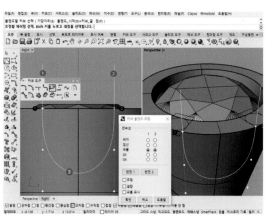

⑫ ⋏ Polyline 명령으로 교차점에서 ❶과 ❷선을 만듭니다. ☷ BlendCrv 명령으로 ❶과 ❷선을 연결하는 ❸커브를 만듭니다.

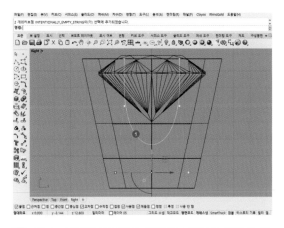

⑬ Right 뷰에서 제어점을 선택하고 검볼을 활용해 ❶선을 그림처럼 만듭니다.

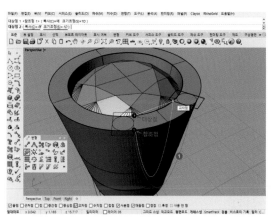

⑭ ◈ Orient 명령으로 ❶커브를 참조점과 대상점을 설정하여 ❶커브를 복사합니다.

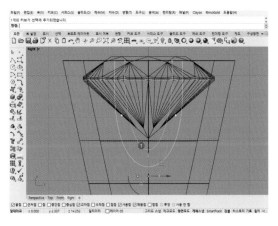

⑮ Right 뷰에서 ❶커브의 제어점을 켜고 검볼을 활용해 그림처럼 커브를 만듭니다.

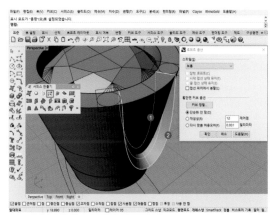

⑯ ⩘ Loft 명령을 ❶과 ❷커브를 선택해 서피스를 만듭니다.

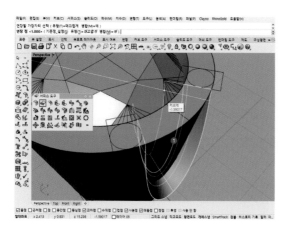

⑰ ExtendSrf 명령으로 로프트로 만든 서피스의 ❶ 엣지를 선택하고 1mm 늘립니다.

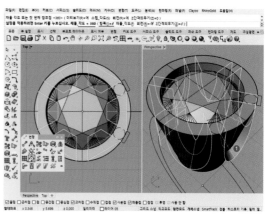

⑱ Top 뷰에서 ArrayPolar 명령으로 ❶ 서피스를 6개 360° 회전합니다.

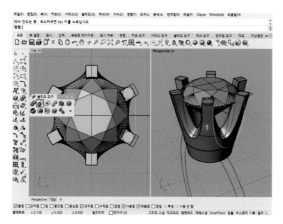

⑲ BooleanDifference 명령으로 ❶오브젝트에서 원형 배열한 6개의 서피스를 빼줍니다.

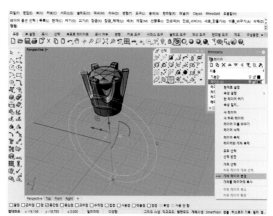

⑳ SelCrv 명령으로 커브를 모두 선택하고 Layer 명령으로 선택한 커브를 "레이어 01"로 변경하고 레이어는 끕니다.

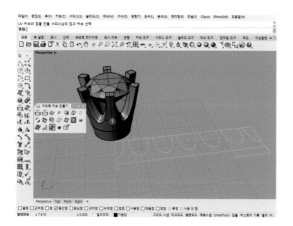

㉑ CreateUVCrv 명령으로 ❶서피스를 선택하고 UV커브를 만듭니다.

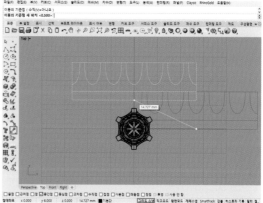

㉒ 그리드 스냅을 활성화하고 Top 뷰에서 UV커브를 선택하고 Move 명령으로 그림처럼 중앙으로 이동합니다.

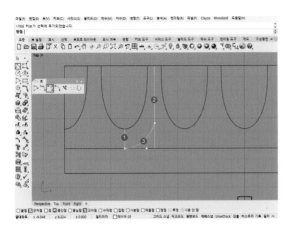

㉓ ⟋ Polyline 명령으로 ❶과 ❷선을 만듭니다. ⟍ Arc. 명령으로 ❸호를 그림처럼 만듭니다.

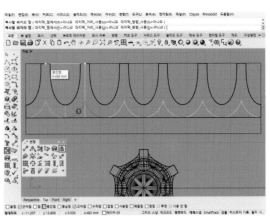

㉔ ⫶ Mirror 명령으로 ❶호를 대칭 복사한 후 ⬡ Join 명령으로 결합합니다. ⊞ Copy 명령으로 결합된 호를 그림처럼 복사합니다.

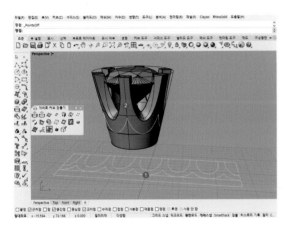

㉕ ⬚ ApplyCrv 명령으로 ❶커브들을 선택하고 ❷서 피스에 입사합니다.

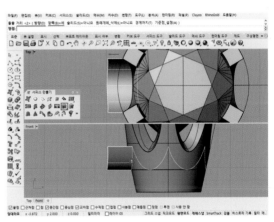

㉖ ⬓ ExtrudeCrv 명령으로 ❶커브를 양쪽 방향으로 2mm 돌출합니다.

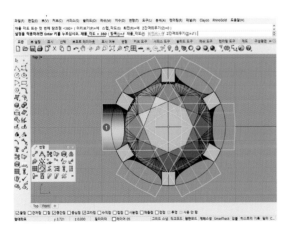

㉗ ⬡ ArrayPolar 명령으로 ❶서피스를 원점에서 6개 360° 회전합니다.

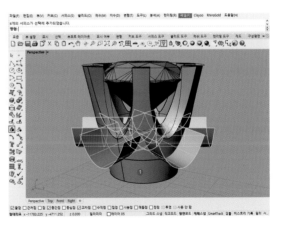

㉘ 원형배열로 만든 6개의 서피스를 선택하고 ⬡ Group 명령으로 하나로 묶습니다. ⬩ Hide 명령으로 ❶오브젝 트를 선택하고 숨깁니다.

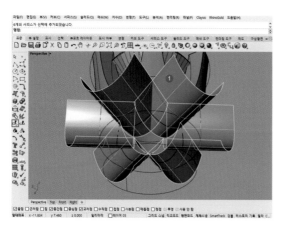

㉙ ⟲ Trim 명령으로 ❶서피스들을 경계로 경계면 아래의 서피스를 선택해 지운 후 ❶서피스들을 지웁니다.

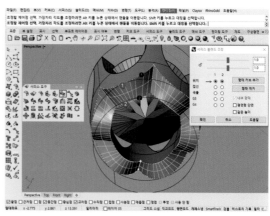

㉚ ⟲ BlendSrf 명령으로 ❶과 ❷엣지를 선택하여 서피스를 만듭니다.

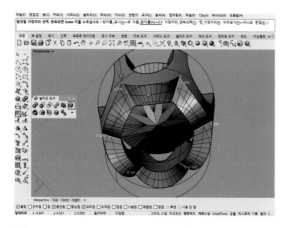

㉛ ❶과 ❷서피스를 선택하고 ⟲ Join 명령으로 결합합니다. ⟲ FilletEdge 명령으로 그림과 같이 엣지를 선택하고 필렛을 0.3mm 합니다.

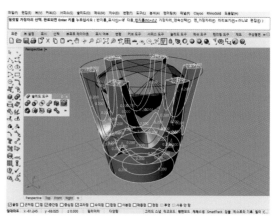

㉜ ⟲ Show 명령으로 오브젝트를 보이게 합니다. ⟲ FilletEdge 명령으로 엣지를 모두 선택하고 0.2mm 필렛합니다.

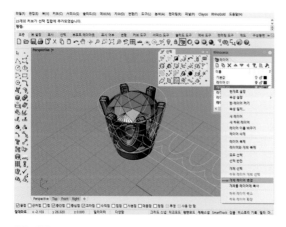

㉝ ⟲ SelCrv 명령으로 커브들을 선택합니다. ⟲ Layer 명령을 실행하고 선택한 커브를 "레이어 02"로 변경하고 레이어는 끕니다.

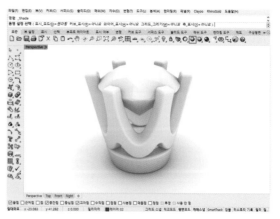

㉞ ⟲ Shade 명령으로 결과물을 확인합니다.

Lesson 05   Channel 세팅하기

채널 세팅은 주로 정사각형, 직사각형 형태의 보석들에 자주 사용하는 세팅 방법입니다.

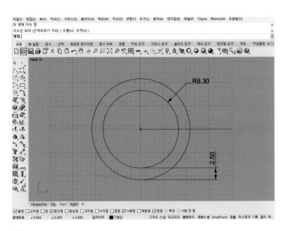

① ☞ Open 명령으로 "channelset.3dm" 파일을 불러옵니다.

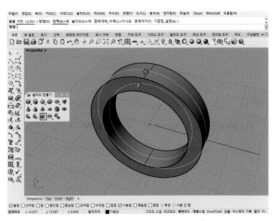

② 🔘 ExtrudeCrv 명령으로 ❶과 ❷ 원을 양방향으로 2.45mm 돌출합니다.

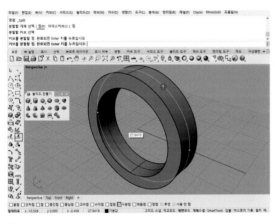

③ ✂ Split 명령으로 ❶ 원의 사분점(3시와 9시 방향)을 자릅니다.

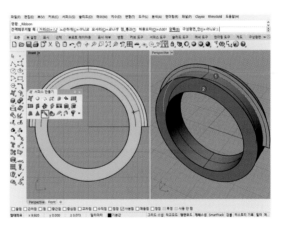

④ 🎗 Ribbon 명령으로 ❶커브를 양방향으로 1.2mm 간격을 띄우면서 서피스를 만듭니다. 💡 Hide 명령으로 ❷오브젝트를 숨깁니다.

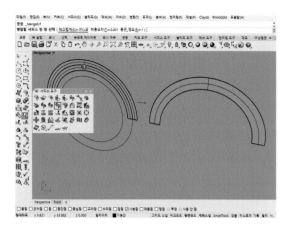

⑤ ❶오브젝트를 🔏 Explode 명령으로 분해한 후 🔩 MergeSrf 명령으로 두 서피스를 하나로 병합합니다.

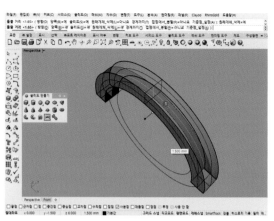

⑥ 🔲 ExtrudeSrf 명령으로 ❶서피스를 양방향으로 1.65mm 돌출합니다.

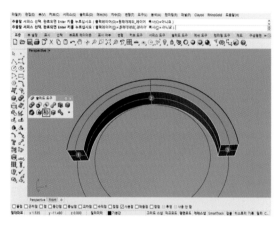

⑦ 🔳 ExtractSrf 명령으로 ❶과 ❷와 ❸서피스를 떼어내고 지웁니다.

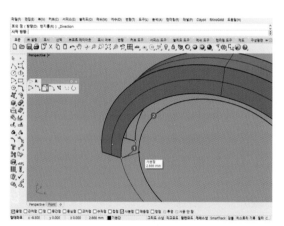

⑧ 🖊 Arc 명령으로 ❶호를 ❷원의 사분점까지 만듭니다.

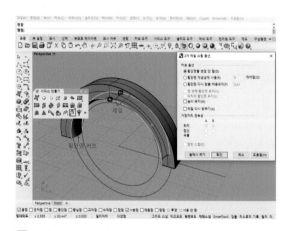

⑨ 🐦 Sweep2 명령으로 두 개의 레일을 선택하고 횡단면 커브를 선택하여 서피스를 만듭니다.

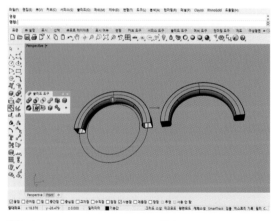

⑩ ❶서피스 두 개를 선택하여 🔩 Join 명령으로 결합합니다. 🔧 Cap 명령으로 서피스를 선택해 솔리드로 만듭니다.

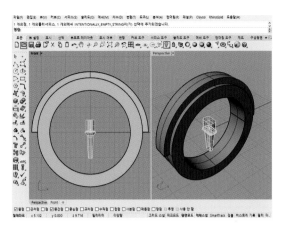

⑪  Show 명령으로 오브젝트를 보이게 합니다. 📂
Import 명령으로 "emerald_0.1ct.3dm" 파일을 불러옵
니다.

반올림 커터와 스톤을 앨리어스 설정하기

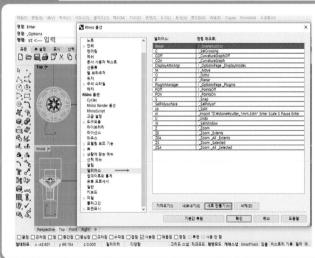

앨리어스 기능은 명령어를 단축어로 설정
하여 작업을 효율적으로 할 수 있는 기능입
니다. Option 명령을 실행하고 Rhino
옵션 > 상황에 맞는 메뉴 > 앨리어스 항목
을 선택합니다. 새로 만들기 버튼을 누르고
st(단축 명령어로 설정) 입력하고 매크로
항목에 _import "D:\stone\cutter_
1mm.3dm(가져올 파일이름)" Enter
Scale 0 Pause Enter 입력 합니다. 불러올
파일이 있는 디렉토리와 불러 올 파일이름
을 정확히 기입합니다. 이 매크로는 불러온
파일의 크기를 설정하는 명령입니다.

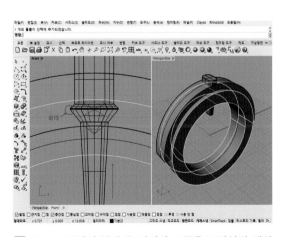

⑫ Front 뷰에서 불러 온 커터와 스톤을 그림처럼 배치
합니다. 빨간 원 부분을 확대합니다.

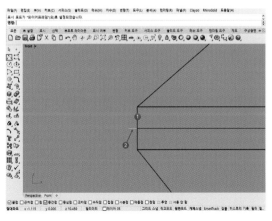

⑬ Polyline 명령으로 ❶ 엣지의 중간점에서 길이가
0.01mm인 ❷ 선을 만듭니다. 반대편도 같은 방법으로
0.01mm 선을 만듭니다.

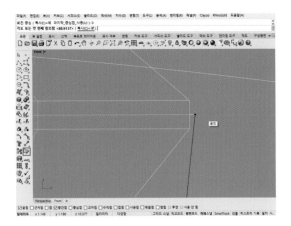

⑭ 🖉 Rotate 명령으로 커터와 스톤을 모두 선택하고 원점에서 우측선의 끝점에 참조점을 설정합니다.

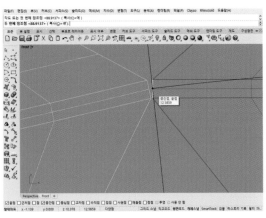

⑮ 반대편 선 끝점에 그림처럼 두 번째 참조점을 설정합니다.

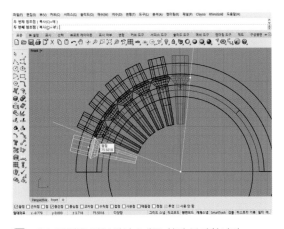

⑯ 계속 작업을 반복해서 6개를 회전 복사합니다.

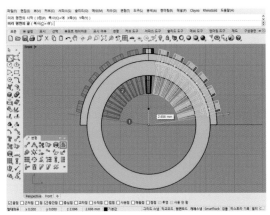

⑰ ⋀ Polyline 명령으로 원점을 시작점으로 ❶선을 만듭니다. 🏛 Mirror 명령으로 ❶선과 커터와 스톤(❷)를 대칭 복사합니다.

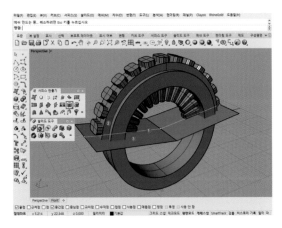

⑱ ❶선을 🔗 Join 명령으로 결합하고 🔲 ExtrudeCrv 명령으로 ❶선을 양방향으로 돌출합니다.
🌐 BooleanDifference 명령으로 ❷오브젝트에서 ❸서피스를 뺍니다.

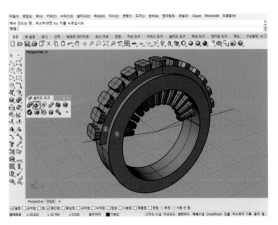

⑲ 🌐 BooleanDifference 명령으로 ❶오브젝트에서 ❷오브젝트를 뺍니다.

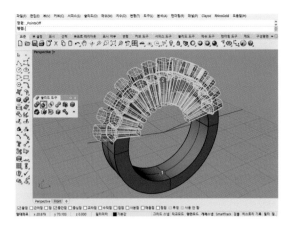

⟨20⟩ 🔘 BooleanDifference 명령으로 ❶오브젝트에서
❷커터들을 모두 선택해서 뺍니다.

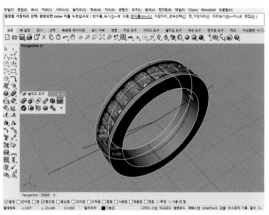

⟨21⟩ 🔷 FilletEdge 명령으로 바깥 엣지를 선택하고
0.2mm 필렛합니다.

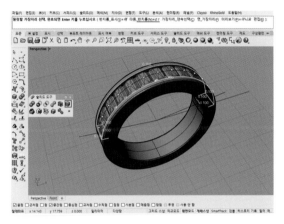

⟨22⟩ 🔷 FilletEdge 명령으로 안쪽 엣지를 선택하고
0.1mm 필렛합니다.

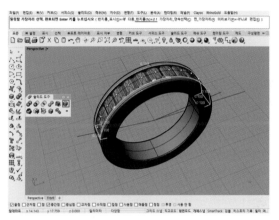

⟨23⟩ 🔘 SelPt 명령으로 점들을 선택해서 지웁니다. 🔘
SelCrv 명령으로 커브를 선택합니다. 🔘 Layer 명령을
실행하고 "레이어 01"로 변경하고 레이어는 끕니다.

⟨24⟩ 🔘 Shade 명령으로 결과물을 확인합니다.

Pave(파베) 세팅하기

파베 세팅은 반지의 표면에 작은 보석을 촘촘히 배열하는 방식입니다. 반지의 형태에 따라서 다양하게 보석을 배열할 수 있습니다.

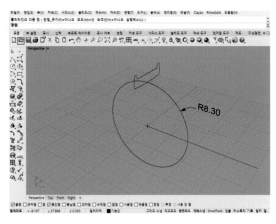

① 📂 Open 명령으로 "pave.3dm" 파일을 불러옵니다.

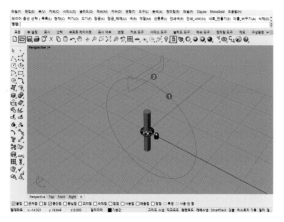

② 📥 Import 명령으로 "stone_2mm.3dm" 파일을 불러옵니다. ❶과 ❷커브는 🔒 Lock 명령으로 잠급니다.

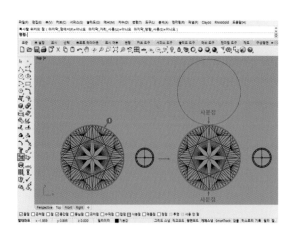

③ 🔡 Copy 명령으로 ❶ 원의 사분점에서 사분점까지 복사합니다.

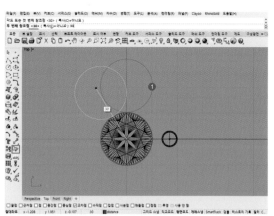

④ 🔄 Rotate 명령으로 ❶ 원을 원점에서 30° 회전합니다.

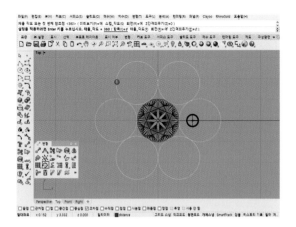

⑤ 🔄 ArrayPolar 명령으로 ❶ 원을 원점에서 6개 360° 회전합니다.

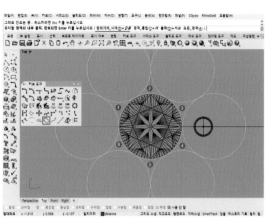

⑥ 🔄 CurveBoolean 명령으로 6개의 원과 중앙원 하나를 선택하고 (Enter) 한 후 ❶❷❸❹❺❻ 영역을 선택하고 (Enter) 합니다.

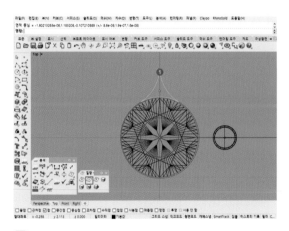

⑦ 필요없는 6개의 원과 ❶ 커브만 남기고 필요 없는 커브는 지웁니다. ✏ AreaCentroid 명령으로 ❶ 선의 중심점을 만듭니다. ❶ 커브는 지웁니다.

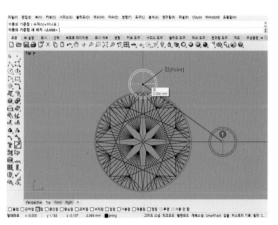

⑧ 🔧 Move 명령으로 ❶ 오브젝트를 Point(점)까지 이동합니다.

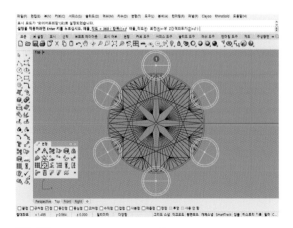

⑨ 🔄 ArrayPolar 명령으로 ❶ 오브젝트를 원점에서 6개 360° 회전합니다.

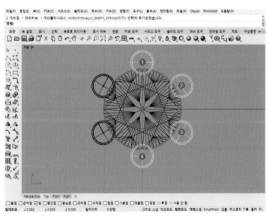

⑩ ❶❷❸❹ 오브젝트를 선택해 지웁니다.

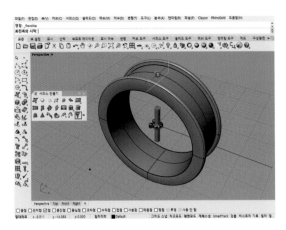

⑪ 🔧 Revolve 명령으로 ❶커브를 360° 회전시켜 서피스를 만듭니다.

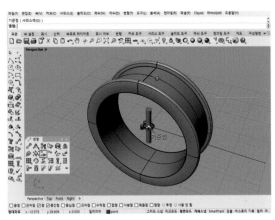

⑫ 📐 OrientOnSrf 명령을 실행하고 스톤, 발, 커터를 모두 선택하고 Enter 후 기준점을 설정하고 ❶서피스를 선택합니다.

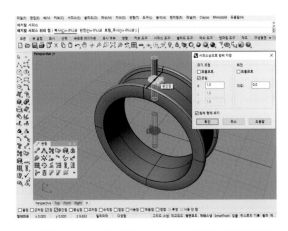

⑬ 배치할 서피스의 위치는 선의 중간점을 선택하여 배치합니다.

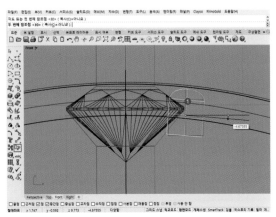

⑭ Front 뷰에서 🔄 Rotate 명령으로 ❶오브젝트를 선택하고 오브젝트안의 점을 기준으로 –4° 정도 회전합니다.

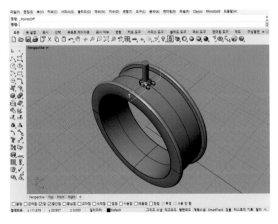

⑮ 🔒 Lock 명령으로 ❶커브를 잠급니다.

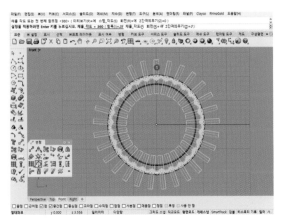

⑯ Front 뷰에서 🔄 ArrayPolar 명령으로 ❶오브젝트를 선택하고 29개 360° 회전합니다.

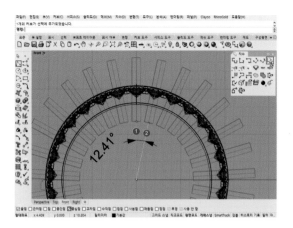

⑰ ⋀ Polyline 명령으로 원점에서 커터의 중심점까지 ❶과 ❷선을 만듭니다. ⧅ DimAngle 명령으로 두 선의 각도를 체크하면 12.4°가 나옵니다.

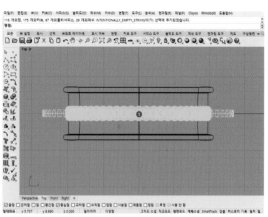

⑱ Top 뷰에서 ❶오브젝트를 모두 선택합니다.

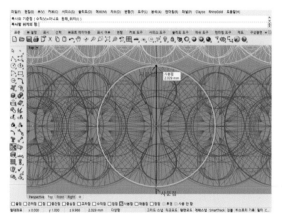

⑲ 🔡 Copy 명령으로 원의 사분점에서 사분점까지 그림처럼 복사합니다.

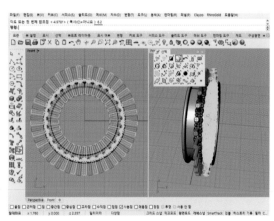

⑳ ⤢ SelLast 명령으로 마지막으로 배열된 오브젝트를 선택합니다. Front 뷰에서 ⧅ Rotate 명령으로 6.2° (앞에서 구한 12.4°의 절반 값) 회전합니다.

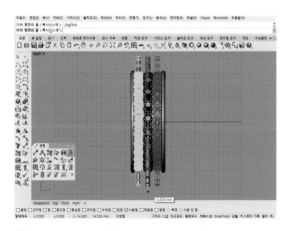

㉑ ⧊ Right 뷰에서 ⧅ Mirror 명령으로 ❶오브젝트들을 선택하고 원점을 기준으로 대칭 복사 합니다.

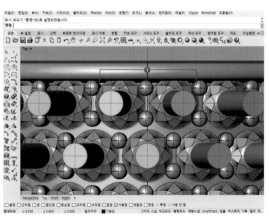

㉒ Top 뷰에서 확대해 보면 반지 몸체와 스톤이 겹쳐있습니다. ❶반지 몸체를 지웁니다.

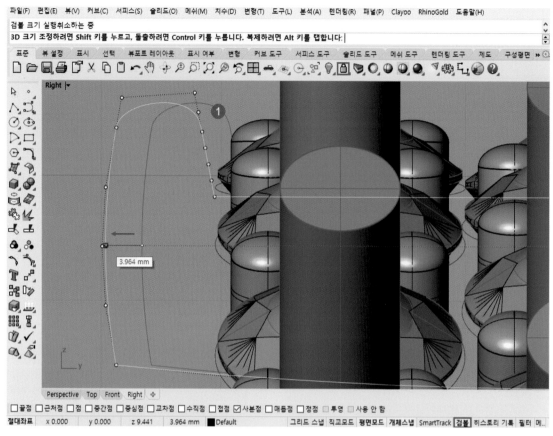

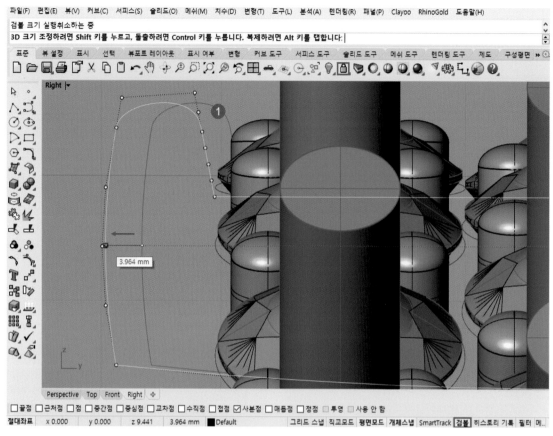 위 이미지 상단 메뉴 및 상태 표시줄 텍스트:

검볼 크기 실행취소하는 중
3D 크기 조정하려면 Shift 키를 누르고, 돌출하려면 Control 키를 누릅니다. 복제하려면 Alt 키를 탭합니다.

3.964 mm

23 🔓 Unlock 명령으로 잠금을 해제합니다. ❶ 커브를 선택하고 검볼과 크기 조정자를 사용해 3.9mm 정도 이동합니다.

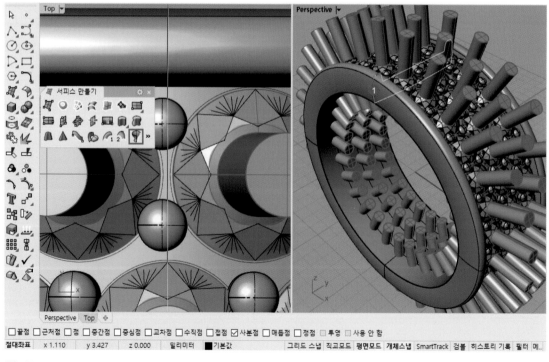

서피스 만들기

24 🔧 Revolve 명령으로 ❶ 커브를 360° 회전합니다.

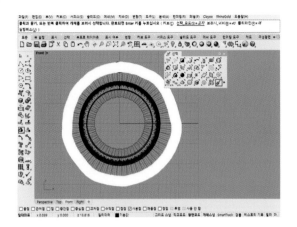

25 Front 뷰에서 ✏ SelBrush 명령으로 커터의 테두리를 브러시로 그림처럼 선택합니다. 선택된 오브젝트를 🔷 Group 명령으로 묶습니다.

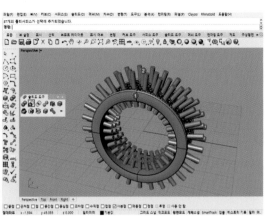

26 🌑 BooleanDifference 명령으로 ❶ 오브젝트에서 ❷ 그룹오브젝트를 뺍니다.

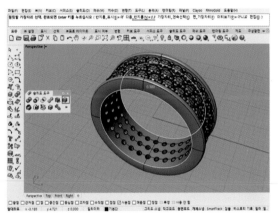

27 🔷 FilletEdge 명령으로 엣지를 선택하고 0.3mm 필렛합니다.

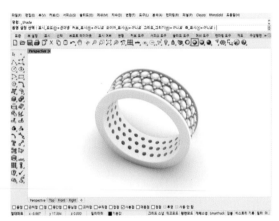

28 Shade 명령으로 결과물을 확인합니다.

Chapter

13

Stone 세팅 응용하기

이 장에서는 4Prong 세팅과 Bypass 반지 그리고 3Stone 반지를 만드는 방법에 대해서 알아 보겠습니다.

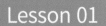

Lesson 01　4Prong(발) 응용하여 반지 만들기

4Prong 세팅을 응용하여 반지를 만드는 방법에 대해 알아보겠습니다.

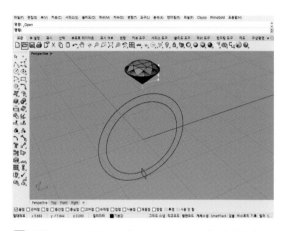

① 📁 Open 명령으로 "4prong_a.3dm" 파일을 불러옵니다.

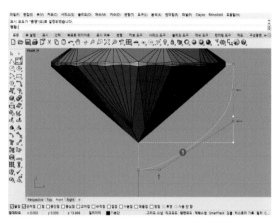

② Front 뷰에서 ⬡ Curve 명령으로 Shift 키를 누르고 ❶커브를 만듭니다.

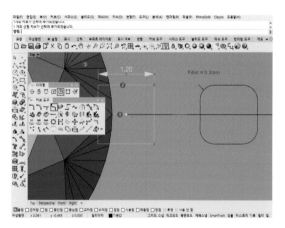

③ ❶선의 끝점에서 ⬠ Polygon 명령으로 ❷사각형을 만듭니다. ⬐ FilletCorners 명령으로 ❷사각형을 선택하고 0.3mm 필렛합니다. ❸오브젝트는 숨깁니다.

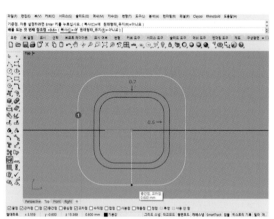

④ 🔲 Scale2D 명령으로 ❶선을 0.7배, 0.6배 크기를 줄입니다.

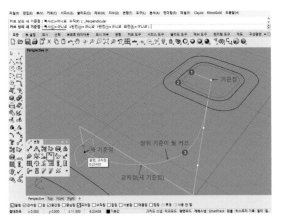

⑤ 📐 OrientOnCrv 명령으로 ❶커브를 방위 기준이 될 커브❸의 끝점(새 기준점)에 배치합니다. ❷커브는 교차점에 배치합니다.

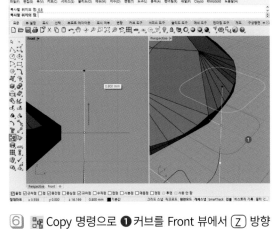

⑥ 📑 Copy 명령으로 ❶커브를 Front 뷰에서 Z 방향으로 0.8mm 복사합니다.

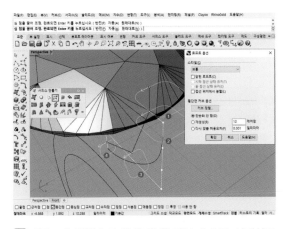

⑦ 📐 Loft 명령으로 ❶❷❸❹커브 순으로 선택하고 디렉션(화살표)은 그림처럼 중간점에 맞추고 서피스를 만듭니다.

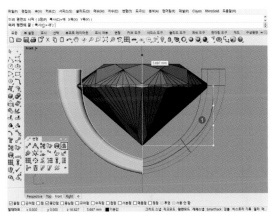

⑧ Front 뷰에서 📐 Mirror 명령으로 ❶서피스를 원점에 대해 대칭 복사합니다.

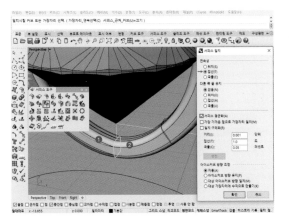

⑨ 📐 MatchSrf 명령으로 ❶과 ❷서피스가 접하는 엣지를 선택하여 서피스 일치 합니다. ❶서피스는 지웁니다.

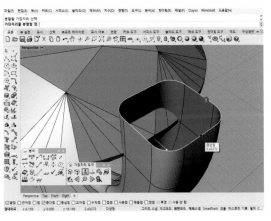

⑩ 📐 SplitEdge 명령으로 ❶엣지를 선택하고 화살표(중간점) 지점을 자릅니다.

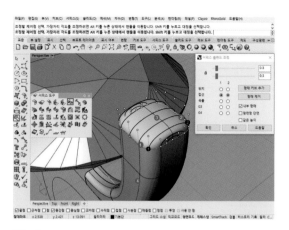

11 BlendSrf 명령으로 ❶과 ❷엣지를 선택해서 서피스를 만듭니다. Join 명령으로 ❸과 ❹서피스를 결합합니다.

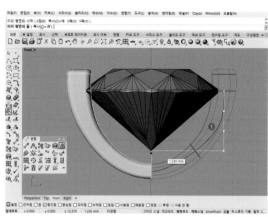

12 Mirror 명령으로 ❶오브젝트를 원점을 기준으로 대칭 복사합니다. Join 명령으로 두 오브젝트를 결합합니다.

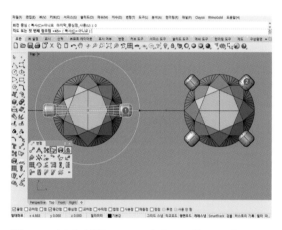

13 Top 뷰에서 Rotate 명령으로 ❶오브젝트를 원점에서 45도 회전합니다. Mirror 명령으로 ❷오브젝트를 원점을 기준으로 대칭 복사합니다.

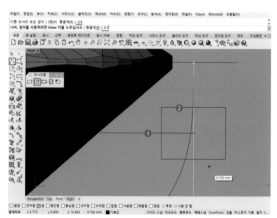

14 Polyline 명령으로 ❶선을 만듭니다.
Rectangle 명령으로 0.9×0.7mm 인 ❷사각형을 만듭니다.

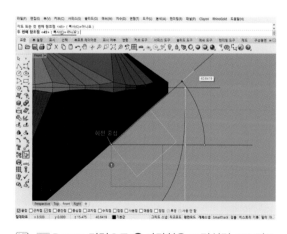

15 Rotate 명령으로 ❶사각형을 그림처럼 40° 정도 회전합니다.

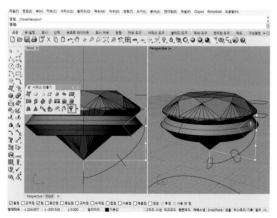

16 Revolve 명령으로 ❶사각형을 원점을 기준으로 360° 회전합니다.

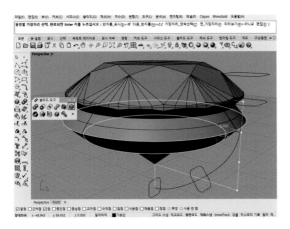

⑰ 🔲 FilletEdge 명령으로 엣지를 선택하고 0.2mm 필렛합니다.

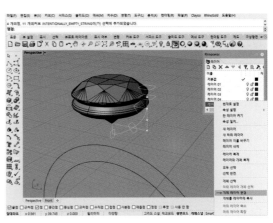

⑱ 그림과 같이 선과 점들을 마우스로 선택하고 🔲 Layer 명령으로 선택한 오브젝트를 "레이어 05"로 변경하고 레이어는 끕니다.

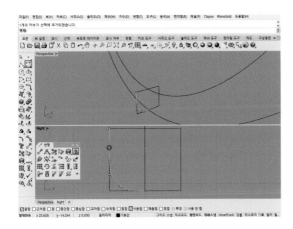

⑲ Right 뷰에서 🔲 Curve 명령으로 ❶커브를 만듭니다. 🔲 Mirror 명령으로 ❶커브를 사각형의 중간점에서 대칭 복사합니다.

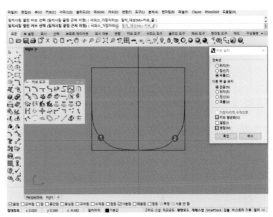

⑳ 🔲 Match 명령으로 ❶과 ❷커브를 곡률 일치시키고 병합합니다.

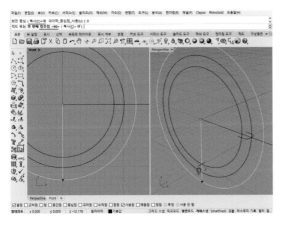

㉑ Front 뷰에서 🔲 Rotate 명령으로 ❶커브를 90° 복사합니다.

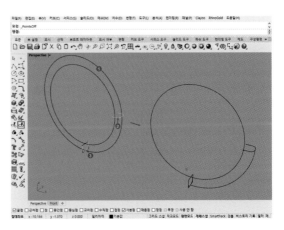

㉒ 🔲 Split 명령으로 ❶원을 ❷와 ❸커브로 자릅니다. 필요 없는 부분은 지웁니다.

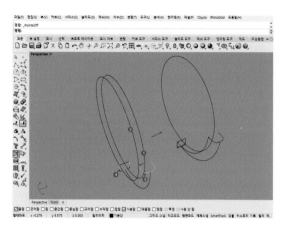

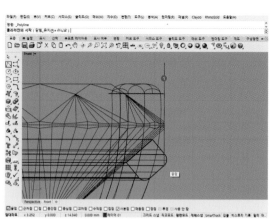

23 Copy 명령으로 ❶원을 ❸선의 끝점으로 복사합니다. Split 명령으로 ❷원을 ❸과 ❹커브로 자르고 필요 없는 부분은 지웁니다.

24 Polyline 명령으로 ❶선을 만듭니다.

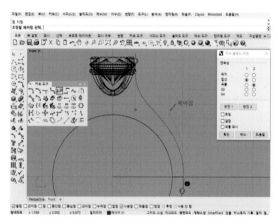

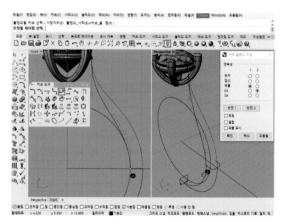

25 BlendCrv 명령으로 ❶과 ❷선을 연결 후 제어점을 조정해 커브 형상을 조정하여 커브를 만듭니다.

26 BlendCrv 명령으로 ❶과 ❷커브를 연결합니다.

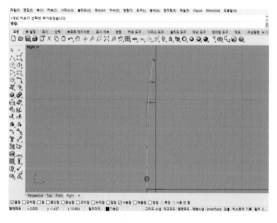

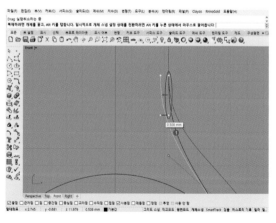

27 Right 뷰에서 ❶커브의 제어점을 켜고 F10 마우스로 제어점(화살표)을 약간씩 좌측으로 이동합니다.

28 Front 뷰에서 ❶커브의 제어점 2개를 좌측으로 0.5mm 정도 이동합니다.

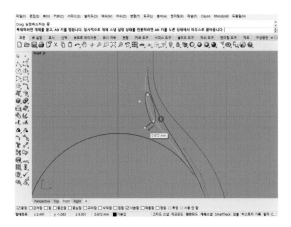

29 ❶커브의 제어점을 켜고 두 개의 제어점을 대각선 방향으로 0.9mm 정도 이동합니다.

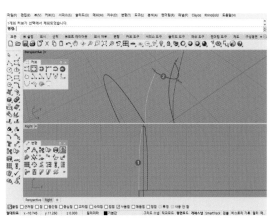

30 Right 뷰에서 ❶커브를 원점에 대해 대칭 복사합니다. ⊃ InterpCrv 명령으로 끝점을 지나는 ❷커브를 만듭니다.

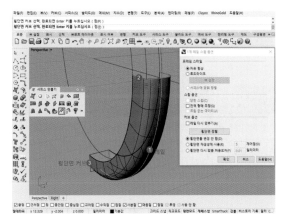

31 Sweep1 명령으로 ❶레일과 ❷❸횡단면 커브를 순서대로 선택해서 서피스를 만듭니다.

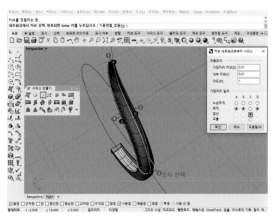

32 NetworkSrf 명령으로 ❶과 ❷커브와 ❸엣지와 ❹커브를 선택하여 서피스를 만듭니다.

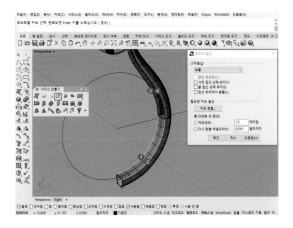

33 Loft 명령으로 ❶과 ❷엣지를 선택하여 서피스를 만듭니다. Loft 명령으로 ❸과 ❹엣지를 선택하여 서피스를 만듭니다.

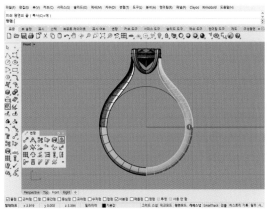

34 Join 명령으로 두 서피스를 만들고 Mirror 명령으로 ❶오브젝트를 원점을 기준으로 대칭 복사합니다.

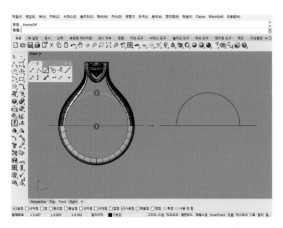

㉟ Front 뷰에서 ✏ Line 명령으로 원점에서 ❶ 선을 만듭니다. ✂ Trim 명령으로 ❶ 선을 경계로 ❷ 원의 6시 방향을 선택해 지웁니다.

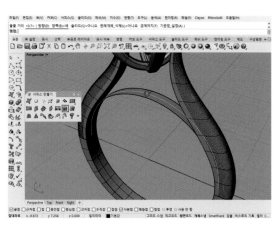

㊱ 🔲 ExtrudeCrv 명령으로 ❶ 선을 양방향으로 0.7mm 돌출합니다.

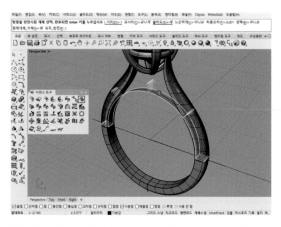

㊲ 🔵 OffsetSrf 명령으로 ❶ 서피스를 1mm 두께를 줍니다.

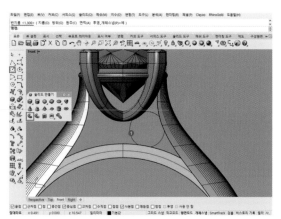

㊳ 🕐 Circle 명령으로 반지름이 1.3mm인 ❶ 원을 만듭니다. 🔵 Pipe 명령으로 ❶ 원을 선택하고 반지름이 0.4mm인 파이프를 만듭니다.

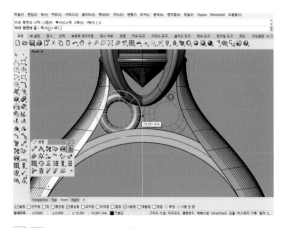

㊴ 🪞 Mirror 명령으로 ❶ 오브젝트를 원점에서 대칭 복사합니다.

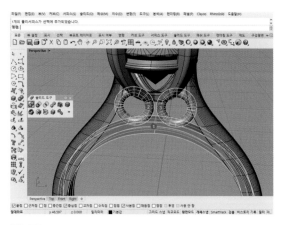

㊵ 🔵 BooleanUnion 명령으로 ❶❷❸ 오브젝트를 합칩니다.

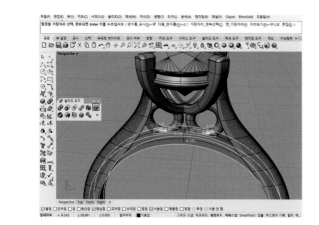

41 🔷 FilletEdge 명령으로 엣지를 선택하고 0.1mm 필렛합니다.

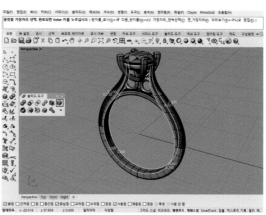

42 🔷 FilletEdge 명령으로 엣지를 선택하고 0.2mm 필렛합니다.

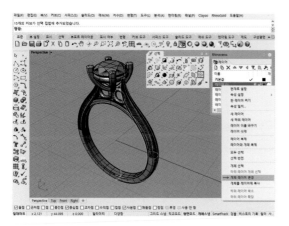

43 🌀 SelCrv 명령으로 커브를 선택하고 🔷 Layer 명령으로 선택된 커브들을 "레이어 01"로 변경하고 레이어는 끕니다.

44 ⬜ Shade 명령으로 결과물을 확인합니다.

Lesson 02   Bypass 반지 만들기

Bypass 반지는 손가락을 나선형 형태로 감싸며 밴드의 끝이 손가락 위를 지나가는 형태의 반지를 말합니다.
Bypass 반지 만드는 방법에 알아 보겠습니다.

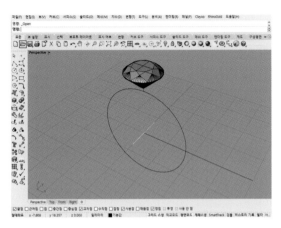

1️⃣ 📂 Open 명령으로 "bypass_r.3dm" 파일을 불러
옵니다.

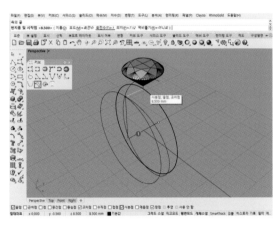

2️⃣ Helix 명령으로 ❶선를 축으로 설정하고 회전수
=1인 Helix를 원의 사등분점에 맞춰 만듭니다.

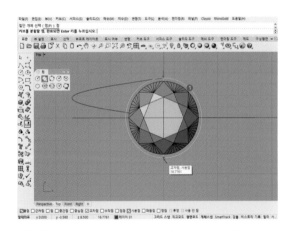

3️⃣ Circle 명령으로 12시, 6방향 선의 끝점을 지나는
❶원을 만듭니다. Split 명령으로 ❶원의 사분점(화
살표)을 자릅니다. 왼쪽 반원은 지웁니다.

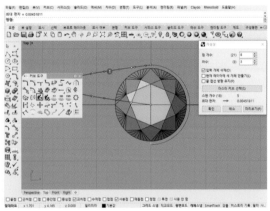

4️⃣ Rebuild 명령으로 ❶커브를 선택하고 점 개수 =
8, 차수 =3으로 변경합니다. 최대 편차로 원본 커브와 편
차를 알 수 있습니다.

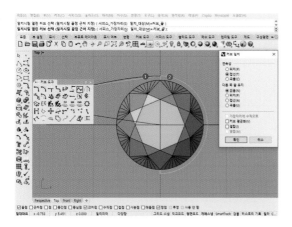

⑤ ∿ Match 명령으로 ❶과 ❷ 선을 커브 일치 시킵니다.

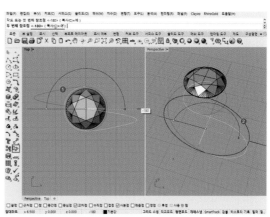

⑥ Top 뷰에서 ▷ Rotate 명령으로 ❶커브를 선택하고 원점에서 수평으로 −180° 회전 복사합니다 ♡ Hide 명령으로 ❷원은 숨깁니다.

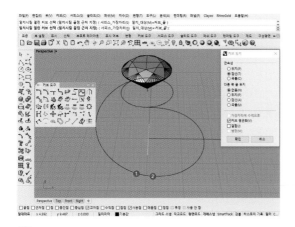

⑦ ∿ Match 명령으로 ❶과 ❷커브를 커브 일치 후 ❷커브는 지웁니다.

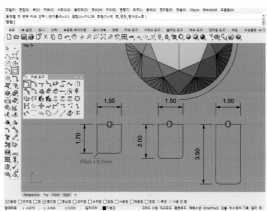

⑧ ▢ Rectangle 명령으로 ❶❷❸사각형을 만든 후 ⌐ Fillet 명령으로 모서리를 0.2mm 필렛합니다.

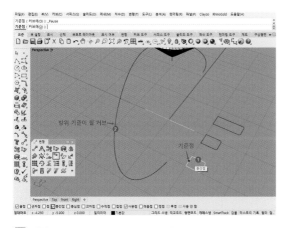

⑨ ⬚ OrientOnCrv 명령으로 ❶커브를 선택 후 기준점(중간점)을 선택하고 방위 기준이 될 ❷커브를 선택합니다.

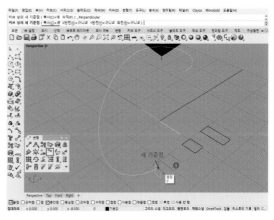

⑩ 방위 기준이 될 커브의 끝점에 ❶커브를 배치합니다.

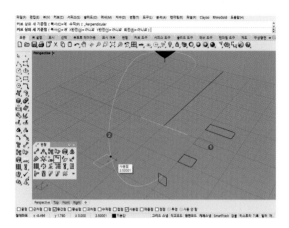

⑪ 🔲 OrientOnCrv 명령으로 ❶커브를 선택 후 기준점(중간점)을 선택하고 방위 기준이 될 ❷커브의 사분점에 ❶커브를 배치합니다.

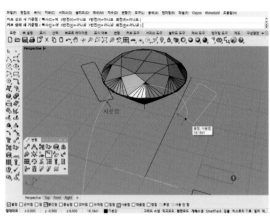

⑫ 🔲 OrientOnCrv 명령으로 ❶커브를 선택 후 기준점(중간점)을 선택하고 방위 기준이 될 ❷커브를 선택 후 사분점과 끝점에 ❶커브를 그림처럼 배치합니다.

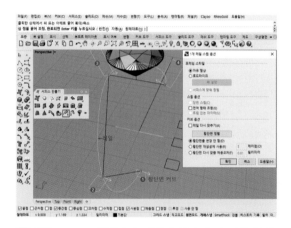

⑬ 🔲 Sweep1 명령으로 레일과 횡단면 커브(❶❷❸❹)를 순서대로 선택하고 디렉션(화살표)를 횡단면 커브의 중간지점에 위치시키고 디렉션 방향을 일치(화살표가 같은 방향) 시킨 후 서피스를 만듭니다.

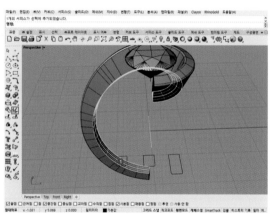

⑭ Sweep1 명령으로 생성된 서피스를 선택하고 🔲 Explode 명령으로 분해합니다. ❶서피스를 선택하고 지웁니다.

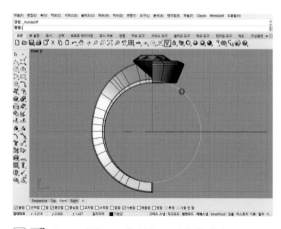

⑮ 🔲 Show 명령으로 ❶원을 보이게 합니다. Front 뷰에서 보면 ❶원의 크기에 서피스가 맞지 않습니다.

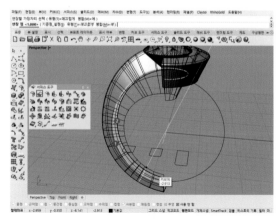

⑯ 🔲 ExtendSrf 명령으로 ❶엣지를 선택하고 1mm 서피스를 연장합니다. ❷엣지도 같은 방법으로 연장합니다.

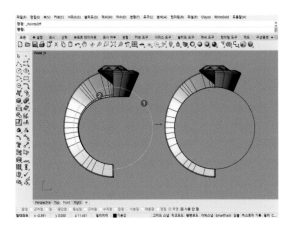

⑰ Front 뷰에서 ⚓ Trim 명령으로 ❶원을 경계로 경계선 안쪽의 서피스(❷)를 선택해 지웁니다.

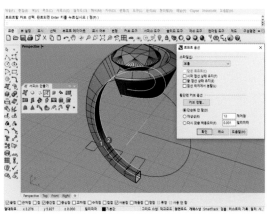

⑱ 🪁 Loft 명령으로 ❶과 ❷엣지를 선택하여 서피스를 만듭니다.

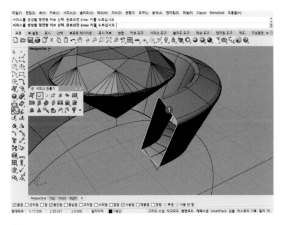

⑲ ⊙ PlanarSrf 명령으로 ❶엣지를 선택하여 평면을 만듭니다. 서피스를 모두 선택하고 🪣 Join 명령으로 결합합니다.

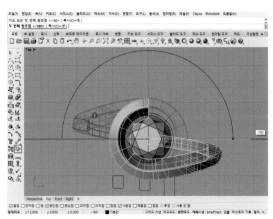

⑳ 📐 Rotate 명령으로 ❶서피스를 원점을 기준으로 (Shift) 키를 누르고 수평으로 -180° 회전 복사합니다.

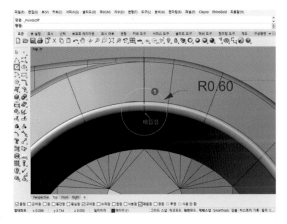

㉑ Top 뷰에서 ⊙ Circle 명령으로 매듭점에서 반지름이 0.6mm인 ❶원을 만듭니다.

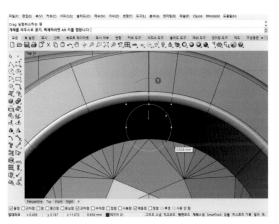

㉒ ❶원을 마우스로 드래그하여 0.65mm 내립니다.

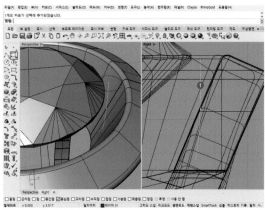

23 ⬚ Right 뷰에서 ⬚ Curve 명령으로 원의 중심점을 기준으로 ❶커브를 만듭니다.

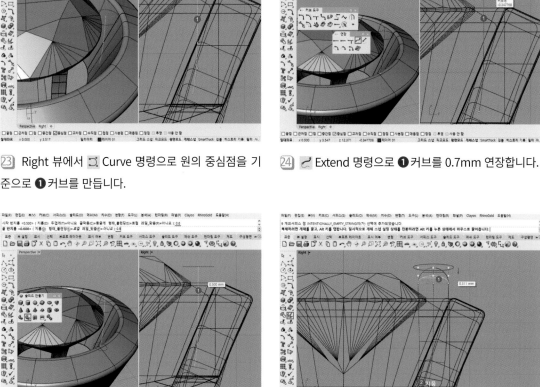

24 ⬚ Extend 명령으로 ❶커브를 0.7mm 연장합니다.

25 ⬚ Pipe 명령으로 ❶커브를 선택하고 시작 반지름이 0.6mm, 끝 반지름이 0.5mm인 파이프를 만듭니다.

26 ⬚ Explode 명령으로 파이프를 분해합니다. ❶서피스의 제어점을 켜고 위쪽 제어점을 선택하고 0.3mm 내립니다. ❷서피스는 지웁니다.

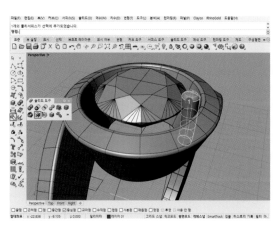

27 ⬚ Join 명령으로 두 서피스를 결합하고 ❶오브젝트를 선택하고 ⬚ Cap 명령으로 서피스를 닫습니다.

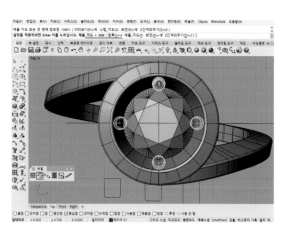

28 Top 뷰에서 ⬚ ArrayPolar 명령으로 ❶오브젝트를 원점을 기준으로 4개 360° 회전합니다.

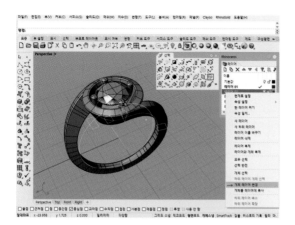

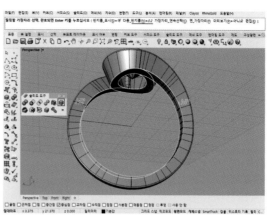

29 SelCrv 명령으로 커브를 선택하고 Layer 명령으로 선택된 커브를 "레이어 02"로 변경하고 레이어는 끕니다.

30 FilletEdge 명령으로 엣지를 선택해 0.2mm 필렛합니다.

31 Shade 명령으로 결과물을 확인합니다.

3Stone 반지 만들기

Center stone(중앙 보석)과 Side Stone(옆 보석)를 배열하여 Prong(발)을 만드는 방법에 대해서 알아보겠습니다.

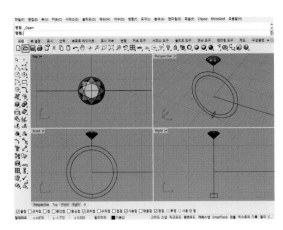

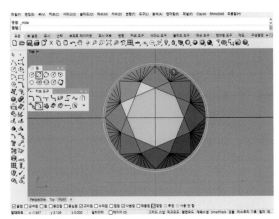

① 📂 Open 명령으로 "3stone.3dm" 파일을 불러옵니다.

② ⊘ Circle 명령으로 정점(화살표)을 지나는 ❶원을 만듭니다. 🗘 Offset 명령으로 ❶원을 바깥 방향으로 0.1mm 간격을 띄웁니다.

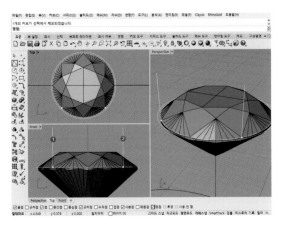

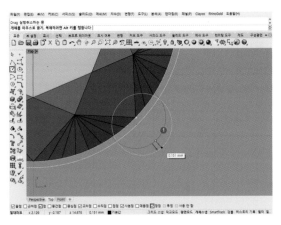

③ ⋀ Polyline 명령으로 포인트(점)이 보이는 정점에 ❶과 ❷선을 만듭니다. 두 개의 포인트는 이해를 돕기 위해 찍어놓은 점입니다. 굳이 만들 필요는 없습니다.

④ ⊙ Circle 명령으로 포인트(점)에서 반지름이 0.5mm 인 ❶원을 만든 후 드래그하여 0.15mm 정도 이동합니다.

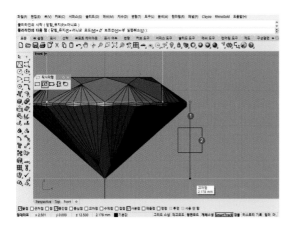

⑤ SmartTrack(가이드 라인 활성화됨)를 켜고 ∧ Poly
line 명령으로 ❶선을 만듭니다. ▣ Rectangle 명령으로
❶선의 중간점에서 0.7×0.7mm인 사각형을 만듭니다.

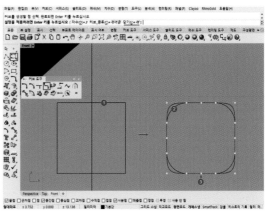

⑥ ↖ FilletCorners 명령으로 ❶사각형의 모서리를
0.2mm 필렛합니다. 필렛된 ❷선이 제어점을 켜고 ▤
CurveThroughPt 명령으로 ❸제어점부터 시계 방향으
로 순서대로 선택하여 닫힌 커브를 만듭니다.

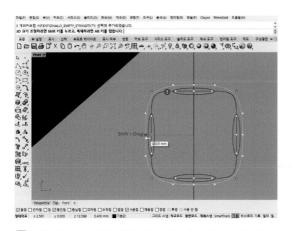

⑦ ❶커브의 제어점을 켭니다. 제어점을 마우스로
Shift 키를 누르고 세 개씩 4방향(동, 서, 남, 북 방향)을
선택합니다. 검볼의 크기 조정 핸들을 Shift + Drag해
0.4mm까지 크기를 조정합니다.

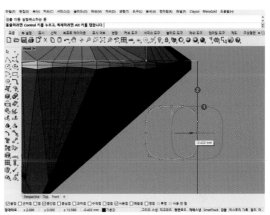

⑧ ❶커브를 ❷선의 지점까지 그림처럼 좌측으로 이동
합니다.

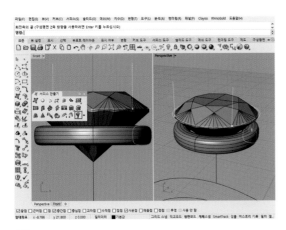

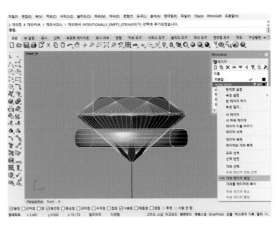

⑨ 🔧 Revolve 명령으로 ❶선을 원점을 기준으로 360° 회전합니다.

⑩ 그림처럼 마우스로 오브젝트를 선택합니다. 🏷 Layer 명령으로 선택된 오브젝트를 "center stone" 레이어로 변경하고 레이어 색상도 검정으로 변경 후 레이어는 끕니다.

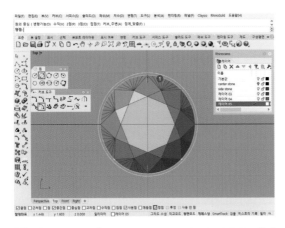

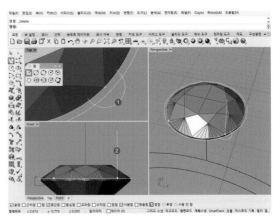

⑪ "side stone" 레이어를 켭니다. 현재 레이어를 "레이어 05"로 변경합니다. ⊘ Circle 명령으로 화살표(정점) 지점을 지나는 원을 만들고 🔗 Offset 명령으로 ❶원을 0.1mm 간격 띄웁니다.

⑫ Top 뷰에서 ⊘ Circle 명령으로 정점에서 반지름이 0.3mm인 ❶원을 만듭니다. ⋀ Polyline 명령으로 ❷선을 만듭니다.

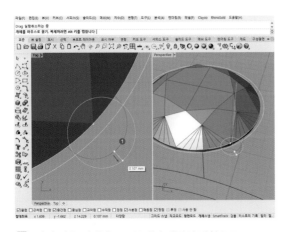

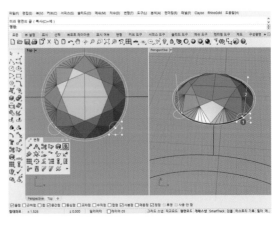

⑬ 원과 선을 선택해 Top 뷰에서 대각선 방향으로 0.1mm 정도 이동합니다.

⑭ 🔀 Mirror 명령으로 ❶원과 ❷선을 원점을 기준으로 대칭 복사합니다.

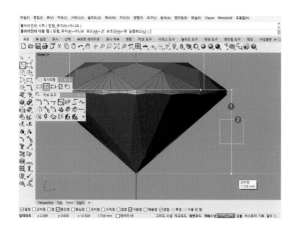

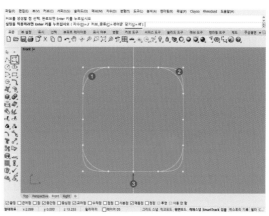

⑮ Polyline 명령으로 ❶선을 만들고 Rectangle 명령으로 ❶선의 중간점에서 0.4×0.4mm인 사각형을 만듭니다. FilletCorners 명령으로 ❷사각형의 모서리를 0.1mm 필렛합니다.

⑯ ❶커브의 제어점을 켜고([F10]) CurveThrough Pt 명령으로 ❸제어점부터 시계 방향으로 제어점을 모두 선택하여 닫힌 ❷커브를 만듭니다.

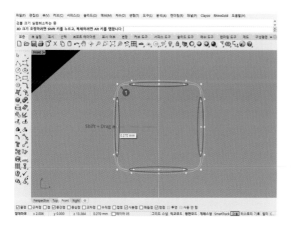

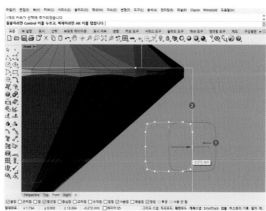

⑰ ❶커브의 제어점을 켜고 (Shift) 키를 누르고 제어점을 세 개씩 네 방향을 선택하고 검볼의 크기 조정 핸들을 (Shift)+(Drag) 해 0.27mm까지 크기를 조정합니다.

⑱ ❶커브를 선택하고 ❷선의 위치까지 그림처럼 이동합니다.

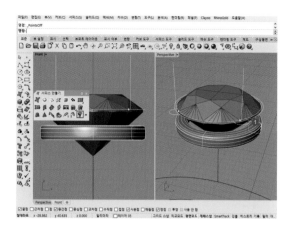

19 🔦 Revolve 명령으로 ❶선을 원점을 기준으로 360° 회전합니다.

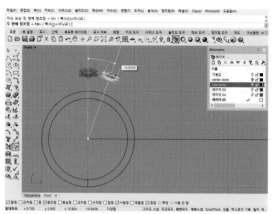

20 Front 뷰에서 📐 Rotate 명령으로 오브젝트를 선택하고 원점을 기준으로 –18° 회전합니다. 📑 Layer 명령으로 회전한 오브젝트를 모두 선택해서 "side stone" 레이어로 변경하고 색상도 검정색으로 변경합니다. "center stone" 레이어는 켭니다.

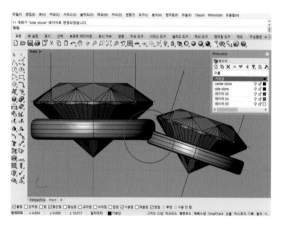

21 Front 뷰에서 빨간 원 부분을 보면 두 레일의 단차가 약간 있습니다. 여기서는 두 레일의 단차를 맞추는 방향으로 작업을 진행하겠습니다.

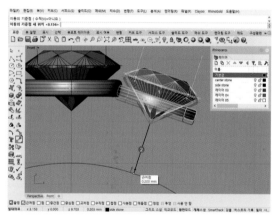

22 ✥ Move 명령으로 ❶오브젝트를 모두 선택하고 ❷선의 끝점을 기준으로 ❷선을 따라 0.2mm정도 이동합니다.

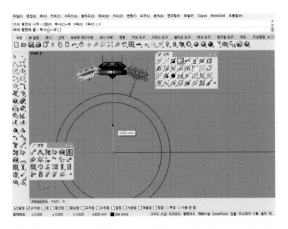

23 🖱 SelLast 명령으로 마지막으로 변경된 오브젝트를 선택하고 🖱 Mirror 명령으로 원점을 기준으로 ❶ 오브젝드를 대칭 복사합니다.

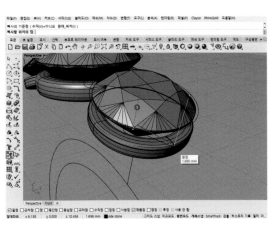

24 🖱 Copy 명령으로 ❶ 선을 선택하고 ❶ 선의 끝점에서 Seam(이음새)이 있는 끝점으로 복사합니다.

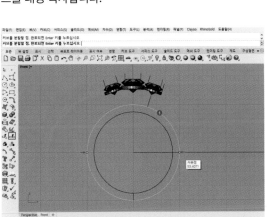

25 🖱 Split 명령으로 ❶ 원의 사분점(두 화살표)을 자른 후 위쪽 반원은 지웁니다.

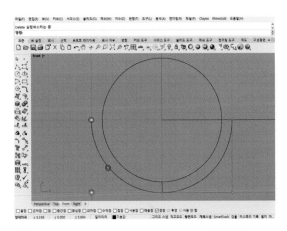

26 ❶ 커브를 선택하고 제어점 두 개를 삭제합니다.

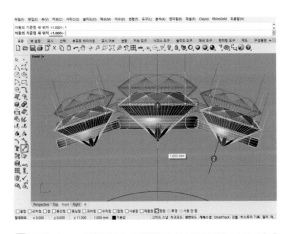

27 🖱 Move 명령으로 그림처럼 오브젝트를 모두 선택하고 ❶ stone의 큐렛지점에서 수직으로 1mm 아래로 이동합니다. ❷ 선은 지웁니다.

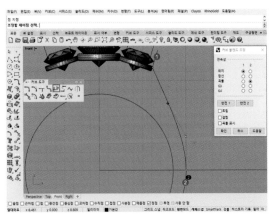

28 🖱 BlendCrv 명령으로 ❶ 선과 ❷ 커브를 연결합니다. 조정 제어점을 이용해 그림처럼 커브를 만듭니다.

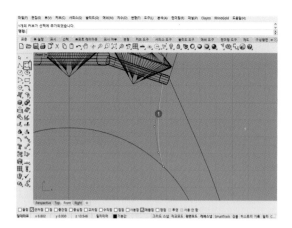

㉙ Curve 명령으로 ❶커브를 만듭니다.

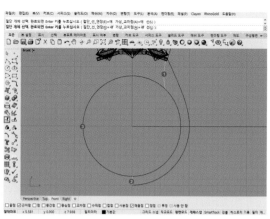

㉚ Trim 명령으로 ❶커브와 ❷선을 경계로 ❸커브를 지웁니다.

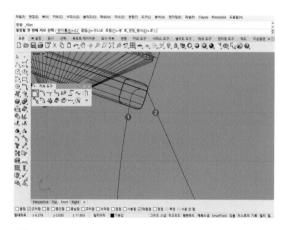

㉛ Fillet 명령으로 ❶커브와 ❷커브를 0.2mm 필렛합니다.

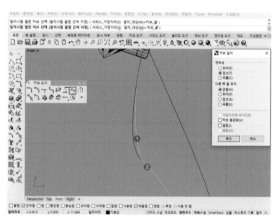

㉜ Match 명령을 활용해 ❶커브와 ❷커브를 접선 일치합니다.

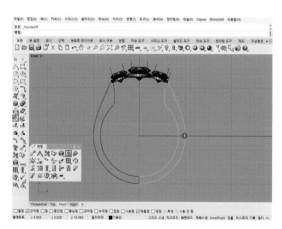

㉝ Join 명령으로 ❶커브들을 모두 결합하고 Mirror 명령으로 ❶커브를 원점을 기준으로 대칭 복사합니다. 복사된 커브는 원래 커브와 Join 명령으로 결합합니다.

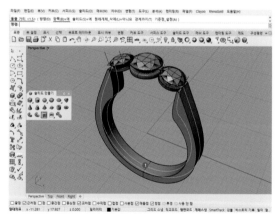

㉞ ExtrudeCrv 명령으로 ❶선을 양방향으로 1.5mm 돌출합니다.

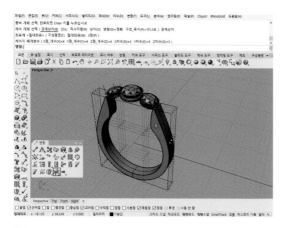

㉟ 🔲 Cage 명령으로 ❶오브젝트를 경계상자로 감쌉니다.

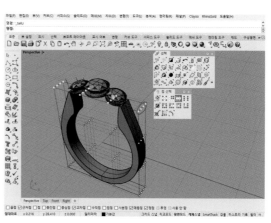

㊱ 빨간원의 제어점 4개를 선택한 후 ⠿ SelU 명령으로 U 방향 제어점을 모두 선택합니다

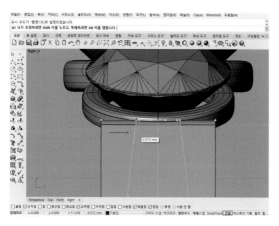

㊲ Right 뷰에서 검볼 크기 조정 핸들을 이용해 선택된 제어점들을 0.57mm 만큼 크기를 줄입니다.

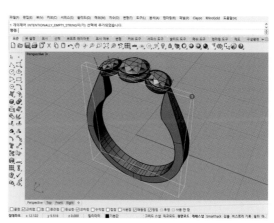

㊳ ❶경계상자는 지웁니다.

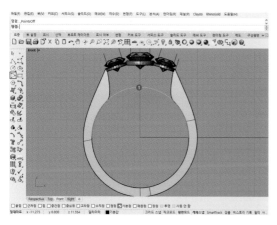

㊴ ▷ Arc 명령으로 원점에서 사분점을 지나는 ❶호을 만듭니다.

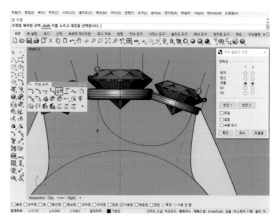

㊵ 🔳 BlendCrv 명령으로 ❶선과 ❷선을 연결합니다. Shift 키를 누르고 조정 제어점을 활용해 그림처럼 커브를 만듭니다. ❶과 ❷선은 지웁니다.

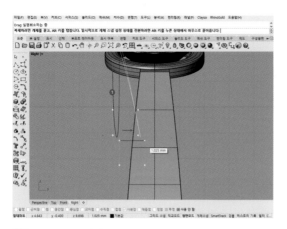

41 Right 뷰에서 ❶커브의 제어점 4개를 선택하고 우측으로 1mm 정도 이동합니다.

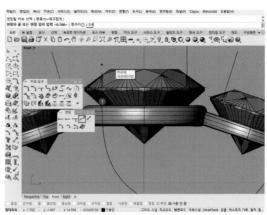

42 ✏ Extend 명령으로 ❶커브를 0.6mm 정도 연장합니다.

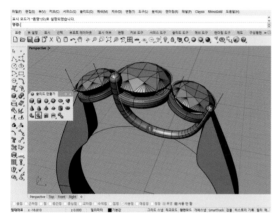

43 🔧 Pipe 명령으로 ❶커브를 선택하고 반지름이 0.5와 0.3mm인 파이프를 만듭니다.

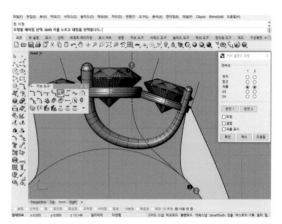

44 ✏ BlendCrv 명령으로 ❶선과 ❷엣지를 연결합니다. 조정 제어점을 활용해 그림처럼 커브를 만듭니다.

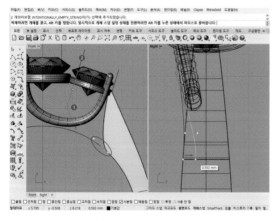

45 ❶커브의 제어점을 켜고 빨간 원 부분의 제어점을 2개 선택하고 Right 뷰에서 0.59mm 정도 우측으로 이동합니다. ❷선은 지웁니다.

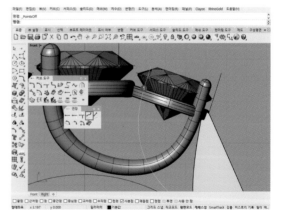

46 ✏ Extend 명령으로 ❶커브를 선택하고 0.4mm 연장합니다.

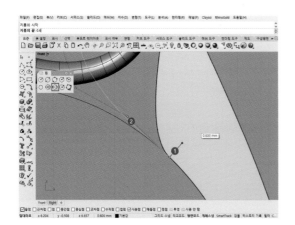

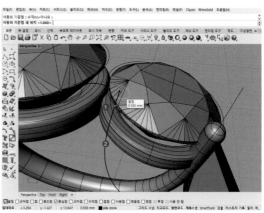

47 ⊖ Circle 명령으로 ❷커브의 끝점에서 수직으로 지름이 0.6mm인 ❶원을 만듭니다.

48 🔲 Move 명령으로 ❶원을 ❷커브의 끝점으로 이동합니다.

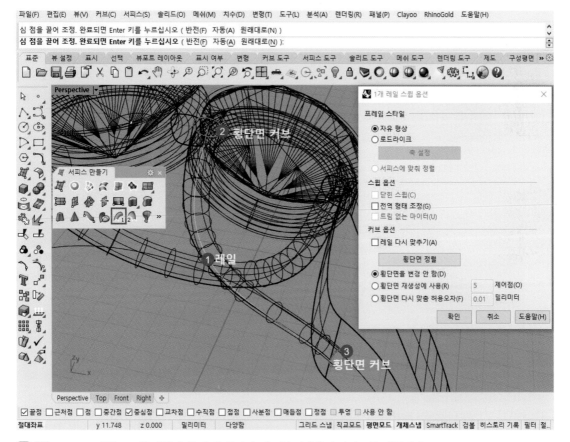

49 🖋 Sweep1 명령으로 ❶레일과 ❷와 ❸횡단면 커브를 선택해서 서피스를 만듭니다.

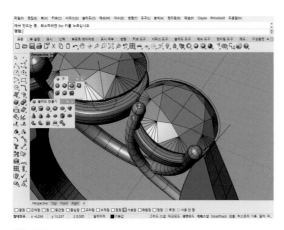

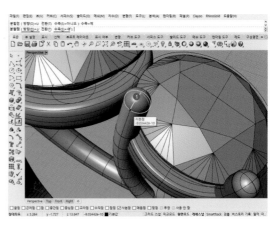

50 ● Sphere 명령으로 ❶ 서피스의 엣지(사분점)를 3
개 선택하여 ❷ 구를 만듭니다.

51 ⬚ Split 명령으로 ❶ 구를 U 방향으로 사분점을 자
릅니다. 잘린 아래 반구는 지웁니다.

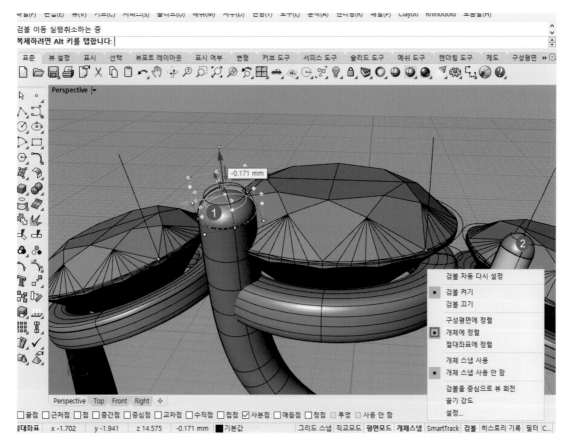

52 ❶ 서피스의 제어점을 켜고 위쪽 제어점들을 선택하고 검볼 설정을 개체에 정렬로 설정하고 제어점을 –0.17mm
정도 내립니다. 나머지 ❷ 반구도 제어점을 편집합니다.

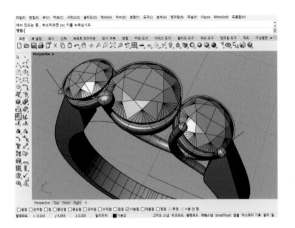

53 Join 명령으로 서피스들을 모두 결합합니다.

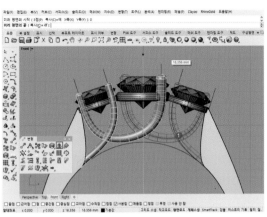

54 Front 뷰에서 Mirror 명령으로 ❶오브젝트를 원점을 기준으로 대칭 복사합니다.

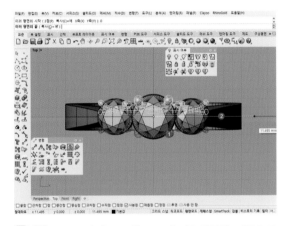

55 Mirror 명령으로 ❶오브젝트를 원점을 기준으로 대칭 복사합니다. Isolate 명령으로 ❷오브젝트만 남깁니다.

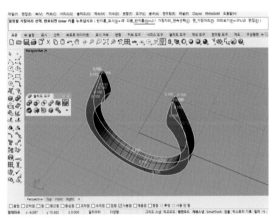

56 FilletEdge 명령으로 엣지를 선택하고 필렛을 0.1mm합니다. Show 명령으로 오브젝트를 모두 보이게 합니다.

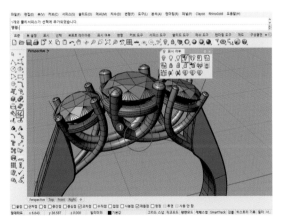

57 Isolate 명령으로 ❶오브젝트만 남깁니다. Explode 명령으로 ❶오브젝트를 분해합니다. 빨간 원 부분의 발이 겹치는 부분을 약간 수정하겠습니다.

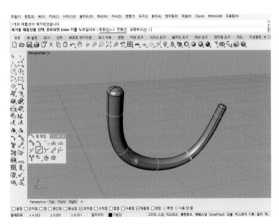

58 RemoveKnot 명령으로 ❶서피스의 아이소 커브를 V 방향으로 지워 편집에 필요한 아이소 커브만 그림처럼 남깁니다.

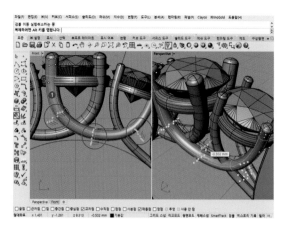

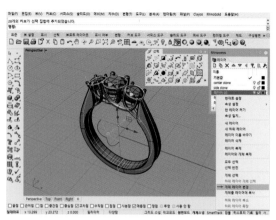

59 Show 명령으로 오브젝트를 모두 보이게 합니다. ❶서피스의 제어점을 켜고 빨간 원 안의 제어점을 모두 선택하고 검볼을 활용해 Y축 방향으로 –0.5mm 정도 이동합니다. Join 명령으로 모든 서피스를 결합합니다.

60 SelCrv 명령으로 커브를 모두 선택하고 Layer 명령으로 선택한 커브들을 "레이어 03"로 변경하고 레이어는 끕니다.

61 Shade 명령으로 결과물을 확인합니다.

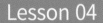

Lesson 04　Halo 반지 만들기

Halo 반지는 중심 스톤에 원형 테두리(Halo)를 만들어 작은 보석을 장식하는 반지 형태를 말합니다.

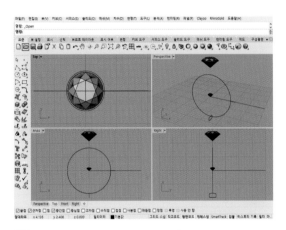

① 📂 Open 명령으로 "halo.3dm" 파일을 불러옵니다.

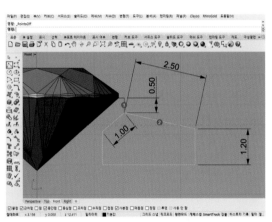

② ⋀ Polyline 명령으로 ❶선을 만든 후 ❶선의 끝점에서 ❷선을 만듭니다.

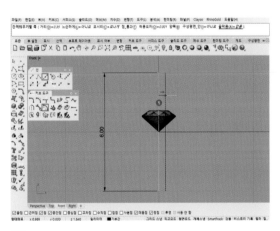

③ 원점에 있는 Stone을 Front 뷰에서 그림처럼 확대합니다. ✒ Line 명령으로 ❶선을 원점에서 양방향으로 만든 후 🜖 Offset 명령으로 ❶선을 우측으로 0.35mm 간격 띄웁니다.

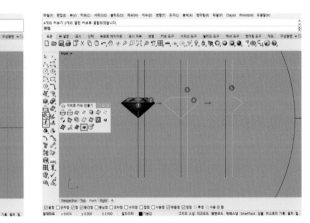

④ 🔲 MeshOutline 명령으로 ❶스톤을 선택하여 ❷라인을 만듭니다. 🜕 Trim 명령으로 ❸과 ❹선들을 선택하고 필요 없는 부분의 선들을 선택해 지웁니다. 🜨 Join 명령으로 선들을 결합(❺)합니다.

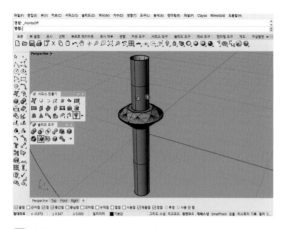

⑤ 🍷 Revolve 명령으로 ❶선을 원점을 기준으로 360° 회전하여 서피스를 만듭니다. ❷서피스(Cutter)를 선택하고 🌶 Cap 명령으로 솔리드로 만듭니다.

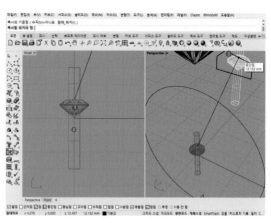

⑥ 🖧 Copy 명령으로 ❶스톤과 ❷커터, Point(점)를 선택하고 Point를 기준점으로 설정한 후 ❸선의 중간점에 오브젝트를 복사합니다.

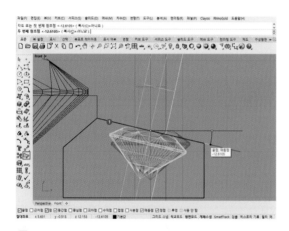

⑦ 🖎 Rotate 명령으로 커터와 스톤을 선택하고 ❶선의 중간점을 기준으로 설정하고 끝점에 맞게 회전합니다. (Shift) 키를 누르면 수평으로 설정됩니다.

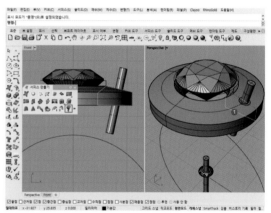

⑧ 🍷 Revolve 명령으로 ❶선을 원점으로 기준으로 360° 회전합니다.

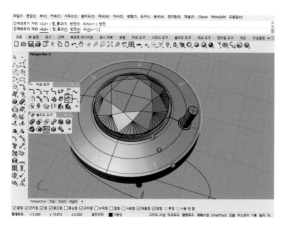

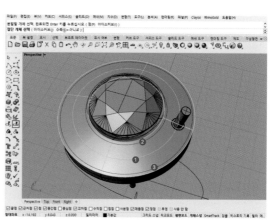

⑨ ⬛ ExtractSrf 명령으로 ❶서피스를 떼어냅니다.
✏️ OffsetCrvOnSrf 명령으로 ❶서피스의 ❷엣지를 선
택하여 안쪽으로 0.2mm 간격을 띄웁니다. 같은 방법으
로 ❸엣지도 옵셋합니다.

⑩ ⬛ Split 명령으로 ❶서피스를 ❷와 ❸선으로 자릅
니다.

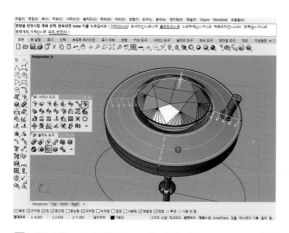

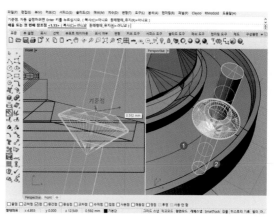

⑪ ⬛ OffsetSrf 명령으로 ❶서피스를 0.5mm 두께를
줍니다. ⬛ ExtractSrf 명령으로 ❶서피스를 떼어내고
지웁니다.

⑫ ⬛ Join 명령으로 ❶과 ❷서피스를 결합합니다.
⬛ Scale 명령으로 커터와 스톤을 선택하고 기준점을 설
정하고 1.15배 확대합니다.

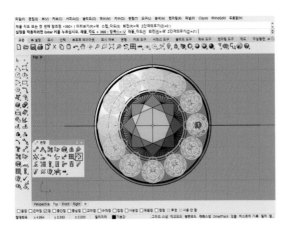

⑬ Top 뷰에서 ⊕ ArrayPolar 명령으로 스톤과 커터를 원점을 기준으로 12개 360° 회전합니다.

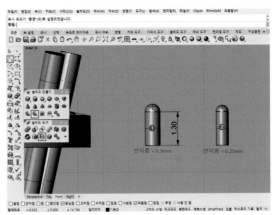

⑭ ⋀ Polyline 명령으로 길이가 1.3mm인 ❶과 ❷선을 만듭니다. ◐ Pipe 명령으로 각각 ❶과 ❷선을 반지름이 0.3mm와 0.25mm인 파이프를 만듭니다. ◈ ExtractSrf 명령으로 두 파이프의 아래쪽 반구를 떼어내 지웁니다.

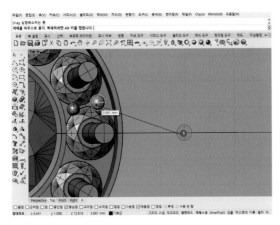

⑮ Top 뷰에서 앞에서 만든 ❶파이프를 마우스로 드래그하여 그림처럼 배치합니다. 나머지 파이프도 그림처럼 배치합니다.

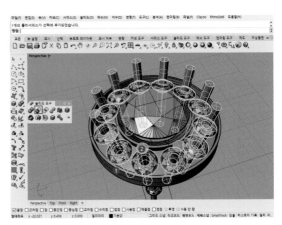

⑯ ◐ BooleanDifference 명령으로 ❶오브젝트에서 ❷커터들을 빼줍니다.

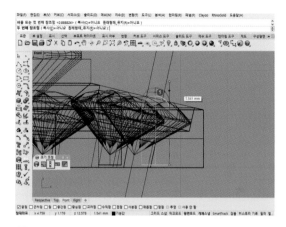

⑰ Front 뷰에서 ▮ Scale1D 명령으로 ❶Prong(발)의
크기를 약간 줄입니다.

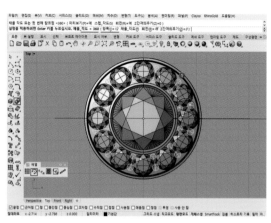

⑱ ❀ ArrayPolar 명령으로 빨간 원 안의 두 Prong
(발)을 선택하고 원점에서 12개 360° 회전 배열합니다.
❀ BooleanUnion 명령으로 ❶오브젝트와 원형 배열한
Prong들과 하나로 합칩니다.

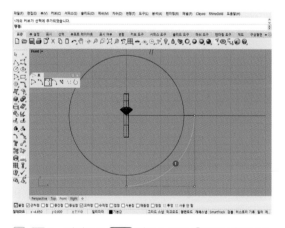

⑲ ↖ Arc 명령으로 (Shift) 키를 누르고 ❶호를 만듭니다.

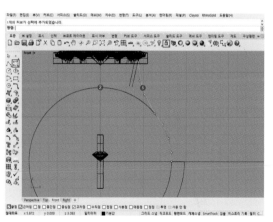

⑳ ⌐ Curve 명령으로 ❷반원을 따라 가는 ❶커브를
그림처럼 만듭니다.

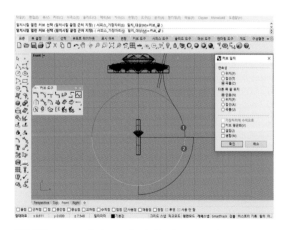

㉑ ∿ Match 명령으로 ❶과 ❷커브를 일치 시킵니다.

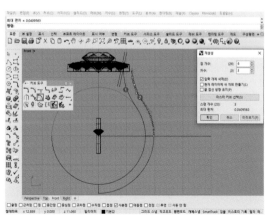

㉒ ◥ Offset 명령으로 ❶커브를 1.5mm 간격을 띄웁
니다. ❀ Rebuild 명령으로 ❷커브의 점 개수를 "6"으
로 설정합니다.

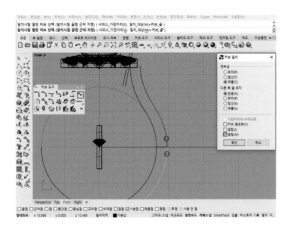

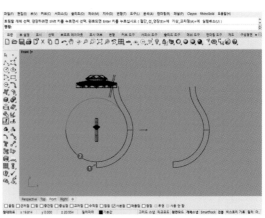

㉓ 〰 Match 명령으로 ❶과 ❷커브를 일치시켜 병합합니다.

㉔ 🡒 Trim 명령으로 ❶선을 경계로 ❷커브를 지웁니다.

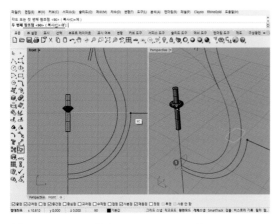

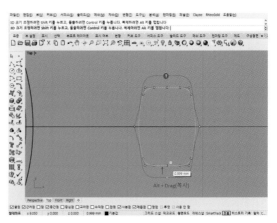

㉕ Front 뷰에서 🖫 Rotate 명령으로 ❶커브를 90° 회전 복사합니다.

㉖ Top 뷰에서 ❶커브를 선택하고 검볼의 크기 조정 핸들을 Alt + Drag (끌기)하여 0.9mm 정도로 줄입니다.

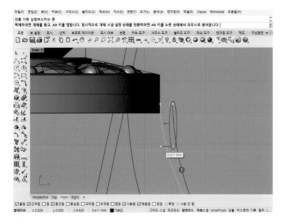

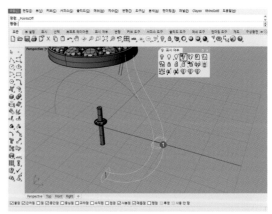

㉗ Front 뷰에서 ❶커브의 제어점을 켜고 두 제어점을 좌측으로 0.4mm 정도 이동합니다.

㉘ ❶커브들을 선택하고 🔯 Isolate 명령으로 선택한 커브만 남깁니다.

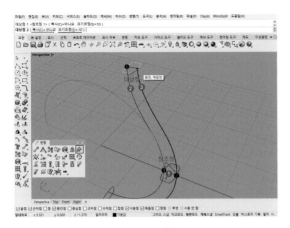

29 Orient 명령으로 ❶커브를 ❷와 ❸의 끝점에 배치합니다.

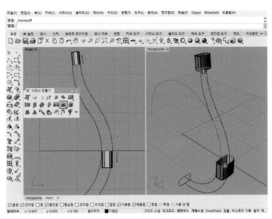

30 ExtrudeCrv 명령으로 ❶과 ❷커브를 각각 2mm 정도 돌출합니다.

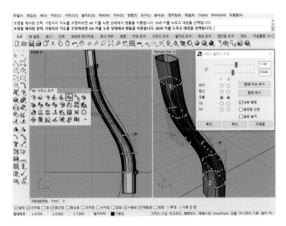

31 BlendSrf 명령으로 ❶과 ❷엣지를 선택하여 두 서피스를 연결한 후 제어점을 조정하여 서피스를 만듭니다. ❶과 ❷서피스는 지웁니다.

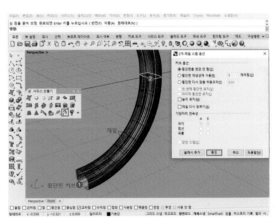

32 Sweep2 명령으로 레일과 횡단면 커브❶과 ❷커브를 선택하여 서피스를 만듭니다.

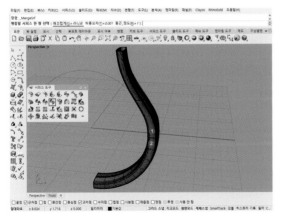

33 MergeSrf 명령으로 ❶과 ❷서피스를 병합합니다.

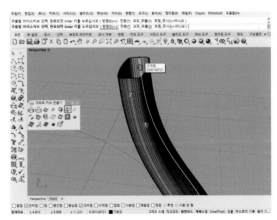

34 ExtractIsoCurve 명령으로 ❶서피스를 선택하고 ❷와 ❸의 교차점에서 Isocurve를 추출합니다. ❶서피스는 지웁니다.

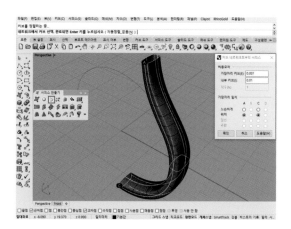

㉟ NetworkSrf 명령으로 그림과 같이 커브를 선택하고 서피스를 만듭니다.

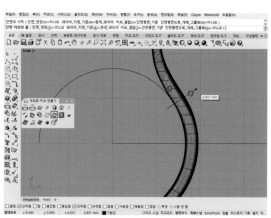

㊱ Front 뷰에서 Section 명령으로 ❶서피스를 선택하고 ❷섹션 커브를 만듭니다.

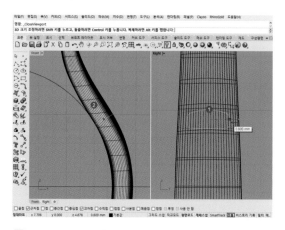

㊲ Right 뷰에서 ❶커브를 선택하고 검볼의 크기 조정 핸들을 사용해 0.8mm 되도록 줄입니다. ❷서피스를 선택하고 Hide 명령으로 숨깁니다.

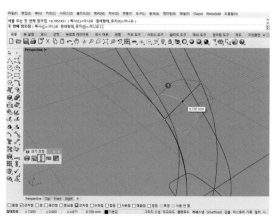

㊳ Scale1D 명령으로 ❶커브를 선택하고 교차점을 참조해서 크기를 0.7mm 정도 줄입니다.

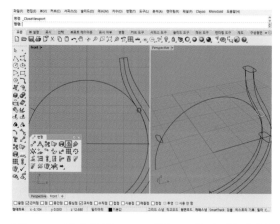

㊴ Front 뷰에서 Mirror 명령으로 ❶커브를 원점을 기준으로 대칭 복사합니다.

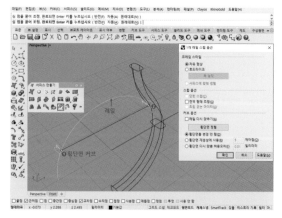

㊵ Sweep1 명령으로 레일과 ❶과 ❷횡단면 커브를 선택해 서피스를 만듭니다.

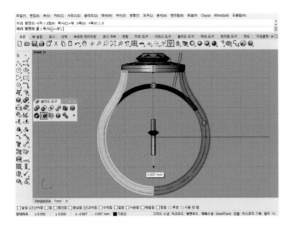

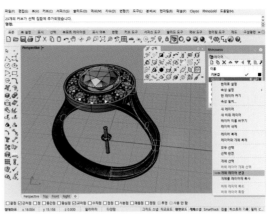

41 💡 Show 명령으로 오브젝트를 보이게 합니다. Front 뷰에서 🔲 Mirror 명령으로 ❶ 서피스를 원점에서 대칭 복사합니다. ❷ 서피스를 선택하고 🔲 Cap 명령으로 솔리드로 만듭니다.

42 🔲 SelCrv 명령을 커브들을 선택하고 🔲 Layer 명령으로 선택된 커브들을 "레이어 01"로 변경하고 레이어는 끕니다.

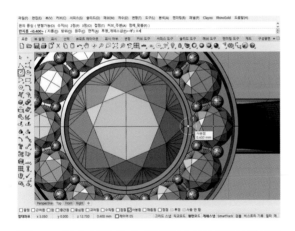

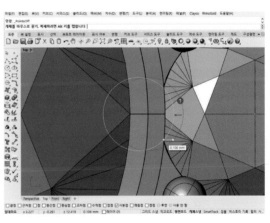

43 🔲 Top 뷰에서 ⭕ Circle 명령으로 사분점에서 반지름이 0.4mm인 원을 만듭니다.

44 ❶ 원을 좌측으로 0.1mm 정도 이동합니다.

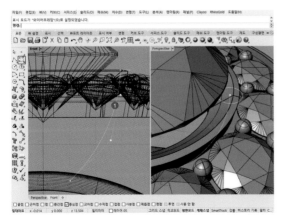

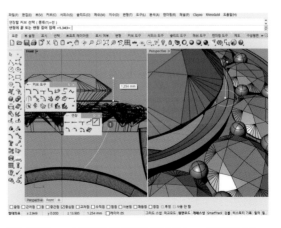

45 Front 뷰에서 🔲 Curve 명령으로 원의 중심점에서 시작하는 ❶ 선을 만듭니다.

46 🔲 Extend 명령으로 ❶ 커브를 1.25mm 연장합니다.

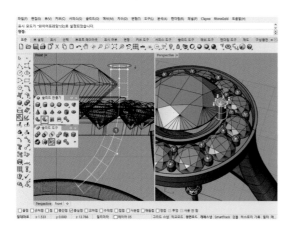

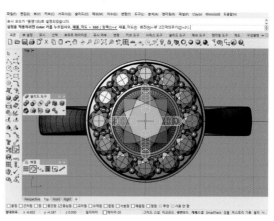

47 🐾 Pipe 명령으로 ❶선을 선택해 0.4mm인 파이프를 만듭니다. 🦐 ExtractSrf 명령으로 파이프의 반구를 떼어내 아래 반구는 지웁니다. 위쪽 반구의 제어점을 아래로 약간 이동합니다. 🦐 Join 명령으로 파이프를 결합합니다.

48 🌀 ArrayPolar 명령으로 ❶오브젝트를 4개 360° 회전합니다. 🖉 Rotate 명령으로 4개의 Prong(발)을 선택하고 원점을 기준으로 45° 회전합니다.

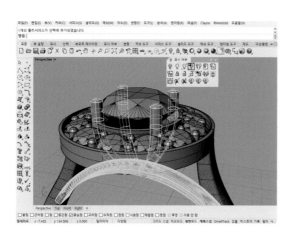

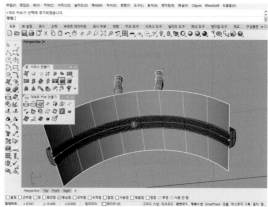

49 오브젝트를 그림처럼 선택하고 🖐 Isolate 명령으로 나머지 오브젝트는 숨깁니다.

50 🔖 DupEdge 명령으로 ❶Seam를 선택해 엣지를 추출합니다. 🞕 ExtrudeCrv 명령으로 ❶커브를 양방향으로 4mm 돌출합니다.

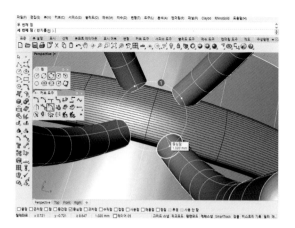

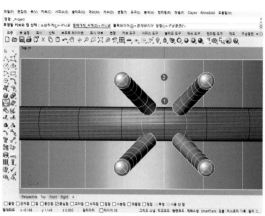

51 ⬡ Circle 명령으로 3개 파이프의 중심점을 지나는 ❶원을 만듭니다. Top 뷰에서 ⤵ Offset 명령으로 안쪽으로 0.05mm 간격을 띄우고 ❶원은 지웁니다.

52 🗄 Project 명령으로 ❶원을 ❷서피스에 **투영**합니다.

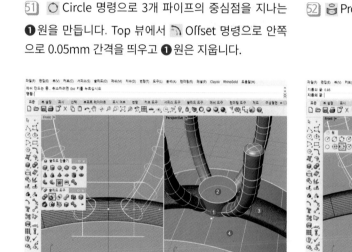

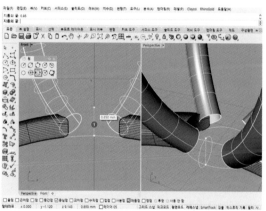

53 🗏 ExtrudeCrv 명령으로 ❶원을 양방향으로 1mm 돌출합니다. 🗨 BooleanDifference 명령으로 ❸오브젝트에서 ❷오브젝트를 뺍니다. ❶❹오브젝트는 지웁니다.

54 Front 뷰에서 ⬡ Circle 명령으로 매듭점을 기준으로 수직으로 지름이 0.85mm인 원을 만듭니다.

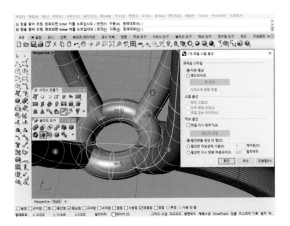

55 ⟨아이콘⟩ Sweep1 명령으로 레일과 횡단면 커브를 선택하여 서피스를 만듭니다. ❶❷❸❹ 오브젝트를 선택하고 ⟨아이콘⟩ Cap 명령으로 솔리드를 만듭니다.

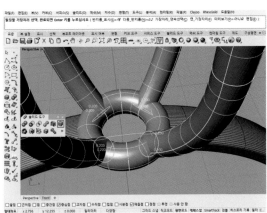

56 ⟨아이콘⟩ FilletEdge 명령으로 엣지를 선택하고 0.2mm 필렛합니다. ⟨아이콘⟩ Show 명령으로 오브젝트를 모두 보이게 합니다.

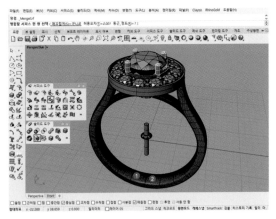

57 ⟨아이콘⟩ MergeSrf 명령으로 ❶과 ❷ 서피스를 병합한 후 ⟨아이콘⟩ Cap 명령으로 솔리드로 만듭니다.

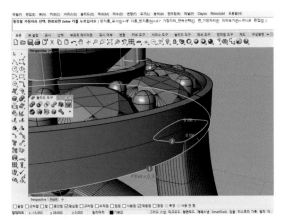

58 ⟨아이콘⟩ FilletEdge 명령으로 엣지를 선택하여 각각 0.3mm와 0.1mm 필렛을 합니다.

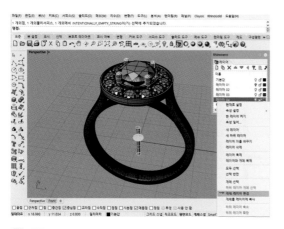

59 ⬙ Layer 명령 후 스톤과 커터를 선택하고 "레이어 04"로 변경 후 레이어는 끕니다.

60 ⬤ Shade 명령으로 결과물을 확인합니다.

반올림　　Halo 반지의 구조

Halo 반지의 구조는 그림과 같습니다.

Fashion 반지 만들기

이 장에서는 다양한 패션 반지 만드는 방법에 대해서 알아보겠습니다.

Loft를 활용한 반지 만들기

Loft 명령을 활용하여 반지는 방법과 필렛 방법을 알아보겠습니다.

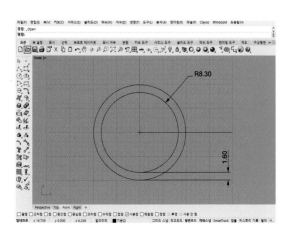

1 📂 Open 명령으로 "loft_ring.3dm" 파일을 불러옵니다.

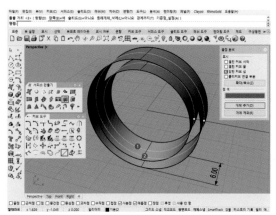

2 🗔 ExtrudeCrv 명령으로 양방향으로 3mm 돌출합니다. ✏ ShowEnds 명령으로 ❶과 ❷ 원의 Seam(이음새)을 확인합니다.

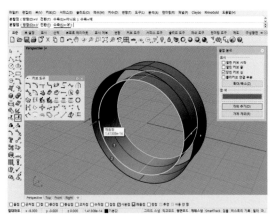

3 ⬚ Split 명령으로 ❶과 ❷ 서피스의 사분점(화살표 지점)을 자릅니다.

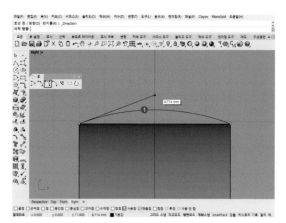

4 ⌐ Arc 명령으로 ❶호를 만듭니다.

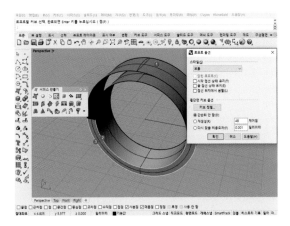

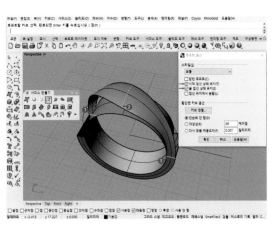

⑤ ❶ 서피스는 지웁니다. ☒ Loft 명령으로 ❷와 ❸ 엣지를 선택하여 서피스를 만듭니다. 반대편도 Loft로 서피스를 만듭니다.

⑥ ☒ Loft 명령으로 ❶엣지 ❷호 ❸엣지 순으로 커브를 선택하여 서피스를 만듭니다.

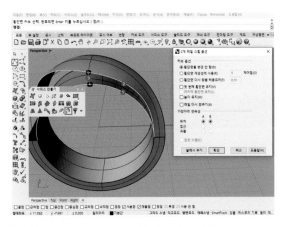

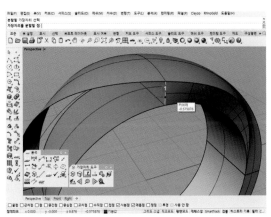

⑦ ⋀ Polyline 명령으로 ❸ 선을 만듭니다.

⛉ Sweep2 명령으로 ❶과 ❷레일을 선택하고 ❸횡단면 커브를 선택하여 서피스를 만듭니다.

⑧ ⬔ SplitEdge 명령으로 ❶엣지의 화살표 지점을 자릅니다.

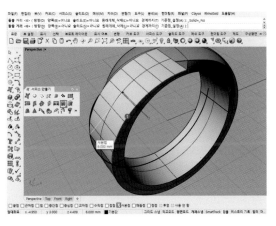

⑨ ⬙ ShowEdge 명령으로 ❹ 서피스를 선택하면 잘린 엣지를 확인할 수 있습니다. ⬙ Sweep1 명령으로 ❶ 레일 ❷와 ❸엣지를 선택하여 서피스를 만듭니다.

⑩ ⬛ ExtrudeCrv 명령으로 ❶엣지를 반대편 사분점까지 돌출합니다.

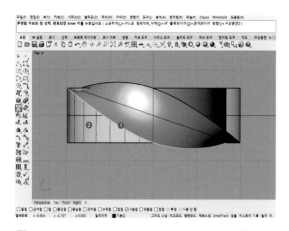

⑪ Top 뷰에서 🦴 Project 명령으로 ❶엣지를 ❷서피스에 투영합니다.

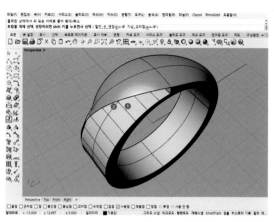

⑫ 🪚 Trim 명령으로 ❶커브를 경계로 ❷서피스를 선택해 지웁니다.

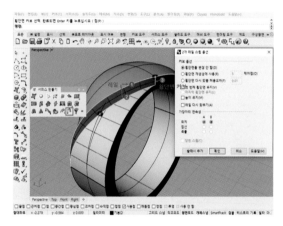

⑬ 🔧 Sweep2 명령으로 ❶과 ❷레일을 선택하고 ❸횡단면 커브를 선택해 서피스를 만듭니다.

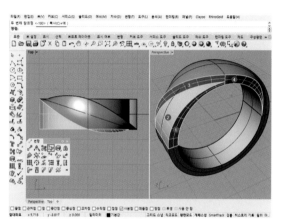

⑭ 🔄 Rotate 명령으로 ❶❷❸❹ 서피스를 Top 뷰에서 원점을 기준으로 180° 회전 복사합니다.

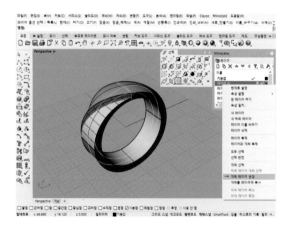

⑮ 🖌️ SelCrv 명령으로 커브들을 선택하고 🖌️ Layer 명령으로 선택한 커브를 "레이어 01"로 변경하고 레이어는 끕니다.

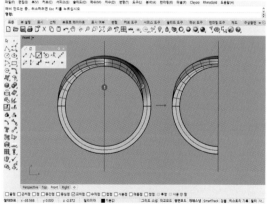

⑯ 📏 Line 명령으로 ❶선을 원점에서 만듭니다. 🪚 Trim 명령으로 ❶선을 경계로 ❷서피스를 선택해 지웁니다.

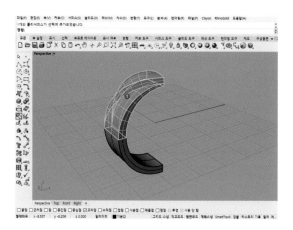

⑰ Join 명령으로 ❶ 서피스들을 결합합니다. 아래 서피스들도 선택해서 결합합니다.

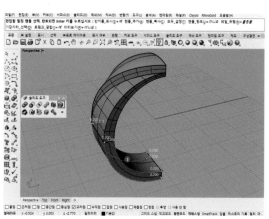

⑱ FilletEdge 명령으로 엣지를 선택해 0.2mm 필 렛합니다. Hide 명령으로 ❶ 오브젝트는 숨깁니다.

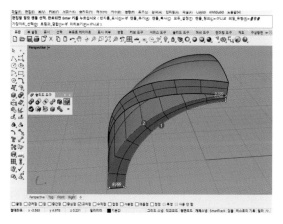

⑲ FilletEdge 명령으로 ❶과 ❷ 엣지를 선택해 0.2mm 필렛합니다.

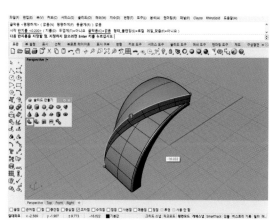

⑳ Pipe 명령으로 ❶ 엣지를 선택해 반지름이 0.2 mm 파이프를 만듭니다. 끝막음은 하지 않습니다.

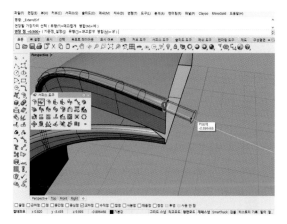

㉑ ExtendSrf 명령으로 파이프의 ❶ 엣지를 선택해 0.5mm 연장합니다.

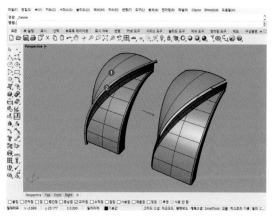

㉒ Split 명령으로 ❶ 오브젝트를 ❷ 파이프를 지웁 니다. 파이프와 파이프로 잘린 서피스를 지웁니다.

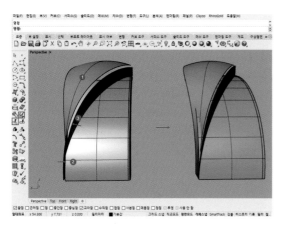

23 ❶오브젝트를 선택하고 ⟋ Explode 명령으로 서피스를 분해합니다. ⟪ Untrim 명령으로 각각 ❷서피스 엣지와 ❸ 서피스 엣지를 언트림합니다.

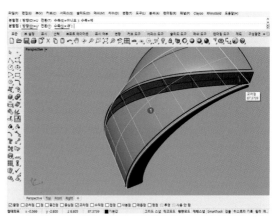

24 ⟨⟩ Split 명령으로 ❶ 서피스를 U 방향으로 화살표가 있는 교차점을 자르고 필요 없는 잘린 서피스는 지웁니다.

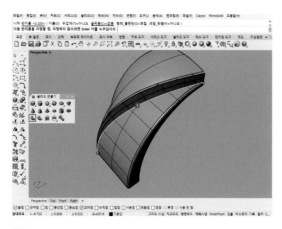

25 ⟨⟩ Pipe 명령으로 ❶ 엣지를 선택해 반지름이 0.2mm 파이프를 만듭니다. 끝막음은 하지 않습니다.

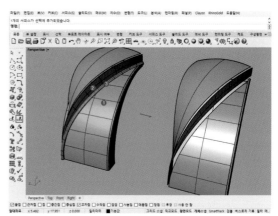

26 ⟨⟩ Split 명령으로 ❶과 ❷ 서피스를 ❸ 파이프로 자릅니다. 필요 없는 서피스는 지웁니다.

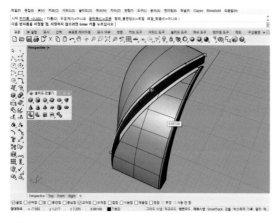

27 ⟨⟩ Pipe 명령으로 ❶엣지를 선택해 반지름이 0.2 mm 파이프를 만듭니다. 끝막음은 하지 않습니다.

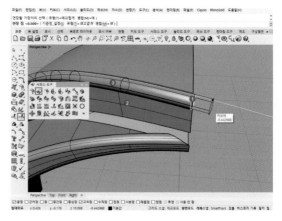

28 ⟨⟩ ExtendSrf 명령으로 파이프의 ❶ 엣지를 0.5mm 연장합니다. ⟨⟩ Split 명령으로 ❷ 서피스를 ❸ 파이프로 자릅니다.

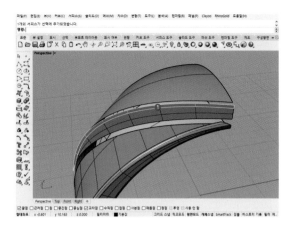

㉙ 잘린 ❶ 서피스를 선택해 지웁니다.

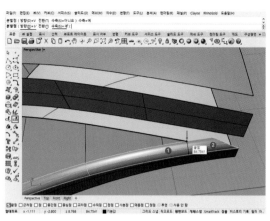

㉚ Split 명령으로 ❶ 서피스를 U 방향으로 화살표 지점의 끝점에 맞춰 서피스를 자릅니다. 잘린 ❷ 서피스는 지웁니다.

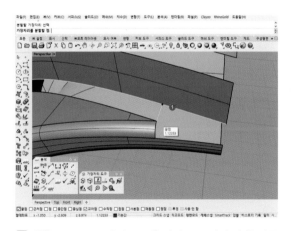

㉛ SplitEdge 명령으로 ❶ 엣지를 끝점에 맞춰 자릅니다.

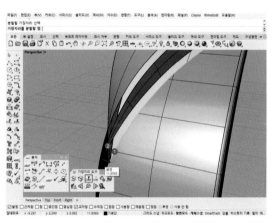

㉜ SplitEdge 명령으로 ❶ 엣지를 ❷ 서피스의 끝점에 맞춰 자릅니다.

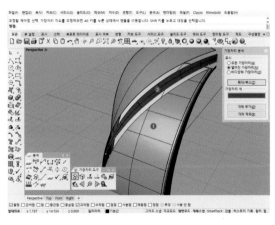

㉝ ShowEdge 명령으로 ❶ 과 ❷ 서피스의 엣지가 맞게 잘렸는지 확인합니다.

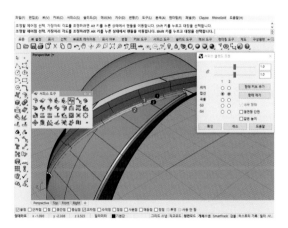

㉞ BlendSrf 명령으로 ❶ 과 ❷ 엣지를 선택해 서피스를 만듭니다.

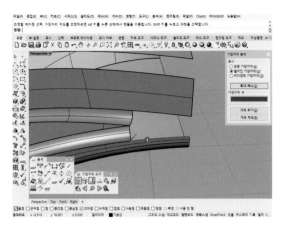

㉟ ShowEdge 명령으로 ❶ 서피스의 가장자리 엣지를 확인하고 ↳ Split 명령으로 ❶ 엣지의 끝점(화살표)을 자릅니다.

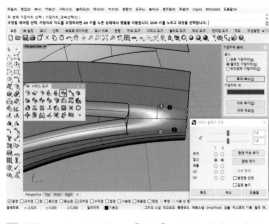

㊱ BlendSrf 명령으로 ❶과 ❷ 엣지를 선택해 서피스를 만듭니다.

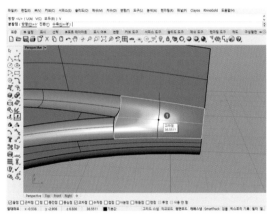

㊲ Split 명령으로 ❶ 서피스를 V 방향으로 교차점(화살표)을 자릅니다.

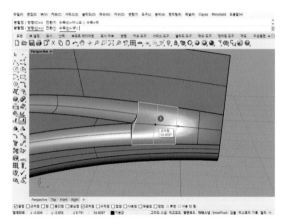

㊳ Split 명령으로 ❶ 서피스를 U 방향으로 교차점(화살표)을 자릅니다.

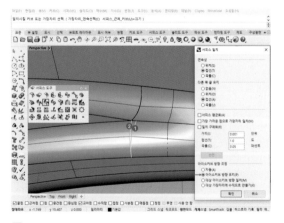

㊴ MatchSrf 명령으로 ❶과 ❷ 엣지를 선택해 서피스 일치합니다. 다른 부분도 MatchSrf 명령으로 엣지를 선택해 서피스 일치합니다.

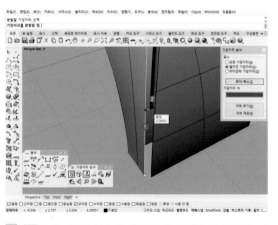

㊵ Split 명령으로 ❶ 엣지의 ❷ 서피스의 끝점을 기준으로 자릅니다.

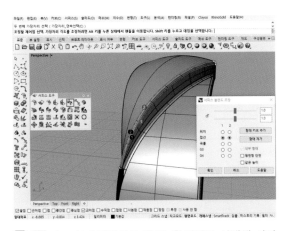

41 🖑 BlendSrf 명령으로 ❶과 ❷엣지를 선택해 서피
스를 만듭니다.

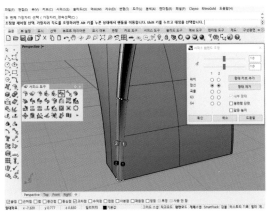

42 🖑 BlendSrf 명령으로 ❶과 ❷엣지를 선택해 서피
스를 만듭니다.

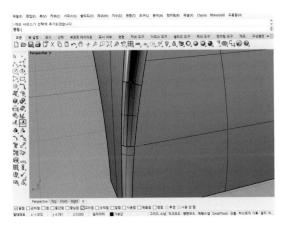

43 ✑ Split 명령으로 U 방향과 V 방향으로 화살표 지
점을 기준으로 자릅니다.

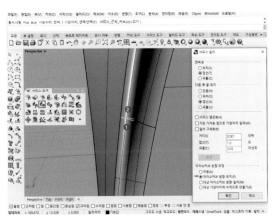

44 🖑 MatchSrf 명령으로 ❶과 ❷엣지를 선택해 서피
스 일치합니다. 다른 부분도 MatchSrf 명령으로 엣지를
선택해 서피스 일치합니다.

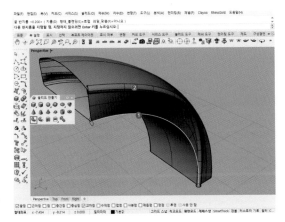

45 🖑 Pipe 명령으로 ❶과 ❷엣지를 선택해 반지름이
0.2mm 파이프를 만듭니다. 끝막음은 하지 않습니다.

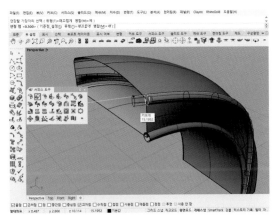

46 ✑ ExtendSrf 명령으로 ❶엣지를 선택해 0.5mm
연장합니다.

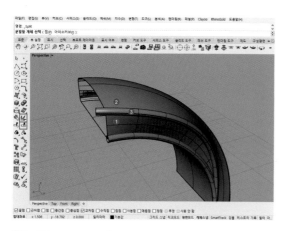

47 Explode 명령으로 서피스를 분해합니다. Split 명령으로 ❶과 ❷ 서피스를 ❸ 파이프로 자릅니다.

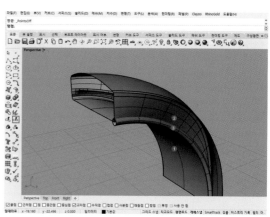

48 Split 명령으로 ❶과 ❷ 서피스를 ❸ 파이프로 자릅니다.

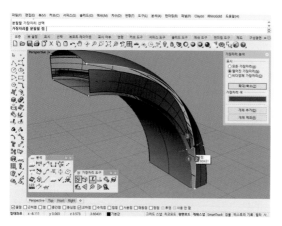

49 파이프로 자른 필요 없는 부분의 서피스를 지웁니다. SplitEdge 명령으로 ❶과 ❷ 엣지를 각각 ❸ 서피스의 끝점에 맞춰 자릅니다.

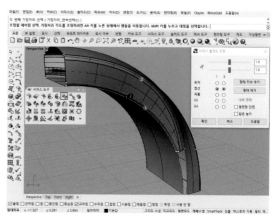

50 BlendSrf 명령으로 ❶과 ❷ 서피스를 만듭니다.

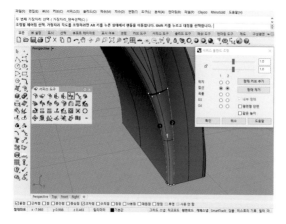

51 BlendSrf 명령으로 ❶ 서피스를 만듭니다.

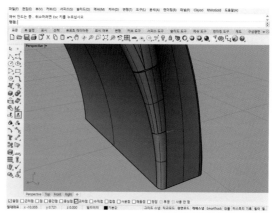

52 Split 명령으로 화살표 지점의 교차점을 U, V 방향으로 각각 자릅니다.

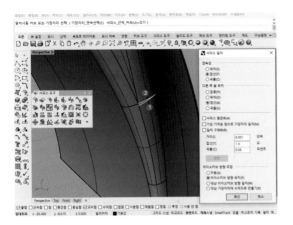

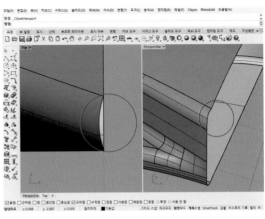

53 MatchSrf 명령으로 ❶과 ❷엣지를 선택해 서피스 일치합니다. 다른 부분도 MatchSrf 명령으로 엣지를 선택해 서피스 일치합니다.

54 Top 뷰에서 보면 빨간 원 부분의 서피스가 짧습니다.

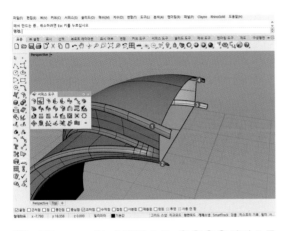

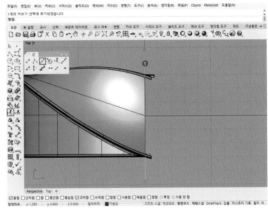

55 ExtendSrf 명령으로 ❶❷❸❹서피스를 0.5mm 씩 연장합니다.

56 Line 명령으로 원점에서 ❶선을 만듭니다. Trim 명령으로 ❶선을 경계로 튀어나온 우측의 서피스를 선택해 모두 지웁니다.

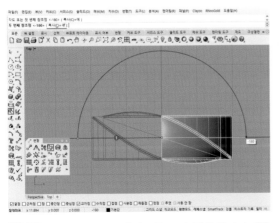

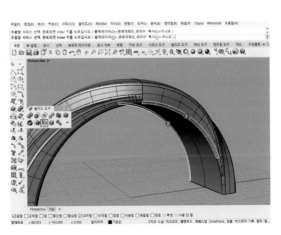

57 Join 명령으로 서피스를 모두 결합합니다. Rotate 명령으로 결합된 ❶서피스를 원점을 기준으로 180° 회전 복사합니다.

58 ExtractSrf 명령으로 ❶과 ❷서피스를 떼어내 지웁니다.

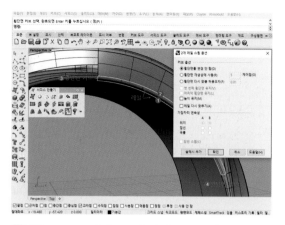

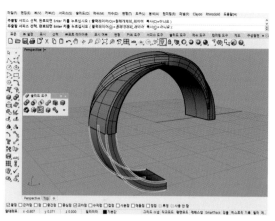

59 Sweep2 명령으로 ❶과 ❷레일과 ❸과 ❹횡단면 커브를 선택해 서피스를 만듭니다. 앞에서 지운 반대편도 Sweep2로 서피스를 만듭니다.

60 Show 명령으로 오브젝트를 보이게 합니다. ExtractSrf 명령으로 그림처럼 4개의 서피스를 떼어내 지웁니다.

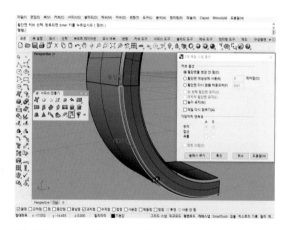

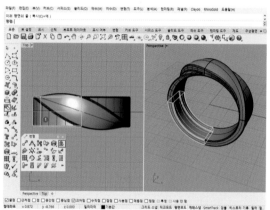

61 Sweep2 명령으로 레일과 횡단면 커브를 선택해 서피스를 만듭니다. 나머지 부분도 Sweep2 명령으로 서피스를 만듭니다.

62 Join 명령으로 ❶서피스들을 결합하고 Top 뷰에서 Mirror 명령으로 ❶오브젝트를 원점을 기준으로 대칭 복사합니다.

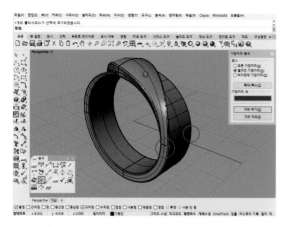

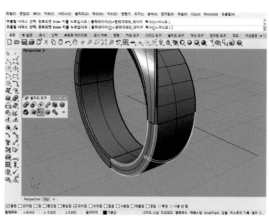

63 Ctrl + A (전체선택) 후 🗗 Join 명령으로 서피스들을 결합합니다. 🖉 ShowEdge 명령으로 ❶오브젝트를 선택해 떨어진 가장자리를 확인합니다. 빨간 원 부분이 엣지가 떨어져 있습니다.

64 🗊 ExtractSrf 명령으로 그림처럼 3개의 서피스를 떼어내 지웁니다.

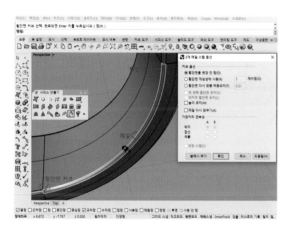

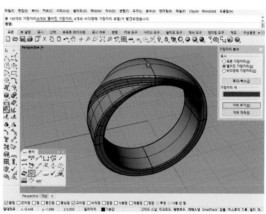

65 🗗 Sweep2 명령으로 레일과 횡단면 커브를 선택해 서피스를 만듭니다. 나머지 부분도 Sweep2 명령으로 서피스를 만듭니다.

66 Ctrl + A (전체선택) 후 🗗 Join 명령으로 서피스을 다시 결합합니다. 🖉 ShowEdge 명령으로 ❶오브젝트를 선택해 떨어진 가장자리가 있는지 확인합니다. 이상이 없습니다.

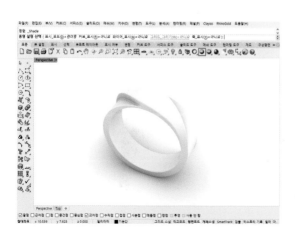

67 🌑 Shade 명령으로 결과물을 확인합니다.

Lesson 02 날개 반지 만들기

FlowAlongSrf 명령을 활용하여 오브젝트를 서피스에 배치하는 방법에 대해서 알아보겠습니다.

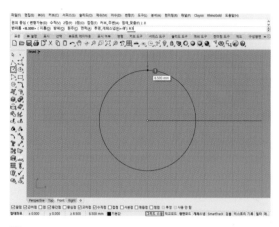

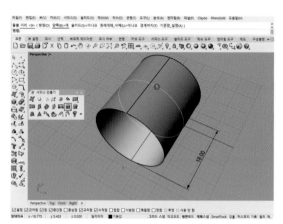

1 ⊙ Circle 명령으로 원점에서 반지름이 8.5mm인 ❶원을 만듭니다. 원을 만들 때 12시 방향(화살표)에 Seam이 생기도록 원을 만듭니다.듭니다. 원을 만들 때 12시 방향(화살표)에 Seam이 생기도록 원을 만듭니다.

2 🏛 ExtrudeCrv 명령으로 ❶원을 양방향으로 9mm 돌출합니다.

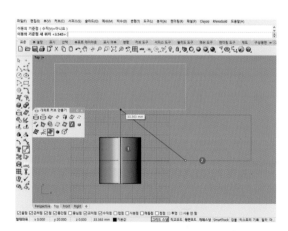

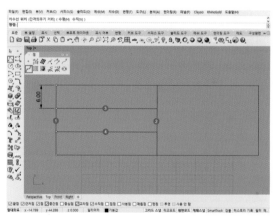

3 📇 CreateUVCrv 명령으로 ❶서피스를 선택해 ❷ UV커브를 만듭니다. ✏️ Move 명령으로 ❷UV선의 중간점을 기준으로 그리드의 중간지점으로 이동합니다.

4 ✂️ Explode 명령으로 UV선을 분해합니다. ⋀ Polyline 명령으로 ❷선을 만듭니다. ✏️ Divide 명령으로 ❶선을 3등분하는 Point(점)를 만듭니다. Polyline 명령으로 ❸과 ❹선을 (Shift) 키를 누르고 만듭니다.

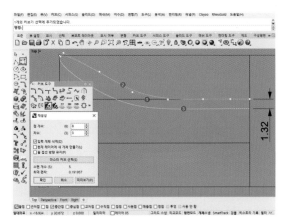

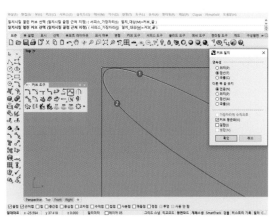

⑤ 🔲 Curve 명령으로 ❶선의 끝점을 시작점으로 설정
하고 ❷커브를 만듭니다. 🐾 Rebuild 명령으로 ❶커브의
제어점 수를 8개로 변경합니다. Curve 명령으로 ❷선의
끝점을 시작점으로 설정하고 ❸커브를 만듭니다. Rebuild
명령으로 ❸커브의 제어점 수만 8개로 만듭니다.

⑥ 〰 Match 명령으로 ❶과 ❷커브를 접선 일치 합니다.

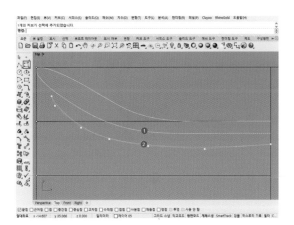

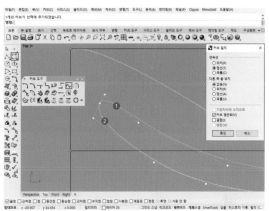

⑦ ❶커브를 Ctrl + C (복사) 합니다. 🔲 Curve 명령
으로 ❷선을 만듭니다. 🐾 Rebuild 명령으로 ❷커브의
제어점도 8개로 변경합니다. 새롭게 만든 커브는 모두
Rebuild 해서 제어점을 8개로 변경합니다.

⑧ ❶커브의 제어점들을 이동해 ❷커브의 끝점에 맞춘
뒤 〰 Match 명령으로 ❶과 ❷커브를 접선 일치 합니
다. 이와 같은 방법으로 나머지 커브들을 만듭니다. 복사
한 커브를 Ctrl + V (붙여넣기)합니다.

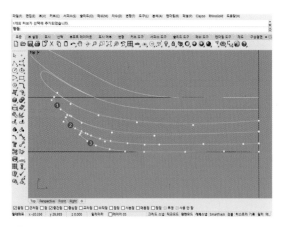

⑨ 앞에서 한 방법으로 커브들을 그림과 같이 만듭니다.
완성된 ❶❷❸ 커브입니다.

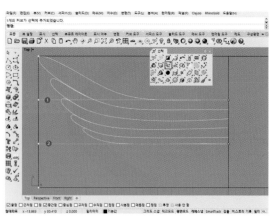

⑩ SelPt 명령으로 점들을 선택한 다음 (Shift) 키를
누르고 ❶과 ❷ 선을 선택하여 지웁니다.

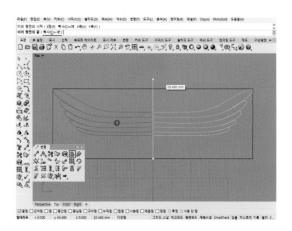

⑪ Mirror 명령으로 ❶ 선들을 대칭 복사합니다.

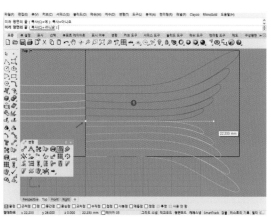

⑫ Mirror 명령으로 ❶ 선들을 화살표 지점의 끝점에
서 대칭 복사합니다.

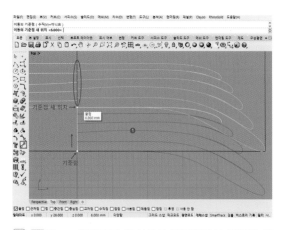

⑬ Move 명령으로 ❶ 선들을 기준점에서 기준점 새
위치까지 이동합니다. 빨간원 안의 선들의 끝점을 맞춰야
합니다.

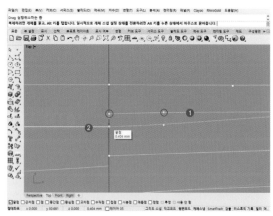

⑭ ❶ 커브의 제어점을 켜고 (F10) 두 제어점을 선택하
고 마우스로 드래그하여 ❷ 선의 끝점에 맞춥니다.

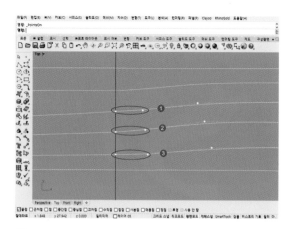

⑮ 나머지 ❶❷❸커브의 제어점들도 좌측 커브의 끝
점에 그림처럼 맞춥니다.

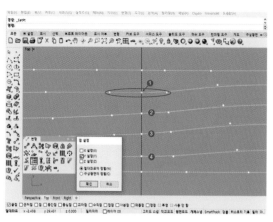

⑯ 커브의 제어점들을 켜고 제어점을 마우스로 선택합
니다. ⚏ SetPt 명령으로 점 설정을 Y로 설정하고 가운
데 ❶제어점에 수평으로 맞춥니다. 나머지 ❷❸❹커브
의 제어섬들도 같은 방법으로 수평 정렬합니다.

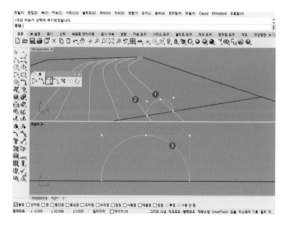

⑰ Right 뷰에서 ⌐ Arc 명령으로 ❶과 ❷커브의 끝점
에서 (Shift) 키를 누르고 ❸호를 만듭니다.

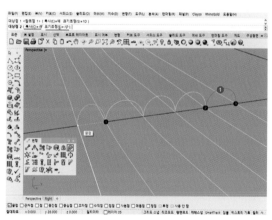

⑱ ◇ Orient 명령으로 ❶호를 참조점으로 설정하고 대
상점을 선택해 그림처럼 호를 배열합니다.

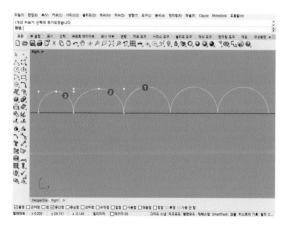

⑲ ❷와 ❸호의 제어점을 켜고 ❷호는 ❶커브보다 낮
게 ❸호는 ❷호 보다 낮게 제어점(제어점 3개)을 약간씩
내립니다.

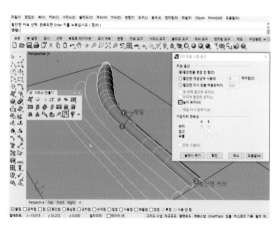

⑳ ⚏ Sweep2 명령으로 레일 ❶과 ❷을 선택한 다음
❸ 횡단면 커브를 선택하여 서피스를 만듭니다.

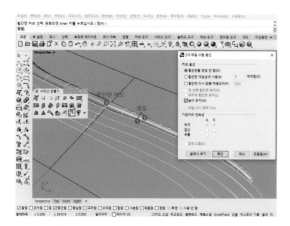

21 반대편 커브도 📌 Sweep2 명령으로 레일 ❶과 ❷을 선택한 다음 ❸ 횡단면 커브를 선택하여 서피스를 만듭니다.

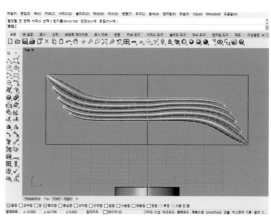

22 📌 Sweep2 명령으로 나머지 커브도 선택하여 그림 처럼 서피스를 만듭니다.

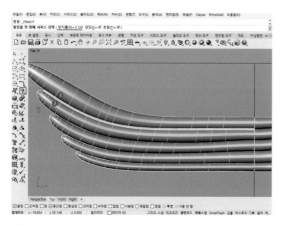

23 🔷 FilletSrf 명령으로 ❶과 ❷ 서피스를 선택해 필렛을 0.1mm합니다. 나머지 부분도 같은 방식으로 0.1mm 필렛을 합니다.

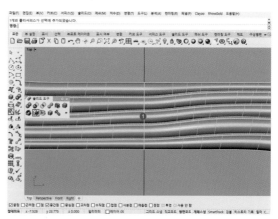

24 ❶ 서피스를 모두 선택하여 🔷 Join 명령으로 결합합니다. 결합된 ❶ 서피스를 선택하고 🔷 Cap 명령으로 솔리드로 만듭니다.

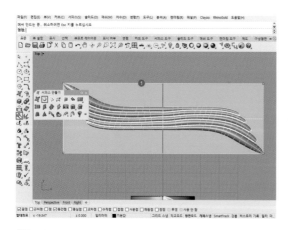

25 ❶선들을 모두 선택하고 🔷 Join 명령으로 결합합니다. 🔵 PlanarSrf 명령으로 ❶ 선을 선택하고 평면을 만듭니다.

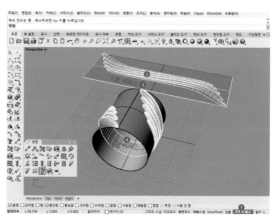

26 ❶히스토리 기록을 켭니다. 🔷 FlowAlongSrf 명령으로 ❷오브젝트 선택 후 ❸기본 서피스 ❹대상 서프스를 선택하여 서피스를 원기둥에 달라 붙게 만듭니다.

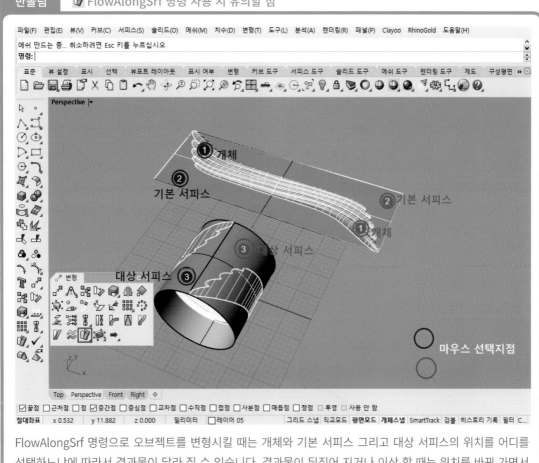

FlowAlongSrf 명령으로 오브젝트를 변형시킬 때는 개체와 기본 서피스 그리고 대상 서피스의 위치를 어디를 선택하느냐에 따라서 결과물이 달라 질 수 있습니다. 결과물이 뒤집어 지거나 이상 할 때는 위치를 바꿔 가면서 실행하기 바랍니다.

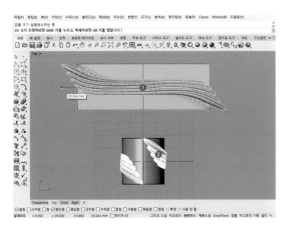

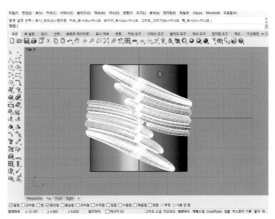

27) Top 뷰에서 ❶오브젝트를 선택하고 검볼의 크기 조정 핸들을 33mm 정도까지 늘립니다. 히스토리가 적용되어서 ❶오브젝트를 변경하면 ❷오브젝트도 바로 변경됩니다.

28) ❶ 서피스는 지웁니다.

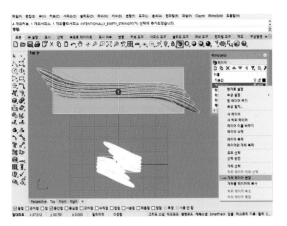
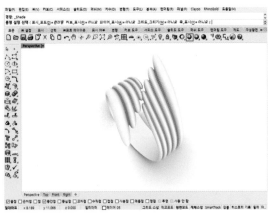

29 ❶ 오브젝트들을 마우스로 드래그하여 선택합니다.

🔰 Layer 명령을 실행하고 선택된 오브젝트들을 "레이어 01"로 변경하고 레이어는 끕니다.

30 🔵 Shade 명령으로 결과물을 확인합니다.

Lesson 03   Displacement(변위) Map 활용하여 반지 만들기

이미지맵을 활용해 Displacement Map을 적용하는 방법에 대해서 알아보겠습니다.

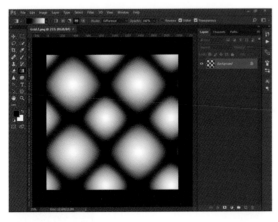

① 포토샵 CC 에서 File > Open 으로 "Grid2.png" 파일을 불러옵니다.

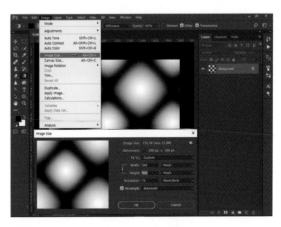

② Image > Image Size 항목을 선택하고 이미지 크기를 500×500로 만듭니다.

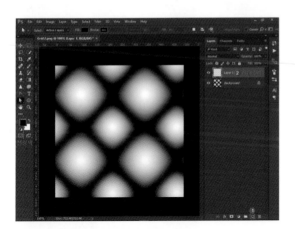

③ ❶아이콘을 클릭해서 새로운 레이어를 만듭니다. "Layer 1" ❷를 선택하고 Alt + Del (전경색으로 채움) 키로 전경색으로 색을 변경합니다.

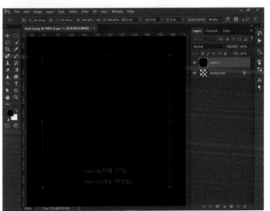

④ "Layer 1"가 선택된 상태에서 Ctrl + A (전체 선택) 합니다. Ctrl + T (자유 변형툴)로 변경합니다.

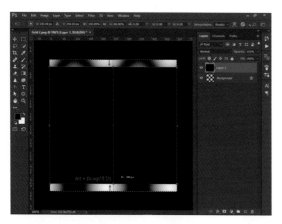

⑤ `Ctrl`+`T` (자유 변형툴)를 `Alt`+Drag 하여 크기를 대칭으로 444px 까지 줄이고 `Enter` 합니다.

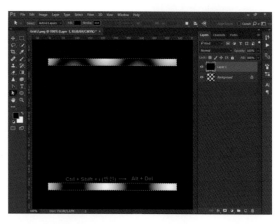

⑥ `Ctrl`+`Shift`+`I` (선택 반전)후 `Alt`+`Del` (전경색) 으로 변경합니다.

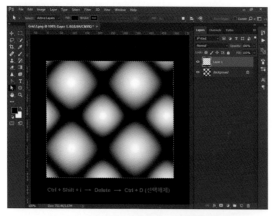

⑦ 다시 `Ctrl`+`Shift`+`I` (선택 반전)한 후 `Del` 키로 지웁니다. `Ctrl`+`I` (선택 해제)합니다.

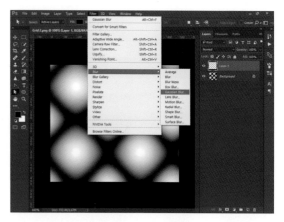

⑧ Filter > Blur > Gaussian Blur 항목을 선택합니다.

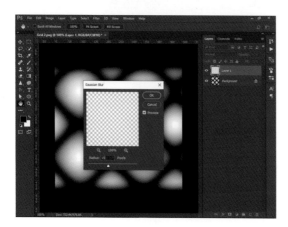

⑨ Gaussian Blur의 Radius(반경) = 15 로 변경합니다.

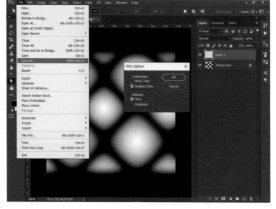

⑩ File > Save As 항목을 선택하고 "pattern01.png" 파일로 저장합니다. 포토샵을 종료합니다.

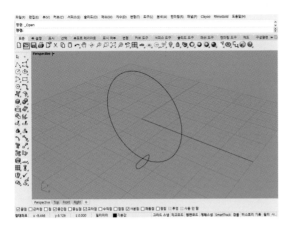

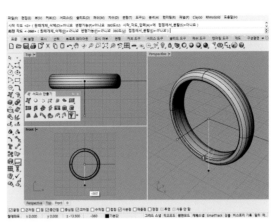

⑪ 📂 Open 명령으로 "displace_r.3dm" 파일을 불러
옵니다.

⑫ 🍥 Revolve 명령으로 ❶선을 원점을 중심으로
360° 회전합니다. 🖐 Flip 명령으로 서피스의 Normal
방향을 변경합니다.

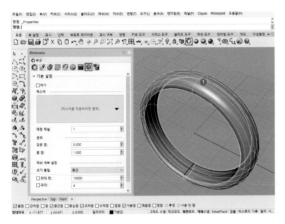

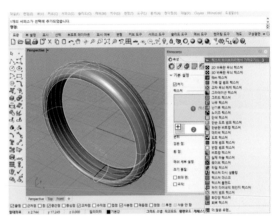

⑬ ❶서피스를 선택하고 ⚪ Properties 명령을 실행
후 🔵 Displacement 명령을 실행합니다.

⑭ ❶텍스처 항목을 선택한 후 ❷새로운 텍스처 만들
기를 선택하고 ❸텍스처 라이브러리에서 가져오기를 실
행합니다.

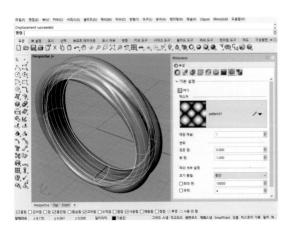

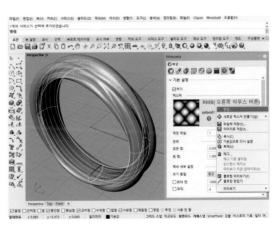

⑮ "pattern01.png" 이미지를 불러옵니다. 켜기 항목
을 활성화합니다.

⑯ ❶항목을 RMB 후 편집 항목을 선택합니다.

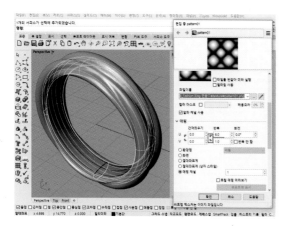

⑰ 매핑 > 반복에서 링크를 해제하고 "U = 6"으로 변경하고 확인을 선택합니다. 라이노 작업창을 한번 클릭하면 변경된 결과물을 확인할 수 있습니다.

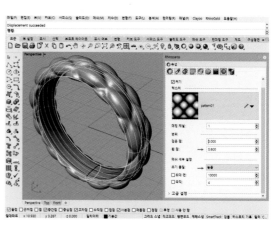

⑱ 변위 > 흰점을 0.6로 설정해 돌출 높이를 줄입니다. 메쉬 세부 설정 > 초기품질을 "높음"으로 변경합니다. 메쉬 설정은 컴퓨터 사양에 따라 렉이 발생할 수 있습니다.

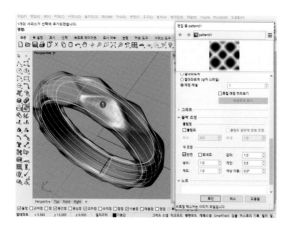

⑲ 편집 항목으로 이동해서 색 조정에서 반전을 체크하면 돌출을 바꿀 수 있습니다. 반전은 해제합니다. 🖉 Mesh 명령으로 ❶오브젝트를 선택하여 메쉬로 변환합니다. 시간이 걸리고 용량도 커지고 렉이 발생할 수 있으니 참고만 하시고 변환은 하지 말기를 바랍니다.

⑳ 🌑 Shade 명령으로 결과물을 확인합니다.

반올림　　Displacement map 사용 시 유의점

Displacement map은 이미지의 밝기에 따라 실제로 서피스가 변위되어 돌출됩니다. 검정색은 돌출이 안되고 흰색은 돌출 회색은 중간값을 표현합니다. Bump Map과는 달리 메모리와 용량을 많이 차지하므로 실제로 작업 시 문제점이 발생할 수 있습니다.

하트 반지 만들기

Flow 명령을 활용하여 하트 반지 만드는 방법에 대해서 알아보겠습니다.

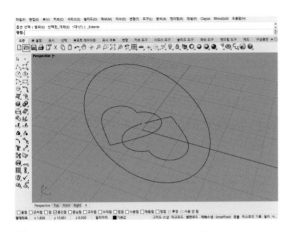

① 📂 Open 명령으로 "heart_r.3dm" 파일을 불러옵니다.

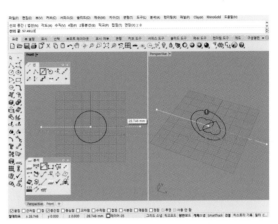

② 📈 Length 명령으로 ❶원의 길이를 측정합니다. Front 뷰에서 ✏ Line 명령으로 원점에서 57.491(원주)/2 입력하여 ❷선을 만듭니다.

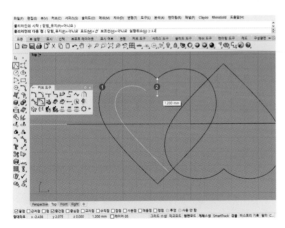

③ 🌀 Offset 명령으로 ❶커브를 1.2mm 간격을 띄웁니다. 🔺 Polyline 명령으로 길이가 1.2mm인 ❷선을 만듭니다.

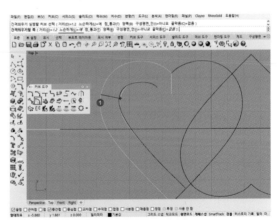

④ 🌀 Offset 명령으로 ❶커브를 1.2mm 간격을 띄웁니다. 옵션에서 "느슨하게＝예"로 설정하면 ❶커브와 제어점수가 같게 옵셋 되지만 오차가 발생합니다.

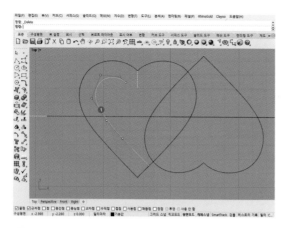

5 ❶커브의 제어점을 켜고 먼저 옵셋한 커브(하얀 선)에 최대한 맞게 제어점을 변경하고 하얀 선은 지웁니다.

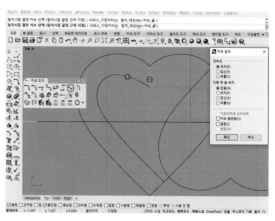

6 〰️ Match 명령으로 ❶커브와 ❷선을 커브 일치합니다.

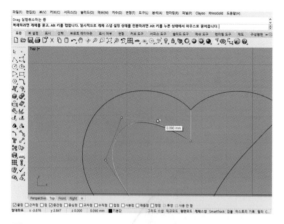

7 빨간 원의 제어점을 0.09mm 정도 올립니다.

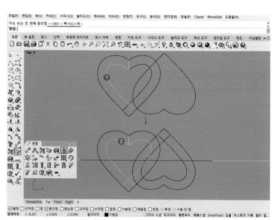

8 Mirror 명령으로 ❶커브를 대칭 복사합니다. Rotate 명령으로 ❷커브들을 원점을 기준으로 180° 회전 복사합니다.

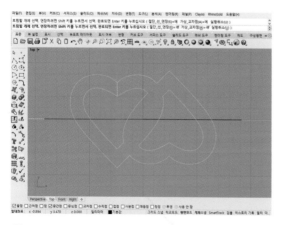

9 Trim 명령으로 모든 커브를 선택하고 필요 없는 부분을 그림처럼 지웁니다.

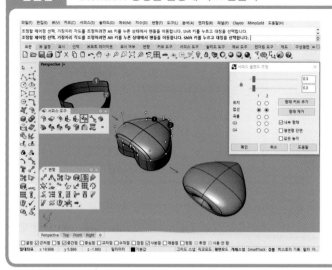

BlendSrf 명령으로 ❶과 ❷ 서피스의 엣지를 선택하여 서피스를 만들 수 있습니다. 만든 서피스를 Mirror 명령으로 대칭 복사합니다.

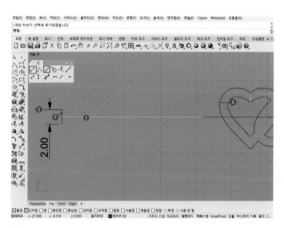

⑩ Line 명령으로 ❶선의 끝점에서 길이가 2mm인 ❷선을 만듭니다. Line 명령으로 ❸과 ❹선을 만듭니다.

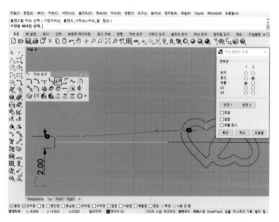

⑪ BlendCrv 명령으로 ❶선과 ❷선을 연결합니다.

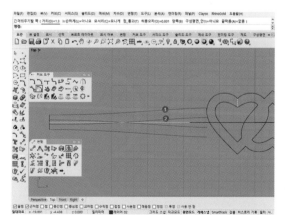

⑫ Offset 명령으로 ❶커브를 1.3mm 간격을 띄웁니다. Mirror 명령으로 ❶과 ❷커브를 대칭 복사합니다.

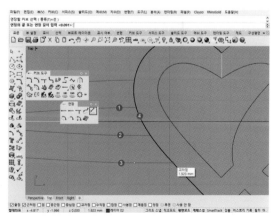

⑬ Extend 명령으로 각각 ❶❷❸커브를 ❹커브의 교차점까지 선을 연장합니다.

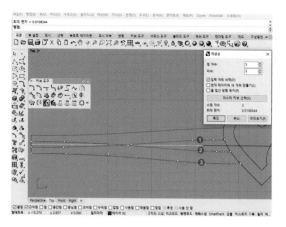

⑭ 🚲 Rebuild 명령으로 ❶❷❸커브를 점 개수 = 5, 차수 =3으로 변경합니다.

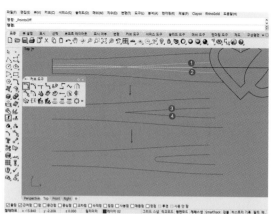

⑮ ✂ Trim 명령으로 ❶과 ❷커브를 경계로 필요 없는 부분을 선택해 지웁니다. ⌐ Fillet 명령으로 ❸과 ❹커브를 0.3mm 필렛합니다.

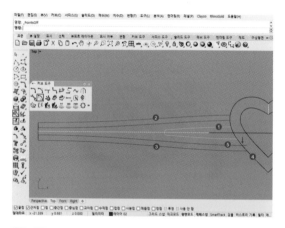

⑯ ⟋ Offset 명령으로 ❷❸커브는 0.6mm 필렛합니다. 🚲 Join 명령으로 ❶커브들은 결합합니다. ✂ Trim 명령으로 ❹선을 경계로 튀어나온 ❺선을 선택해 지웁니다.

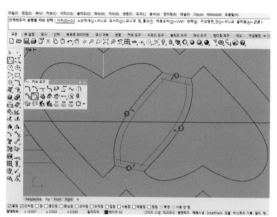

⑰ ∧ Polyline 명령으로 ❸과 ❹선을 만듭니다. ⟋ Offset 명령으로 ❶❷❸❹커브들을 0.3mm 간격을 띄웁니다.

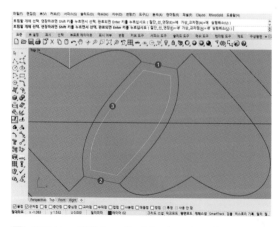

⑱ ✂ Trim 명령으로 ❸선을 만듭니다. ❶과 ❷선은 지웁니다.

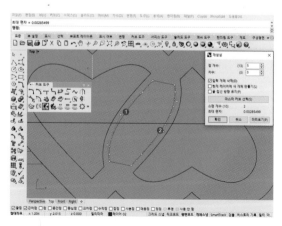

⑲ 🚲 Rebuild 명령으로 ❶과 ❷커브를 점 개수 = 5, 차수 =3으로 변경합니다.

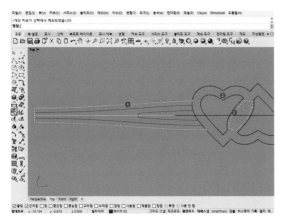

20 🖱 Join 명령으로 ❶선과 ❷선들을 결합합니다. ❸선은 지웁니다.

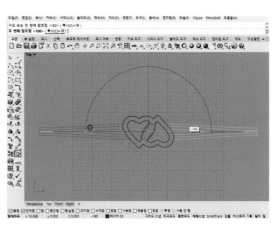

21 🖊 Rotate 명령으로 ❶커브들을 원점을 기준으로 180° 회전 복사합니다.

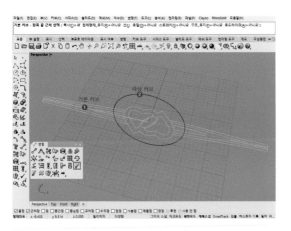

22 🖊 Flow 명령으로 커브(노란색)들을 선택 후 ❶기 본 커브(하얀 선) ❷대상 커브 순으로 선택합니다.

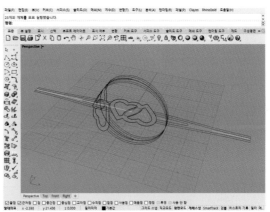

23 12시 방향에 배열될 커브가 9시 방향에 배열되었습 니다. 원인을 알아보겠습니다. Ctrl + Z (작업 취소)합 니다.

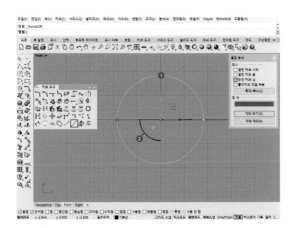

24 🖊 ShowEnds 명령으로 ❶원을 선택합니다. 닫힌 커브 심을 보면 3시 방향에 있습니다. 검볼의 ❷회전 핸 들을 클릭하여 선택된 원을 –90° 회전합니다.

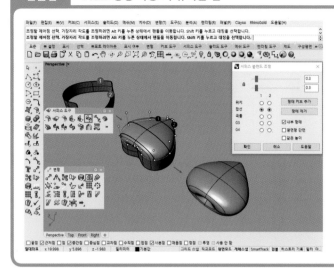

Flow 명령을 사용할 때는 기본 커브와 대상 커브의 길이가 같아야 왜곡이 많이 발생하지 않습니다. 기본 커브와 대상 커브의 선택 위치가 다르면 오브젝트가 뒤집히게 됩니다. 기본 커브를 왼쪽 선택했으면 대상 커브도 왼쪽을 선택해야 됩니다.

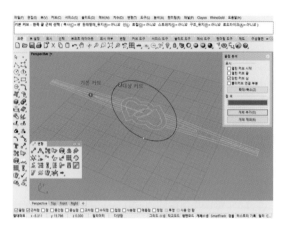

25   Flow 명령으로 커브(노란색)들을 선택 후 ❶기본 커브(하얀 선) ❷대상 커브 순으로 선택합니다.

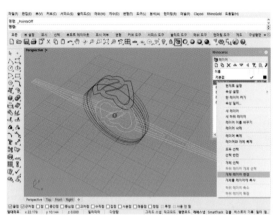

26   Layer 명령으로 선택한 ❶커브들을 "Layer 01"로 변경하고 레이어는 끕니다.

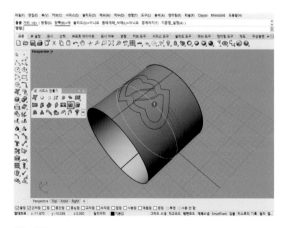

27   ExtrudeCrv 명령으로 ❶원을 양방향으로 8mm 돌출합니다. Lock 명령으로 ❶원을 잠급니다.

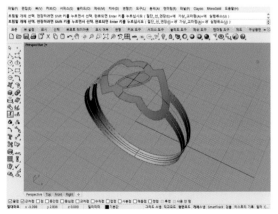

28   Trim 명령으로 커브 모두를 경계로 선택하고 그림처럼 필요 없는 서피스 영역을 선택해 지웁니다.

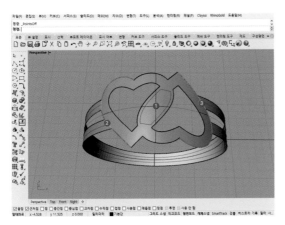

29 🖐 Split 명령으로 ❶ 서피스를 ❷와 ❸커브로 자릅니다.

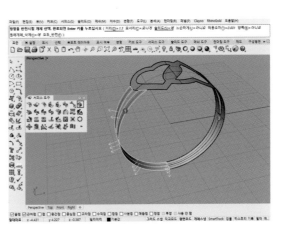

30 🐚 OffsetSrf 명령으로 ❶ 서피스를 1.5mm 두께를 가진 솔리드로 만듭니다. ❷ 서피스는 지웁니다.

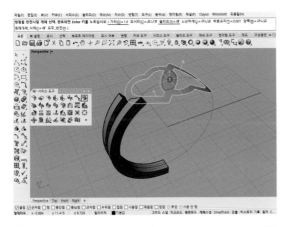

31 🐚 OffsetSrf 명령으로 ❶ 서피스를 1.8mm 두께를 가진 솔리드로 만듭니다.

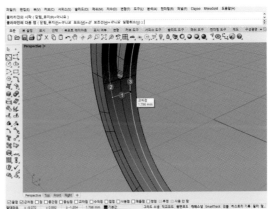

32 ⋀ Polyline 명령으로 ❷와 ❸커브 사이에 ❶선을 만듭니다.

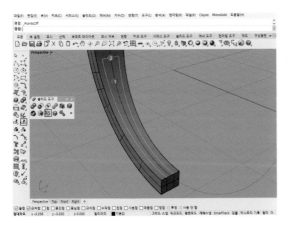

33 🎿 ExtractSrf 명령으로 ❶ 서피스를 떼어 냅니다. 🖐 Split 명령으로 ❶ 서피스를 ❷선으로 자릅니다.

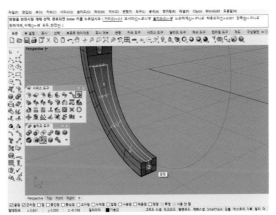

34 🐚 OffsetSrf 명령으로 ❶ 서피스를 바깥 방향으로 0.5mm 솔리드를 만듭니다. 🎿 ExtractSrf 명령으로 ❶ 과 ❷ 서피스를 떼어내 지웁니다.

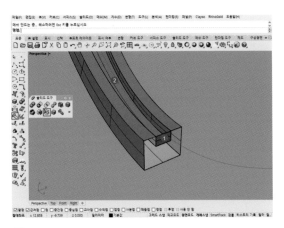

35 ▣ ExtractSrf 명령으로 ❶ 서피스를 떼어내 지웁니다.
서피스를 모두 선택하고 ▣ Join 명령으로 결합합니다.

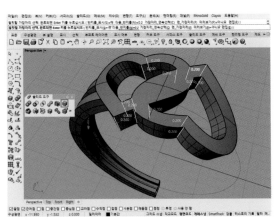

36 ▣ FilletEdge 명령으로 엣지를 선택해 0.2mm 필
렛합니다.

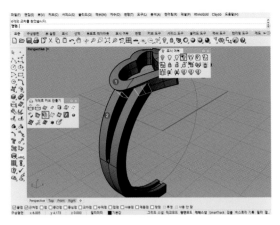

37 ▣ IntersectTwoSets 명령으로 ❶과 ❷오브젝트
의 교차선을 만듭니다. ▣ Isolate 명령으로 선택되지 않
는 오브젝트를 숨깁니다.

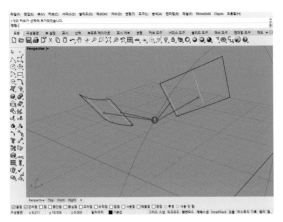

38 4개의 선을 선택해 지웁니다.

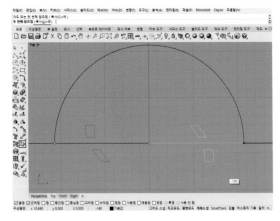

39 ▣ Rotate 명령으로 두 커브를 원점에서 회전 복사
합니다. ▣ Show 명령으로 오브젝트를 모두 보이게 합
니다.

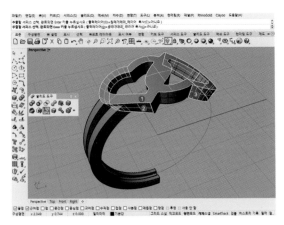

40 ▣ ExtractSrf 명령으로 ❶❷❸ 서피스를 떼어낸 후
▣ Hide 명령으로 ❶❷❸ 서피스를 숨깁니다.

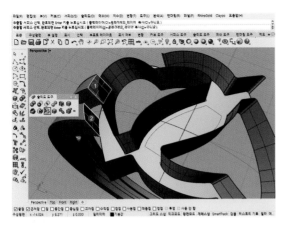

41 ExtractSrf 명령으로 ❶❷ 서피스를 떼어내 지웁니다. ◆ Show 명령으로 오브젝트를 모두 보이게 합니다.

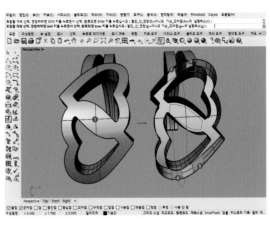

42 ❶ 서피스를 ◆ Hide 명령으로 숨깁니다. ◆ Trim 명령으로 ❷❸❹❺ 커브를 경계로 커브 안 서피스 영역을 선택해 지웁니다.

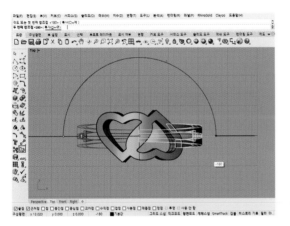

43 ◆ Show 명령으로 오브젝트를 보이게 합니다. ◆ Rotate 명령으로 ❶ 오브젝트를 원점을 기준으로 180° 회전 복사합니다.

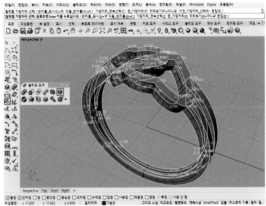

44 오브젝트를 Ctrl + A (전체 선택) 합니다. ◆ Join 명령으로 결합합니다. ◆ FilletEdge 명령 후 마우스로 엣지를 선택하고 0.1mm 필렛합니다.

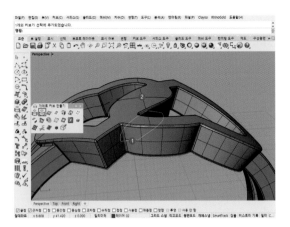

㊺ 🖰 Pull 명령으로 ❶커브를 ❷서피스의 Normal 방향으로 입사합니다.

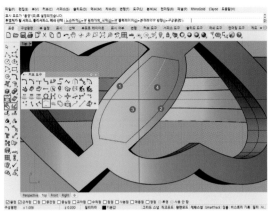

㊻ 입사 된 커브를 선택해 🗲 Explode 명령으로 커브를 분해합니다. 🗂 TweenCurves 명령으로 ❶과 ❷커브를 선택해 ❸중간 커브를 만듭니다. 🖲 Project 명령으로 ❸커브를 ❹서피스에 투영합니다.

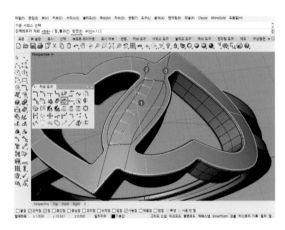

㊼ 🖉 OffsetCrvOnSrf 명령으로 ❶커브를 0.6mm 간격을 띄워 ❷와 ❸커브를 만듭니다.

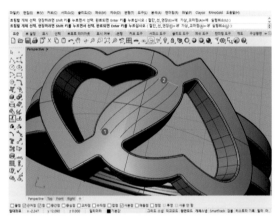

㊽ 🗡 Trim 명령으로 ❶과 ❷커브를 경계로 튀어나온 커브를 선택해 지웁니다.

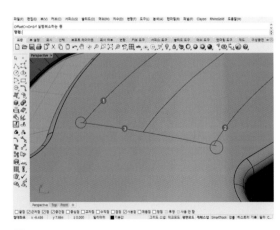

㊾ 화면을 확대합니다. 🗡 Trim 명령으로 ❶과 ❷커브를 경계로 해서 ❸커브의 튀어나온 부분을 선택해 지웁니다. 반대편도 Trim 합니다.

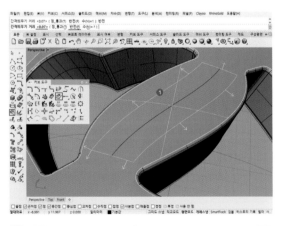

㊿ 🐾 Join 명령으로 ❶커브들을 결합합니다. 🖉 OffsetCrvOnSrf 명령으로 ❶커브를 0.07mm 간격을 띄웁니다.

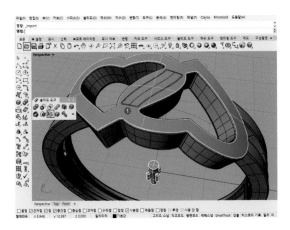

51 ⬚ ExtractSrf 명령으로 ❶ 서피스를 떼어냅니다. 📂
Import 명령으로 "cutter_p_1mm.3dm" 불러옵니다.

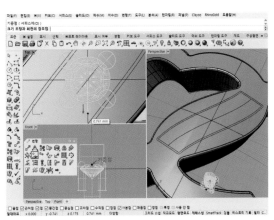

52 ✋ OrientOnSrf 명령으로 불러온 오브젝트를 선택
하여 기준점을 설정하고 회전의 참조점은 Top 뷰에서 6
시 방향으로 설정합니다.

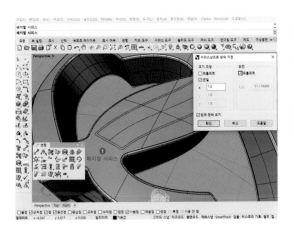

53 ❶ 배치할 서피스를 선택하고 옵션창에서 회전 > 프
롬프트를 체크합니다.

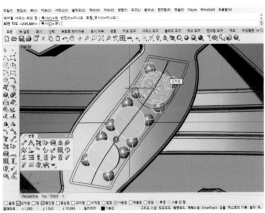

54 ❶ 커브의 중간점에 오브젝트를 배열하고 ❶ 커브를
따라 오브젝트를 배열하고 회전하여 그림처럼 만듭니다.

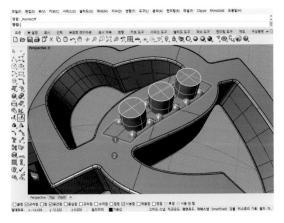

55 ⬚ Split 명령으로 ❷ 서피스를 ❶ 커브로 자릅니다.

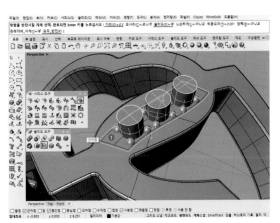

56 ⬚ OffsetSrf 명령으로 ❶ 서피스를 0.3mm 두께를
줍니다. ⬚ ExtractSrf 명령으로 ❶ 서피스를 떼어내 지
웁니다.

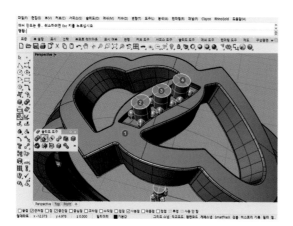

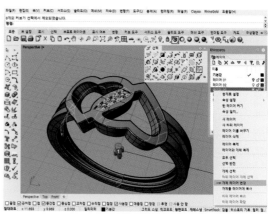

57 Ctrl + A (전체 선택)합니다. 🔧 Join 명령으로 오브젝트를 결합합니다. 🔩 BooleanDifference 명령으로 ❶ 오브젝트에서 ❷❸❹ 오브젝트를 뺍니다.

58 🔩 SelCrv 명령으로 커브를 선택하고 🔩 Layer 명령으로 선택한 커브들을 "레이어 05"로 변경하고 레이어는 끕니다. ❶ 오브젝트는 "레이어 04"로 변경하고 레이어는 끕니다.

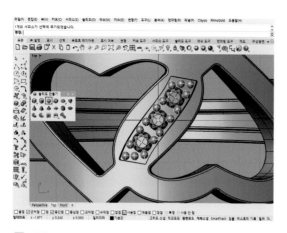

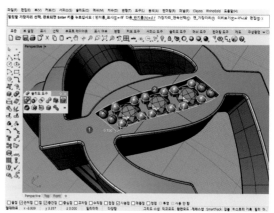

59 🔩 Sphere 명령으로 옆 Prong의 사분점에서 반지름이 0.2mm인 구를 만들고 그림처럼 배열합니다.

60 🔩 BooleanUnion 명령으로 ❶ 오브젝트와 Prong들을 결합합니다. 🔩 FilletEdge 명령으로 ❷ 엣지를 선택하고 0.1mm 필렛합니다.

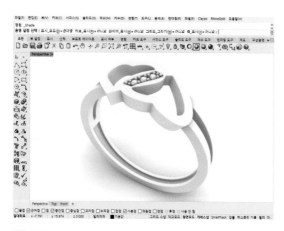

61 🔩 Shade 명령으로 결과물을 확인합니다.

Chapter

15

Rhino 3D Grasshopper 활용하기

이 장에서는 다양한 Grasshopper 플러그인을 활용하여 반지를 만드는 방법에 대해서 알아보겠습니다.

패턴 반지 만들기

Grasshopper와 Weaverbird를 활용하여 패턴 반지 만드는 방법에 대해서 알아보겠습니다.

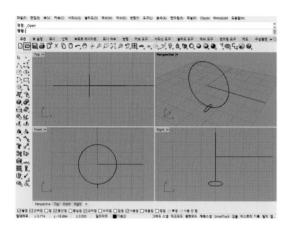

① 📂 Open 명령으로 "voronoi_ring_1.3dm" 파일을 불러옵니다.

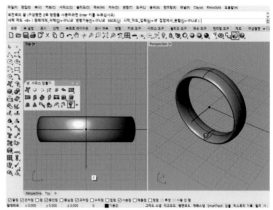

② 🍷 Revolve 명령으로 ❶커브를 원점을 기준으로 360° 회전하여 서피스를 만듭니다. 🌐 Grasshopper 명령을 실행합니다.

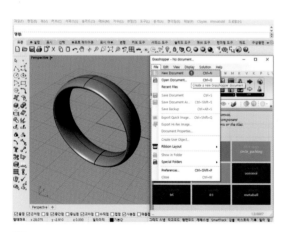

③ File > New Document ❶ 항목을 선택해 새 문서를 만듭니다.

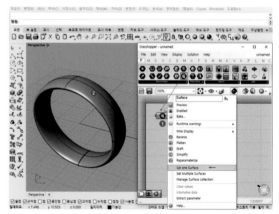

④ Params > Geometry > Surface (🔷) 컴포넌트를 캔버스에 드래그해 가져다 놓습니다. ❶ Surface 컴포넌트를 RMB(오른쪽 마우스 버튼) 클릭 후 "Set One Surface" 항목을 선택하고 ❷ 서피스를 선택합니다.

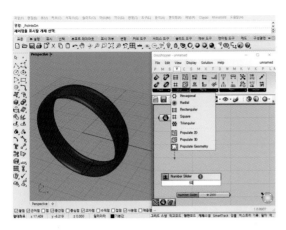

[5] Vector > Grid > Populate Geometry (⬡)컴포넌
트를 캔버스에 가저디 놓습니다. 캔버스를 LMB(왼쪽 마
우스 버튼)을 더블클릭하면 ❶ Number Slide를 만들 수
있습니다. "50"을 입력하면 0 < 50 < 100 까지의 정수값
이 설정됩니다. "2500" Number Slider도 만듭니다.

반올림   📥 Number Slider 알아보기

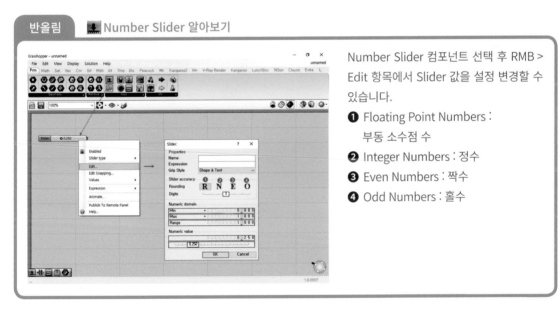

Number Slider 컴포넌트 선택 후 RMB >
Edit 항목에서 Slider 값을 설정 변경할 수
있습니다.

❶ Floating Point Numbers :
   부동 소수점 수

❷ Integer Numbers : 정수

❸ Even Numbers : 짝수

❹ Odd Numbers : 홀수

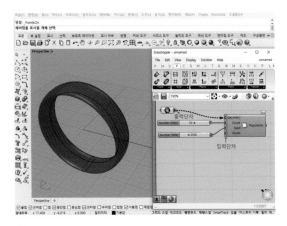

⑥ 각각의 컴포넌트 출력단자를 LMB 드래그하여 입력
단자에 맞게 연결합니다.

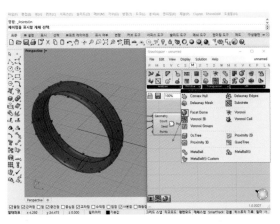

⑦ Mesh > Triangulation > Facet Dome( )컴포넌
트를 캔버스에 가져다 놓습니다.

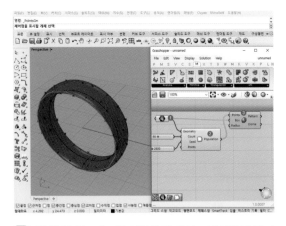

⑧ ❶❷❸컴포넌트를 연결하면 라이노 작업창에 결과
물이 나타납니다.

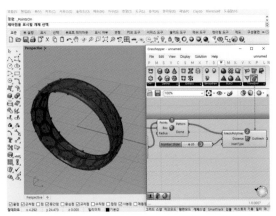

⑨ Wb > Transform > Weaverbird's Picture Frame
( )컴포넌트를 캔버스에 가져다 놓고 ❶❷❸컴포넌
트를 그림과 같이 연결합니다. ❸Number Slider는
"20"으로 만듭니다.

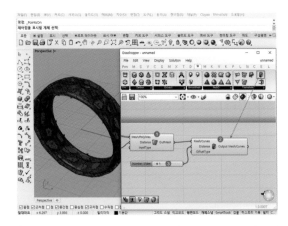

⑩ Wb > Transform > Weaverbird's Mesh Thiken ( )
컴포넌트를 캔버스에 가져다 놓습니다. ❸Number Slider
는 "1"로 만듭니다. ❶❷❸컴포넌트를 연결합니다.

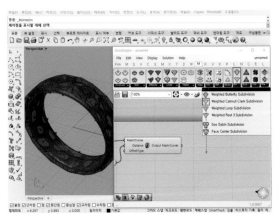

⑪ M+ > Smooth > Smooth > Weighted Catmull
Clark Subdivision ( ) 컴포넌트를 캔버스에 가져다
놓습니다.

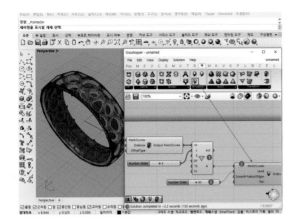

⑫ Wb > Smoothen > Weaverbird's Laplacian Smoothing (🐦)컴포넌트를 가져다 놓습니다. ❸ Number Slider는 "20"으로 만듭니다. ❶❷❸컴포넌트를 연결합니다.

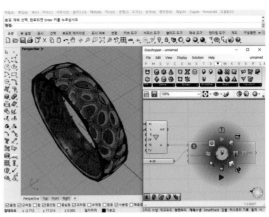

⑬ ❶Weaverbird's Laplacian Smoothing (🐦)컴포넌트를 선택하고 MMB(Middle Mouse Button)를 누른 후 🍞 Bake 컴포넌트를 선택하면 최종 결과물이 라이노 작업창에 만들어집니다.

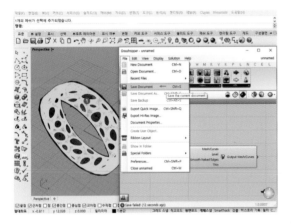

⑭ File > Save Document 항목을 선택해 Grasshopper 파일로 저장하고 그래스호퍼를 종료합니다.

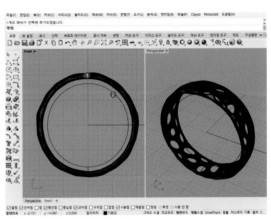

⑮ Front 뷰에서 ❶오브젝트가 ❷원보다 큽니다.

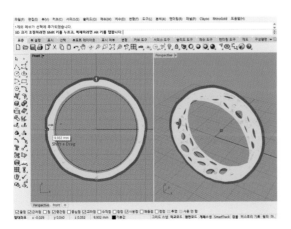

⑯ 검볼이 활성화 된 상태에서 ❶오브젝트를 선택합니다. 검볼 크기 조정 핸들을 안쪽으로 (Shift) + Drag로 9.93mm에 맞춥니다.

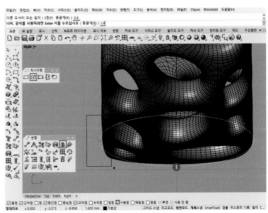

⑰ Right 뷰에서 ⊡ Rectangle 명령으로 ❶원의 사분점에서 0.8×1.6mm인 사각형을 만듭니다. ⬟ Mirror 명령으로 사각형을 원점을 기준으로 대칭 복사합니다.

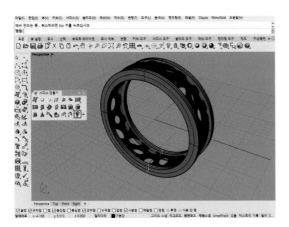

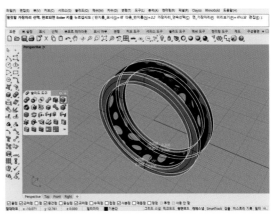

⑱ 🔑 Revolve 명령으로 두 사각형을 원점을 기준으로 360° 회전합니다.

⑲ 🔲 FilletEdge 명령으로 엣지를 선택하고 0.2mm 필렛합니다.

⑳ 🌑 Shade 명령으로 결과물을 확인합니다.

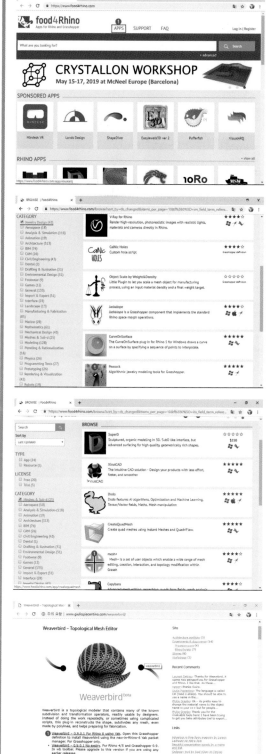

Grasshopper의 다양한 무료 플러그인들은 www.food4rhino.com 에서 가입 후 다운로드하여 설치할 수 있습니다.

① 가입 후 로그인 했으면 ❶APPS 메뉴를 클릭합니다.

② CATEGORY > Jewelry Design 항목을 체크합니다. Peacoak 프로그램을 다운 받아 설치합니다. 프로그램들이 많으니 페이지를 넘겨가면서 찾으면 됩니다.

③ CATEGORY > Meshes & Sub - d 항목을 체크합니다. ❶mesh +다운 받아 설치합니다.

④ Weaverbird 플러그인은 http://www.giuliopiacentino.com/weaverbird/ 사이트에 가서서 ❶항목을 선택해서 다운 받아 설치하면 됩니다.

Lesson 02 구를 활용한 패턴 반지 만들기

Grasshopper 명령을 활용하여 패턴 반지 만드는 방법에 대해서 알아보겠습니다.

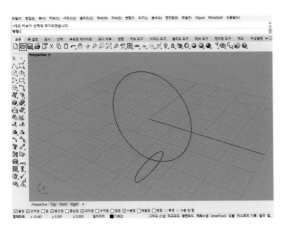

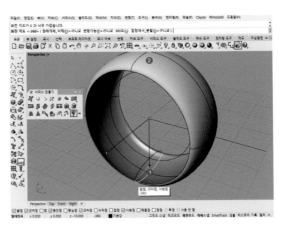

1 📂 Open 명령으로 "pattern_s.3dm" 파일을 불러옵니다.

2 🪔 Revolve 명령으로 ❶ 커브를 원점으로 360° 회전합니다. ❷ 서피스를 🔁 Flip 명령으로 서피스의 Normal 방향을 바꿔 바깥 면이 보이게 합니다. 🌐 Grasshopper 명령을 실행합니다.

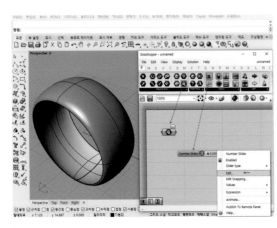

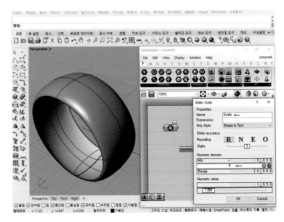

3 File > New Document 로 새 파일을 만듭니다. 🔷 Surface 컴포넌트와 ⬇ Number Slider 컴포넌트를 캔버스에 가져다 놓습니다. ❶ Number Slider를 선택하고 RMB 후 Edit(편집) 항목을 선택합니다.

4 Name 항목과 Max 항목을 각각 "Scale"과 "5"로 변경합니다.

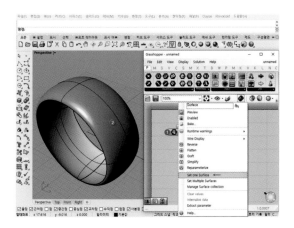

⑤ ❶ Surface 컴포넌트를 선택합니다. RMB 후 "Set One Surface" 항목을 선택하고 ❷ 서피스를 선택합니다. 💡 Hide 명령으로 ❷ 서피스를 숨깁니다.

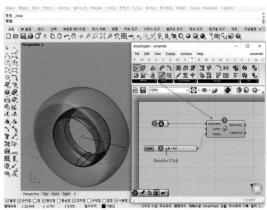

⑥ Transform >Affine 그룹의 🔧 Scale 컴포넌트를 캔버스로 드래그 합니다. ❶ Scale 슬라이더를 더블클릭 후 "1.650"을 입력하고 (Enter) 합니다. ❶❷❸ 컴포넌트를 연결합니다.

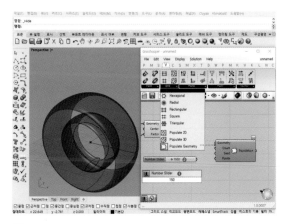

⑦ Vector >Grid 그룹에서 🔲 Populate Geometry 컴포넌트를 캔버스에 드래그 합니다. 캔버스 창을 더블클릭하여 Number Slider 컴포넌트 ❶ "1500"과 ❷ "150"을 만듭니다.

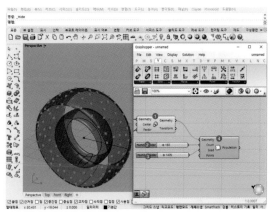

⑧ ❶❷❸❹ 컴포넌트를 연결합니다.

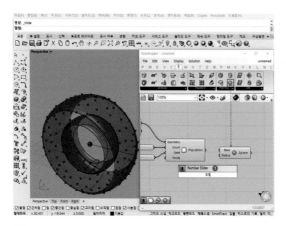

⑨ Surface > Primitive 그룹에서 ⬤ Sphere 컴포넌트를 캔버스로 드래그 합니다. 캔버스를 더블클릭 합니다. ❶Number Slider 컴포넌트에 "8.5"를 입력한 후 Enter 합니다.

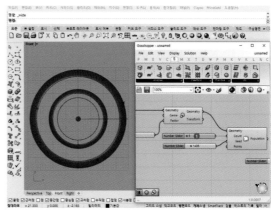

⑩ 라이노 작업창을 Front 뷰로 변경합니다. ❶Number Slider를 "5"로 설정합니다.

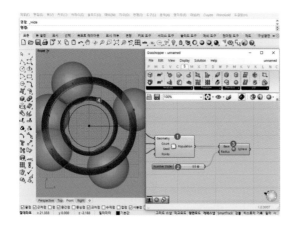

⑪ ❶❷❸컴포넌트를 연결하고 구가 ❹서피스와 겹치는지 확인합니다.

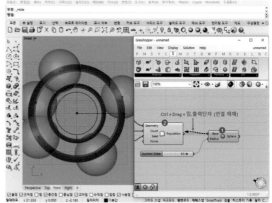

⑫ ❶과 ❷컴포넌트를 연결해제하려면 "Ctrl + Drag + 입, 출력단자"로 연결하면 연결 해제됩니다. 여기서 잠시 연결을 해제하는 것은 구를 여러 개 만들면 속도가 느려지기 때문입니다.

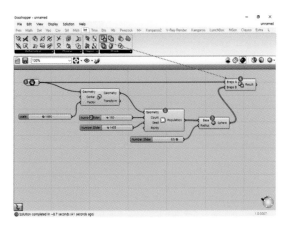

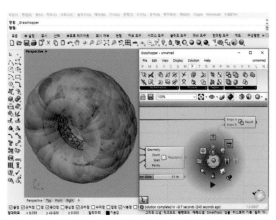

⑬ Intersect > Shape 그룹의 🔲 Solid Difference 컴포넌트를 캔버스에 드레그합니다. ❷Number Slider를 "150"으로 변경하고 ❺와 ❸컴포넌트를 다시 연결합니다. ❶과 ❹컴포넌트도 연결합니다.

⑭ 🔘 ❶Sphere 컴포넌트를 MMB 후 🔲 Disable Preview 컴포넌트를 선택합니다. 미리보기가 해제됩니다.

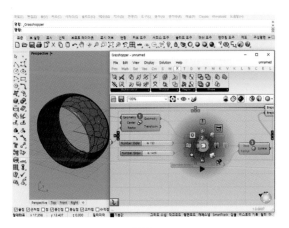

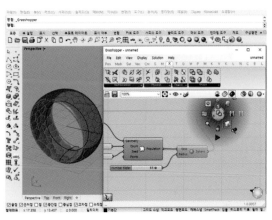

⑮ ❶❷❸컴포넌트를 Shift 키를 누르고 선택합니다. MMB후 🔲 Disable Preview 컴포넌트를 선택합니다. 미리보기가 해제됩니다. 결과물을 확인합니다.

⑯ 🔲 ❶Solid Difference 컴포넌트를 MMB 후 🔲 Bake 컴포넌트를 클릭하여 라이노 파일로 변환합니다.

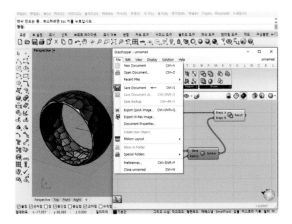

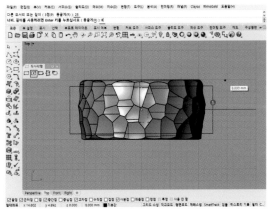

⑰ File > Save Document 항목을 선택해 그래스호퍼 파일을 저장하고 닫습니다.

⑱ Top 뷰에서 🔲 Rectangle 명령으로 원점에서 25×8mm인 ❶사각형을 만듭니다.

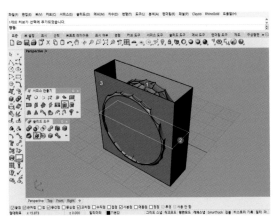

19 🔲 Cap 명령으로 ❶오브젝트를 닫습니다. 🔲
ExtrudeCrv 명령으로 ❷사각형을 양방향으로 13mm돌
출합니다. 🔲 Flip 명령으로 ❸서피스의 Normal 방향
을 반전합니다.

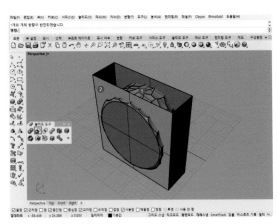

20 🔲 Boolean Difference 명령으로 ❶오브젝트에서
❷오브젝트를 뺍니다.

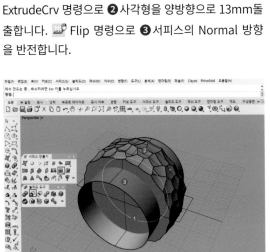

21 🔲 ExtrudeCrv 명령으로 ❶원을 양방향으로 9mm
돌출합니다. 🔲 Boolean Difference 명령으로 ❷오브
젝트에서 ❸오브젝트를 뺍니다.

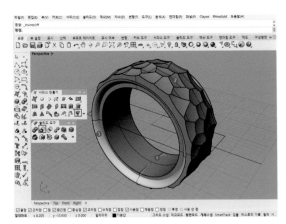

22 🔲 Revolve 명령으로 ❶커브를 원점을 기준으로
360° 회전합니다. 🔲 Boolean Difference 명령으로 ❷
오브젝트에서 ❸오브젝트를 뺍니다.

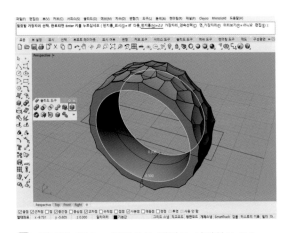

23 🔲 FilletEdge 명령으로 엣지를 선택하고 0.3mm
필렛합니다.

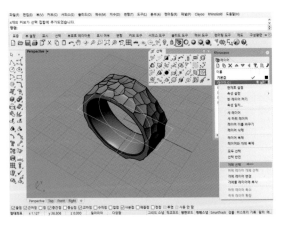

24 🔲 SelCrv 명령으로 커브들을 선택하고 🔲 Layer
명령으로 선택된 커브를 "레이어 01"로 변경하고 레이어
는 끕니다.

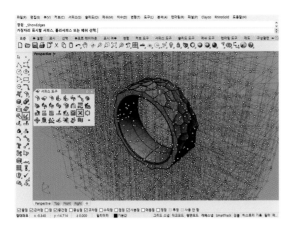

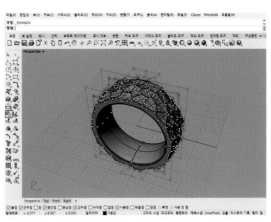

25 〽 Explode 명령으로 ❶오브젝트를 분해합니다. 서
피스를 모두 선택하고 F10 (제어점 켜기)하면 제어점들
이 복잡할 경우 가끔 오류가 날 수 있습니다. 🔳 Shrink
TrimmedSrf 명령으로 분해된 서피스에 제어점들이 맞
게 합니다.

26 Ctrl + A (전체선택)후 🔩 Join 명령으로 서피스들
을 결합합니다.

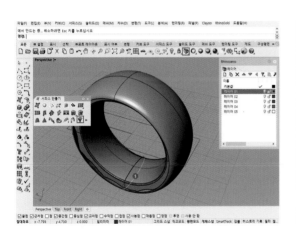

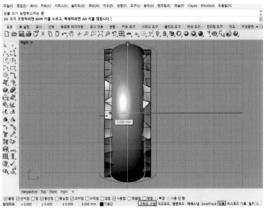

27 🔖 Layer 명령을 실행한 후 "레이어 01"을 켭니다.
♟ Revolve 명령으로 ❶커브를 선택하고 원점을 기준으
로 360° 회전합니다.

28 Right 뷰에서 검볼이 활성화된 상태에서 ❶서피스
를 선택합니다. 검볼의 크기 조정 핸들을 선택해 3mm까
지 줄입니다.

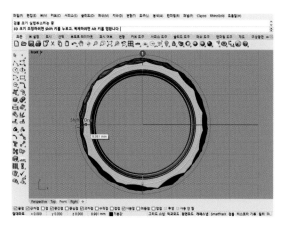

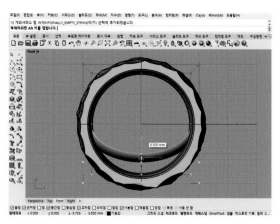

㉙ Front 뷰에서 ❶서피스를 선택하고 검볼의 크기 조정 핸들을 선택하고 "Shift + Drag"해 9.98mm 까지 줄입니다.

㉚ 그림처럼 아래쪽 제어점들을 마우스로 드래그하여 선택 후 검볼을 활용해 3.5mm 이동합니다.

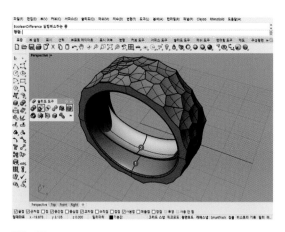

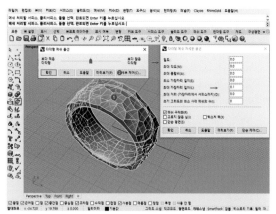

㉛ Boolean Difference 명령으로 ❶오브젝트에서 ❷오브젝트를 뺀 후 FilletEdge 명령으로 엣지를 선택해 0.3mm 필렛합니다.

㉜ ❶오브젝트를 선택하고 Mesh 명령을 실행합니다. 다각형 메쉬 옵션 > ❷세부제어 항목을 선택합니다. 메쉬의 최대 가장자리 길이를 "0.1"로 설정합니다. ❶오브젝트는 Hide 명령으로 숨깁니다.

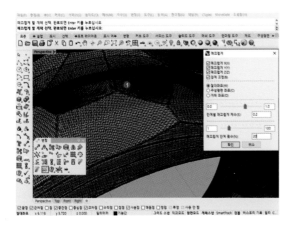

③③ 뷰를 확대합니다. ❶메쉬를 선택하고 ≋ Smooth 명령을 실행합니다. 매끄럽게 단계 횟수를 "20~30" 정도로 설정합니다.

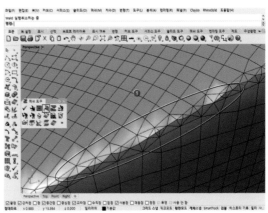

③④ 메쉬의 가장자리를 보면 아직도 거칩니다. ❶메쉬를 선택하고 ◣ Weld 명령을 실행합니다. 각도 허용오차를 "180"으로 설정합니다.

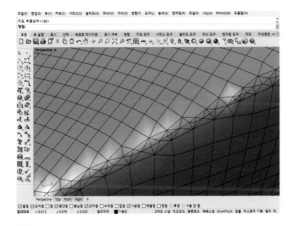

③⑤ 메쉬가 용접되면서 부드럽게 변경됩니다.

③⑥ ◕ Shade 명령으로 결과물을 확인합니다.

Voronoi 패턴을 이용한 반지 만들기

그래스호퍼 플러그인인 Peacock와 Voronoi 명령을 활용해 보로노이 패턴반지를 만드는 방법에 대해서 알아보겠습니다.

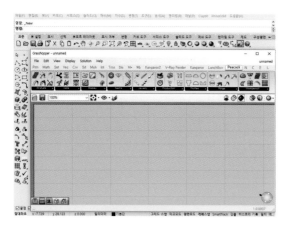

1️⃣ 🔘 Grasshopper 명령을 실행하고 Peacock 탭을 선택합니다.

2️⃣ ⬜ Profile HalfRound와 ⟋ Ring Profile 컴포넌트를 캔버스로 드래그 합니다. ❶과 ❷컴포넌트를 배치합니다.

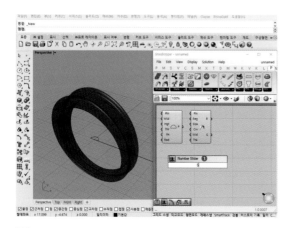

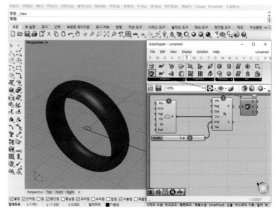

3️⃣ 캔버스를 더블 클릭 후 Number Slider에 "5"를 입력하고 (Enter) 합니다.

4️⃣ Surface > Analysis 탭에서 🔨 Deconstruct Brep 컴포넌트를 캔버스에 드래그합니다. ❶❷❸ 컴포넌트를 연결합니다.

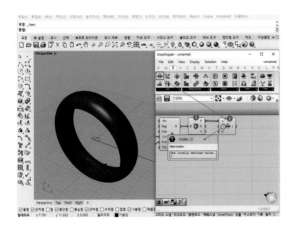

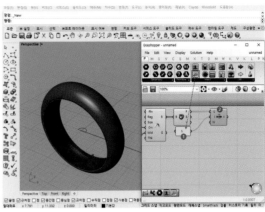

⑤ Sets > List 탭에서 List Item 컴포넌트를 캔버스에 드래그합니다. ❶❷컴포넌트를 연결하고 ❷컴포넌트의 Item Index 가 "0"입니다. Item Index "0"은 안쪽 서피스 번호입니다.

⑥ Params > Input 탭에서 Panel 컴포넌트를 캔버스에 드래그합니다. ❶Panel 컴포넌트를 더블클릭한 후 "1"을 입력하고 OK 버튼을 선택하고 창을 풀입니다. ❶과 ❷컴포넌트를 연결합니다.

반올림   Panel 컴포넌트 사용시 유의점

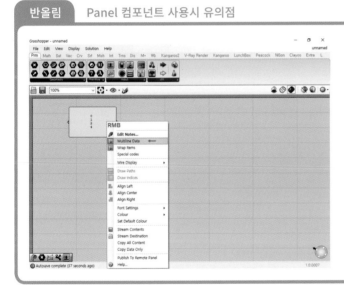

Panel 컴포넌트에서 수치를 입력 후 습관적으로 (Enter) 키를 누르고 OK 버튼을 누르면 (Enter) 값도 하나의 데이터 값으로 인식되어 오류가 나옵니다. (Enter) 하지 말고 OK 버튼을 선택합니다.
또한 데이터 값을 여러 개 입력할 때는 Panel 컴포넌트를 RMB 후 Multiline Data 항목을 체크해야 합니다.

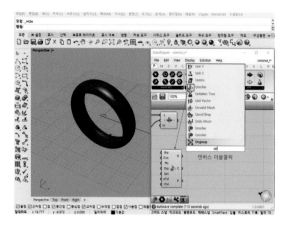

[7] 캔버스를 더블클릭 후 "un"을 입력합니다. Unroller 컴포넌트를 캔버스로 드래그합니다.

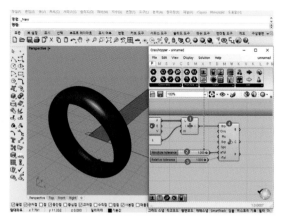

[8] Params > Input 탭에서 Number Slider 컴포넌트를 캔버스에 드래그합니다. Number Slider를 선택하고 "Ctrl + C (복사)" "Ctrl + V (붙여넣기)합니다. ❶ ❷❸❹ 컴포넌트를 연결합니다. ExtractSrf 명령으로 그림처럼 3개의 서피스를 떼어내 지웁니다.

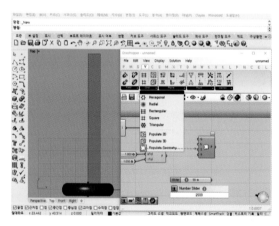

[9] Vector > Grid 탭에서 Populate Geometry 컴포넌트를 캔버스에 드래그합니다. 캔버스를 더블클릭 후 Number Slider를 "58"과 "2500" 두 개 만듭니다.

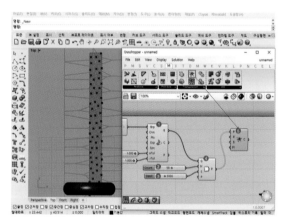

[10] Mesh > Triangulation 탭에서 Voronoi 컴포넌트를 캔버스에 드래그합니다. ❶❷❸❹❺ 컴포넌트를 연결합니다. ❷❸ Number Slider는 사용자가 포인트 수와 배열을 변경할 수 있습니다.

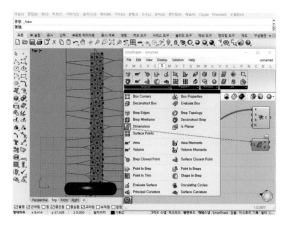

11 Surface > Analysis 탭에서 🔲 Dimensions 컴포넌트를 캔버스에 드래그합니다.

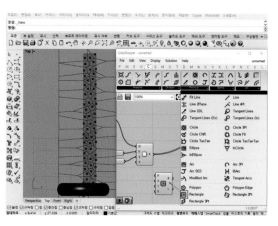

12 Curve > Primitive 탭에서 🔲 Rectangle 컴포넌트를 캔버스에 드래그합니다.

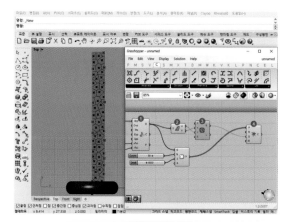

13 ❶❷❸❹ 컴포넌트를 연결합니다.

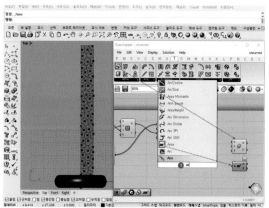

14 Transform > Affine 탭에서 🔲 Scale 컴포넌트를 캔버스에 드래그합니다. 캔버스를 더블클릭 후 "ar"을 입력합니다. *m²* Area 컴포넌트를 캔버스로 드래그합니다.

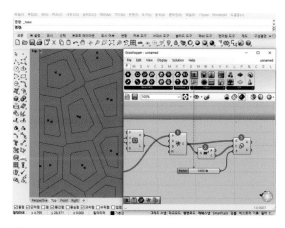

15 Params > Input 탭에서 🔲 Number Slider 컴포넌트를 캔버스에 드래그 후 "0.6"에 맞춥니다. ❶❷❸ 컴포넌트를 연결합니다.

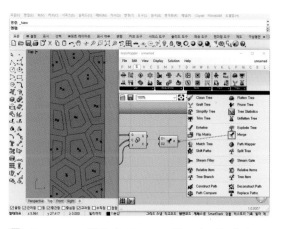

16 Sets > Tree 탭에서 🔲 Merge 컴포넌트를 캔버스로 드래그합니다.

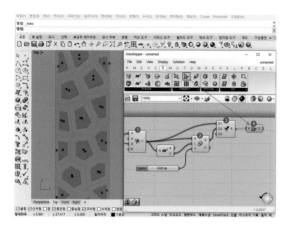

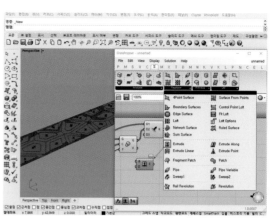

17 Surface > Freeform 탭에서 🔲 Boundary Surfaces 컴포넌트를 캔버스로 드래그합니다. ❶❷❸❹ 컴포넌트를 연결합니다.

18 Surface > Freeform 탭에서 🔲 Extrude 컴포넌트를 캔버스에 드래그합니다.

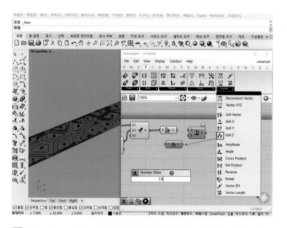

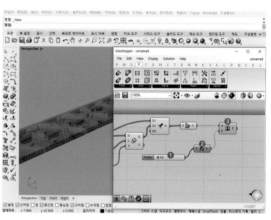

19 Vector > Vector 탭에서 🔲 Unit Z 컴포넌트를 캔버스로 드래그합니다. 캔버스를 더블클릭 후 ❶Number Slider "1.6"를 만듭니다.

20 ❶❷❸ 컴포넌트를 연결하여 0.6mm 만큼 Z 방향으로 돌출합니다.

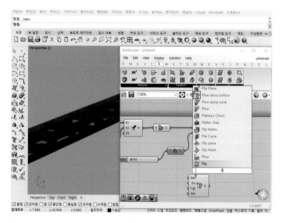

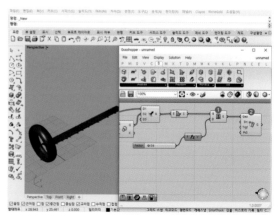

21 캔버스를 더블클릭 후 "fl" 입력합니다. 🔲 Flow along surface 컴포넌트를 캔버스로 드래그합니다.

22 ❶과 ❷ 컴포넌트를 연결합니다.

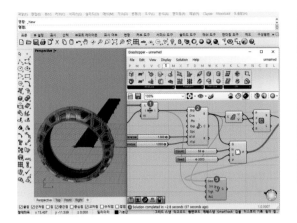

23 🎁 ❷ Flow along surface 컴포넌트를 선택하여 앞쪽으로 이동합니다. ❶❷❸ 컴포넌트의 입, 출력단자를 그림처럼 연결합니다.

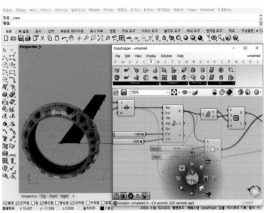

24 ❶ Flow along surface 컴포넌트를 MMB 후 🖱 Bake 컴포넌트를 선택합니다.

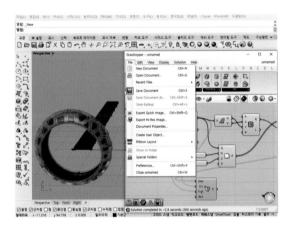

25 File > Save Document 항목을 선택하고 Grasshopper 파일을 저장합니다. Grasshopper를 종료합니다.

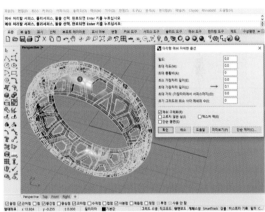

26 ❶ 오브젝트를 모두 선택하고 🔷 Mesh 명령을 실행합니다. 메쉬의 최대 가장자리 길이를 "0.1"로 설정합니다.

반올림 | 왜 솔리드 결과물을 🔷 FilletEdge 명령으로 필렛하지 않고 메쉬로 변환하나요?

Voronoi 패턴 같은 경우 다각형이 불규칙하게 생성되기 때문에 미세한 엣지가 만들어집니다. 미세 엣지까지 솔리드로 만들어 필렛을 주면 서피스가 터지는 경우가 발생합니다. 여러 군데 일 때는 수정하는 데 많은 시간이 걸리므로 여기서는 메쉬로 변환해서 엣지를 부드럽게 표현한 것입니다.

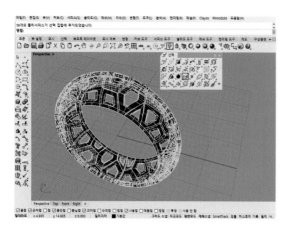

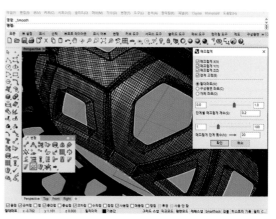

27 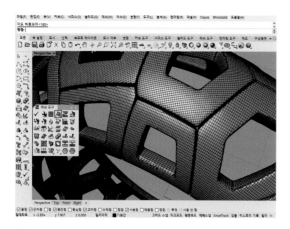 SelPolySrf 명령으로 폴리서피스를 선택하고 Hide 명령으로 오브젝트를 숨깁니다.

28 메쉬를 모두 선택하고 Smooth 명령을 실행합니다. 매끄럽게 단계 횟수를 "20~30"정도로 설정합니다.

29 메쉬를 모두 선택하고 Weld 명령을 실행합니다. 각도 허용오차를 "180"로 설정합니다.

30 Shade 명령으로 결과물을 확인합니다.

Lesson 04   Peacock을 활용한 Signet Ring 만들기

그래스호퍼 플러그인인 Peacock을 활용한 Signet Ring 만드는 방법에 대해서 알아보겠습니다.

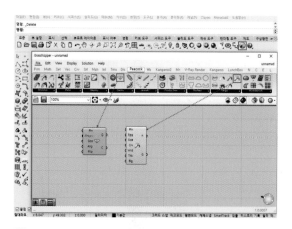

① Grasshopper 명령을 실행합니다.
File > New Document를 선택한 후 Peacock 탭을 선택합니다. Gem Studio 와 Ring Signet 컴포넌트를 캔버스로 드래그합니다.

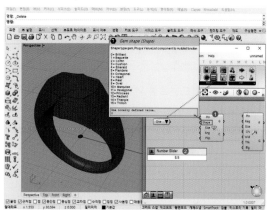

② Value List 컴포넌트를 캔버스로 드래그합니다.
❶Gem Studio의 Shape 항목을 보면 16까지의 Gem 형태가 있습니다. 캔버스를 더블클릭하여 ❷Number Slider에 "5.5"를 입력하고 Enter 합니다.

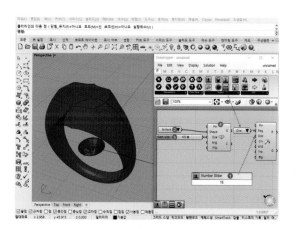

③ 캔버스를 더블클릭하여 ❶Number Slider에 "16" 입력하고 Enter 합니다. ❷❸❹ 컴포넌트를 연결합니다. ❷Value List 컴포넌트의 이름이 자동으로 바뀝니다. ❺와 ❻ 컴포넌트도 연결합니다.

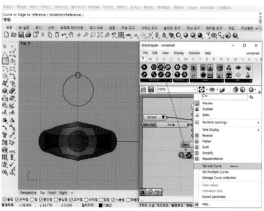

④ Circle 명령으로 반지름이 4mm인 ❷원을 만듭니다. Params > Geometry 탭에서 Curve 컴포넌트를 캔버스로 드래그합니다. ❶Curve 컴포넌트를 선택하고 RMB 후 Set One Curve를 선택한 다음 ❷원을 선택합니다.

Chapter 15   Rhino 3D Grasshopper 활용하기   **353**

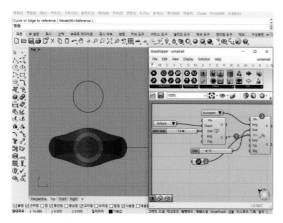

반올림 Peacoak 사용시 유의할 점

Peacoak은 알고리즘 보석 모델링을 위한 Grass
hopper 무료 플러그인입니다. 라이노 5.0 버전을
기준으로 나왔기에 라이노 6.0에서는 오류가 발생
하는 몇 가지 명령어들이 있습니다. 그 점을 참고
하시고 이용하시기 바랍니다. 아직 업데이트는 되
지 않았습니다.

5 ❷와 ❸ 컴포넌트를 연결합니다. ❶ 처럼 연결하면
Gem 크기에 맞게 윗면이 변경됩니다. 원을 만든 이유는
Gem크기와 Signet ring의 윗면 크기를 다르게 하기 위해
서입니다.

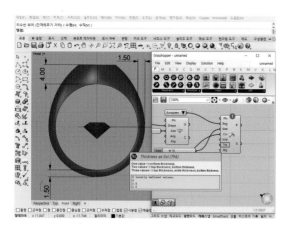

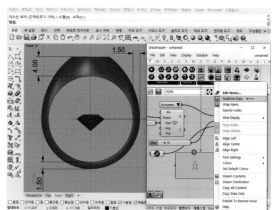

6 ❶ Ring Signet 컴포넌트의 Thickenss 항목을 보면
반지의 두께를 알 수 있습니다.

7 Params > Input 탭에서 ▨ Panel 컴포넌트를 캔버
스에 드래그합니다. ❶ Panel 컴포넌트를 더블클릭한 후
3, 1.6, 1.5 순으로 입력하고 RMB 후 Multiline Data 항
목을 선택합니다.

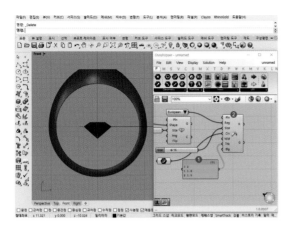

⑧ ❶과 ❷ 컴포넌트를 연결하면 반지의 두께가 변경된 걸 알 수 있습니다.

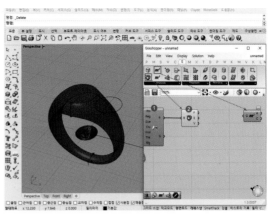

⑨ Surface > Analysis 탭에서 🐾 Deconstruct Brep 과 m² Area 컴포넌트를 캔버스에 드래그합니다. ❶과 ❷ 컴포넌트는 연결합니다.

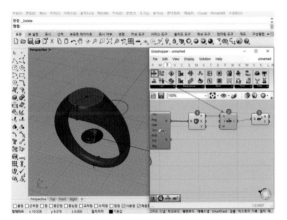

⑩ Sets > List 탭에서 ╬ List Item 컴포넌트를 캔버스에 드래그 후 ❶❷❸ 컴포넌트를 연결합니다.

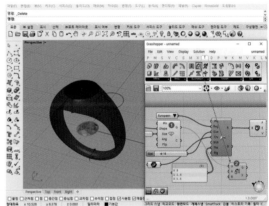

⑪ Transform > Euclidean 탭에서 🔩 Orient 컴포넌트를 캔버스로 드래그합니다. ❶과 ❷ 컴포넌트를 연결합니다. ❷ 컴포넌트를 뒤쪽으로 이동합니다.

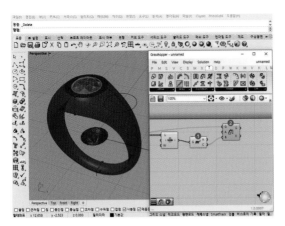

12 ❶과 ❷ 컴포넌트를 연결합니다. Gem이 윗면에 배치됩니다.

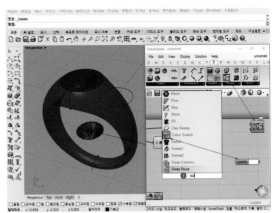

13 Display > Preview 탭에서 Custom Preview 컴포넌트를 캔버스로 드래그합니다. 캔버스창을 더블클릭 후 ❶ "sw"를 입력합니다. Color Swatch 컴포넌트를 캔버스로 드래그합니다.

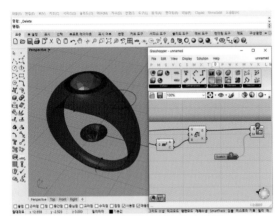

14 ❶과 ❷ 컴포넌트를 연결합니다. ❶ Color Swatch 컴포넌트의 색상을 원하는 색으로 변경합니다.

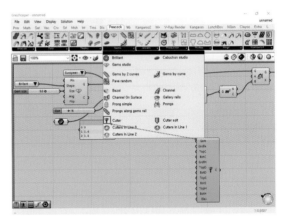

15 Peacoak > Gems 탭에서 Cutter 컴포넌트를 캔버스에 드래그합니다.

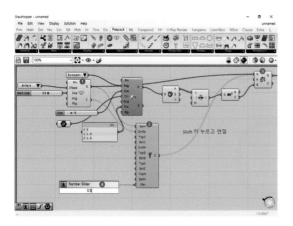

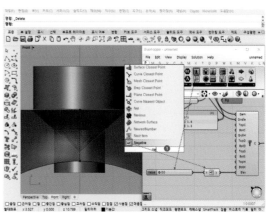

⑯ 캔버스를 더블클릭 후 ❹Number Slider 에 "0.5" 입력하고 Enter 합니다. ❶❷❹컴포넌트를 연결하고 ❷와 ❸컴포넌트는 Shift 키를 누르고 연결합니다.

⑰ 캔버스를 더블클릭합니다. ❶"ne" 입력 후 ![아이콘] Negative 컴포넌트를 캔버스로 드래그 합니다. ![아이콘] Number Slider 컴포넌드를 갠버스에 드래그 합니나. 컴포넌트를 그림처럼 연결합니다.

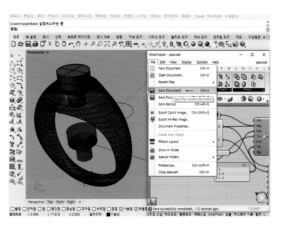

⑱ ❶과 ❷ 컴포넌트를 Shift 키를 누르고 선택합니다. MMB(중간 마우스 버튼)를 누르고 ![아이콘] Bake 컴포넌트를 선택합니다.

⑲ File > Save Document 항목을 선택해 Grasshopper 파일을 저장하고 닫습니다.

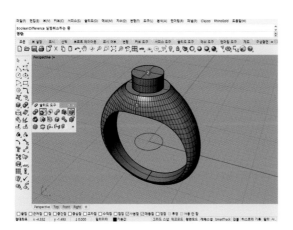

⑳ ![아이콘] Boolean Difference 명령으로 ❶오브젝트에서 ❷오브젝트를 뺍니다. ![아이콘] FilletEdge 명령으로 엣지를 선택하고 0.3mm 필렛합니다.

㉑ ![아이콘] Shade 명령으로 결과물을 확인합니다.

Fillet 과 Mesh 변환 이해하기

이 장에서는 라이노에서 마무리 작업이 되는 필렛에 대해서 다양하게 알아보겠습니다.

Lesson 01 　필렛 예제 01

FilletEdge로 필렛을 했을 때 서피스가 열리는 부분을 해결하는 방법에 대해 학습하겠습니다.

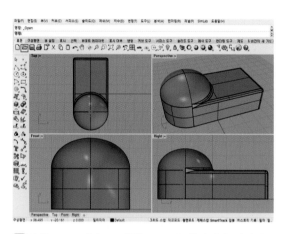

① 📁 Open 명령으로 "fillet01.3dm" 파일을 엽니다.

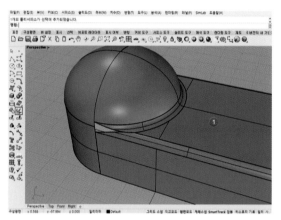

② 🗲 Explode 명령으로 ❶오브젝트를 분해합니다.

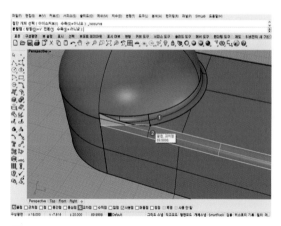

③ 🖫 Split 명령으로 ❶과 ❷ 서피스의 화살표 지점을 자르고 필요 없는 서피스는 지웁니다. 항상(수축 = 예)로 바꾸고 자릅니다.

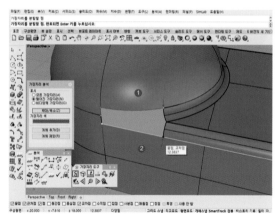

④ 🖼 ShowEdge 명령으로 ❶과 ❷ 서피스 Edge의 분리점을 확인하고 🖫 SplitEdge 명령으로 화살표 지점을 자릅니다.

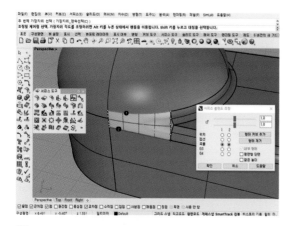

⑤ 🖢 BlendSrf 명령으로 두서피스를 연결합니다.

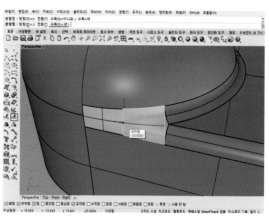

⑥ 🖢 Split 명령으로 화살표 지점을 자릅니다.

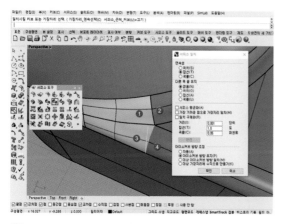

⑦ 🖢 MatchSrf 명령으로 ❶ 서피스의 Edge와 ❷ 서피스의 Edge를 선택하여 서피스를 일치시킵니다. 옵션 체크는 그림처럼 하면 됩니다. 🖢 Join 명령으로 결합합니다. 반대편도 같은 방법으로 서피스를 만듭니다.

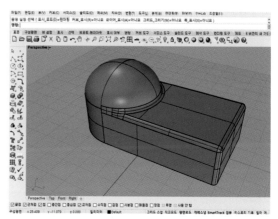

⑧ 필렛을 마무리 합니다.

Lesson 02 | 필렛 예제 02

NetworkSrf 를 활용하여 열린 서피스 부분을 해결하는 방법에 대해서 설명하겠습니다.

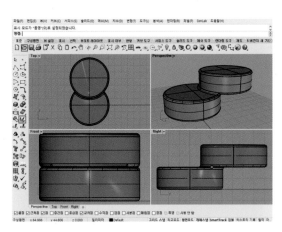

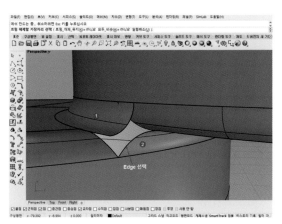

① 📁 Open명령으로 "fillet02.3dm" 파일을 엽니다.
🢒 Explode 명령으로 오브젝트를 분해합니다.

② 🢒 Untrim 명령으로 ❶과 ❷ 서피스의 Edge를 선택
합니다.

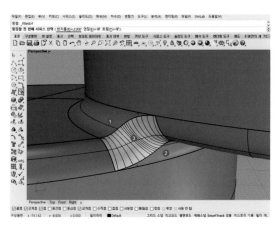

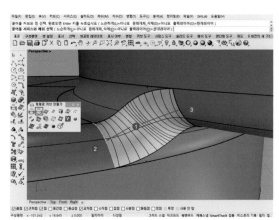

③ 🢒 FilletSrf 명령으로 "반지름 = 2mm"로 변경하고
❶과 ❷ 서피스를 선택하고 필렛을 합니다. ❸ 서피스가
만들어집니다.

④ 🢒 Pull 명령으로 ❶ 서피스의 Edge를 ❷ 서피스에
끌어당기기 합니다. ❶ 서피스의 반대편 Edge도 ❸ 서피
스에 끌어당기기 합니다.

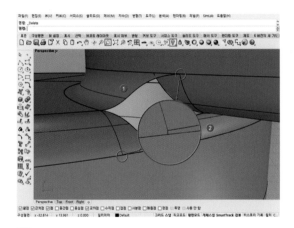

⑤ 🔍 Zoom 명령으로 작은 원 부분을 확대해 보면 앞에서 Pull한 커브가 짧습니다. 💡 Hide명령으로 ❶과 ❷ 서피스를 숨깁니다.

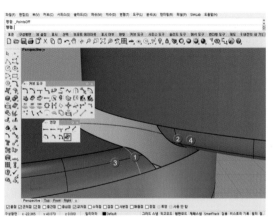

⑥ ✏ ExtendCrvOnSrf 명령으로 ❶ 커브를 ❸ 서피스에 커브를 연장합니다. ❷ 커브도 ❹ 서피스에 커브를 연장합니다.

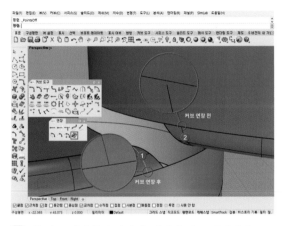

⑦ ❷커브 연장하기 전과 ❶연장 후의 그림입니다.

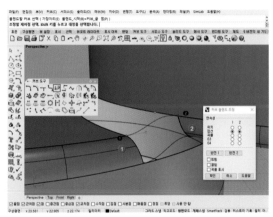

⑧ 🔧 BlendCrv 명령으로 ❶ 서피스 Edge와 ❷ 서피스 Edge를 그림과 같이 연결합니다. 💡 Show 명령으로 모두 보이게 합니다.

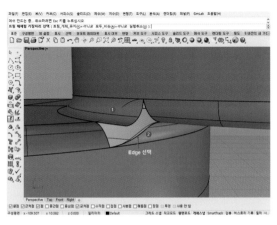

⑨ 📐 Untrim 명령으로 ❶과 ❷ 서피스의 Edge를 각각 Untrim합니다.

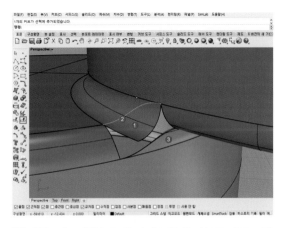

⑩ ✂ Split 명령으로 ❶ 서피스를 ❷ 커브로 자르고 필요 없는 서피스는 지웁니다. ❸ 서피스도 같은 방법으로 잘라 그림과 같이 만듭니다.

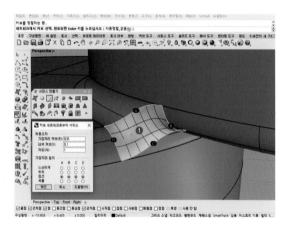

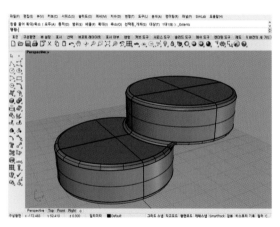

⑪ NetworkSrf 명령으로 그림과 같이 Edge를 선택
하고 ❶ 서피스를 만듭니다. 반대편도 같은 방법으로 서
피스를 만들고 Join 명령으로 서피스를 결합합니다.

⑫ 필렛을 마무리 합니다.

Lesson 03 필렛 예제 03

Edge가 여러 개 모여있는 지점의 필렛을 해결하는 방법을 알아보겠습니다.

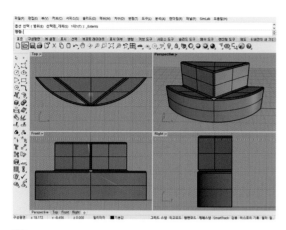

[1] 📂 Open 명령으로 "fillet03.3dm" 파일을 불러옵니다.

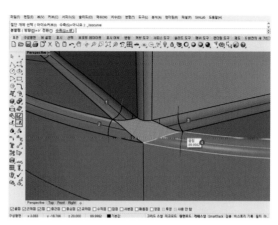

[2] 🖌 Explode 명령으로 서피스를 분해합니다. 🖋 Split 명령으로 ❶❷❸❹ 서피스의 화살표 지점을 자르고 필요 없는 서피스는 지웁니다.

[3] 🔧 ShowEdge 명령으로 ❶❷❸ 서피스 Edge의 분리점을 확인하고 🔧 SplitEdge 명령으로 화살표 지점의 끝점 Edge를 자릅니다.

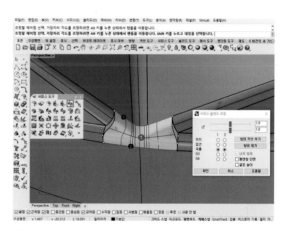

[4] 🔧 BlendSrf 명령으로 ❶ 서피스를 만듭니다.

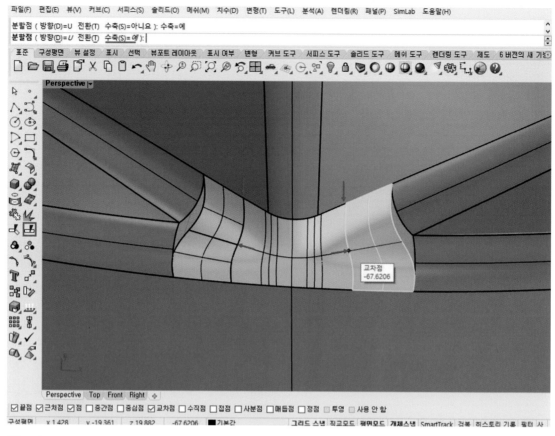

⑤ 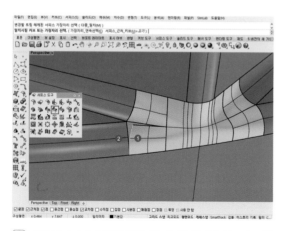 Split 명령으로 화살표 지점의 서피스를 U, V 방향으로 자릅니다.

⑥ MatchSrf 명령으로 ❶과 ❷ 서피스의 Edge를 그림과 같이 일치시킵니다.

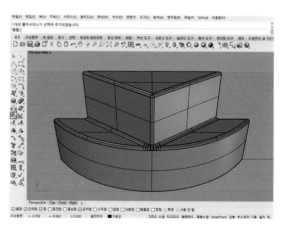

⑦ Join 명령으로 모든 서피스를 결합하고 필렛을 마무리 합니다.

Lesson 04 필렛 예제 04

다양한 명령을 활용하여 필렛을 해결하는 방법에 대해서 알아보겠습니다.

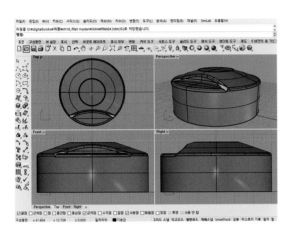

① 📂 Open 명령으로 "fillet04.3dm"을 불러옵니다.

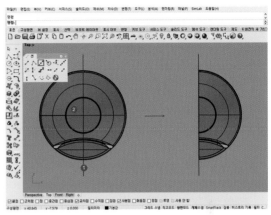

② 📏 Line 명령으로 ❶선을 원점에서 그린 후 ✂ Trim 명령으로 ❶선을 경계로 ❷서피스의 반쪽을 선택해 지웁니다.

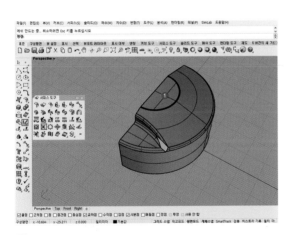

③ 📐 Explode 명령으로 ❶오브젝트를 분해 후 모든 서피스를 선택하고 ⬛ ShrinkTrimmedSrf 명령으로 서피스에 제어점을 맞춥니다.

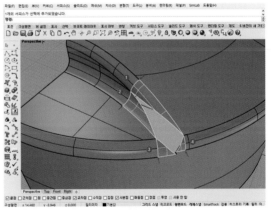

④ ✂ Split명령으로 ❶❷❸❹서피스의 화살표 지점을 자르고 필요 없는 서피스는 지웁니다.

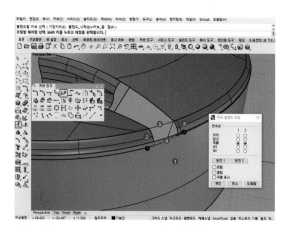

5 ⬚ Untrim 명령으로 ❶서피스의 위쪽 Edge를 선택합니다. ⬚ BlendCrv 명령으로 ❷❸서피스의 Edge를 선택해 ❹와 ❺커브를 만듭니다.

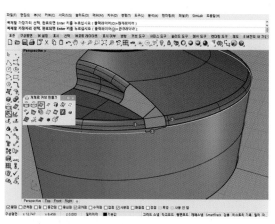

6 ⬚ DupEdge 명령으로 ❶과 ❷서피스의 아래 Edge를 커브로 추출합니다. ⬚ Join 명령으로 추출한 커브와 ❸커브를 결합합니다.

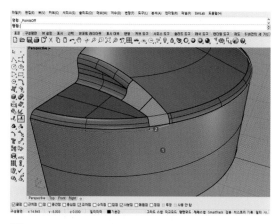

7 ⬚ Split 명령으로 ❶서피스를 ❷커브로 자르고 필요 없는 서피스를 지웁니다.

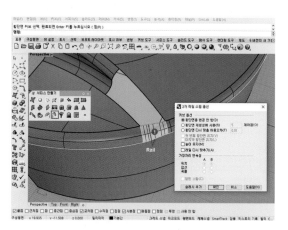

8 ⬚ Sweep2 명령으로 ❶서피스를 만듭니다.

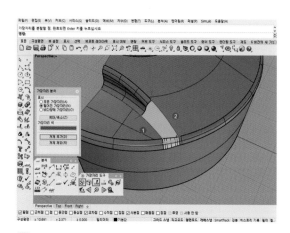

9 ⬚ ShowEdge 명령으로 ❶과 ❷서피스의 Edge를 확인하고 ⬚ SplitEdge 명령으로 ❶과 ❷서피스의 화살표 지점을 자릅니다.

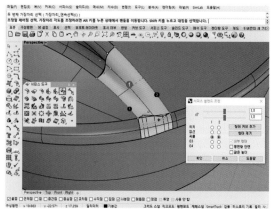

10 ⬚ BlendSrf 명령으로 ❶서피스를 만듭니다.

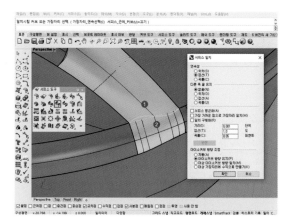

⑪ MatchSrf 명령으로 ❶과 ❷ 서피스 Edge를 선택해 서피스 일치시킵니다.

⑫ 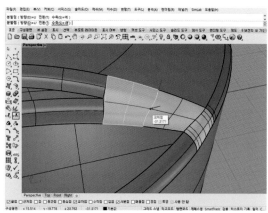 Split 명령으로 그림과 같이 화살표 지점을 자릅니다.

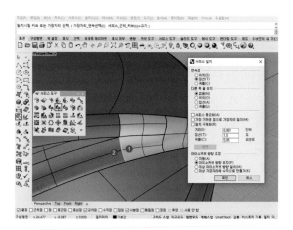

⑬ MatchSrf 명령으로 ❶과 ❷ 서피스의 Edge를 선택해 서피스 일치시키고 Join 명령으로 모든 서피스를 결합합니다.

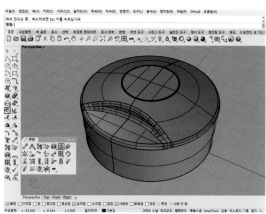

⑭ Mirror 명령을 대칭 복사 한 후 Join명령으로 두 오브젝트를 결합합니다.

Lesson 05 필렛 예제 05

두 오브젝트의 Edge가 접하는 부분의 필렛에 대해 알아보겠습니다.

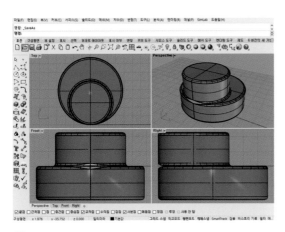

1 📁 Open 명령으로 "fillet05.3dm" 파일을 엽니다.

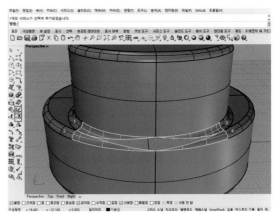

2 ✂ Explode 명령으로 오브젝트를 분해한 후 ✂ Split 명령으로 ❶❷❸❹서피스의 교차점을 자르고 필요 없는 서피스를 지웁니다.

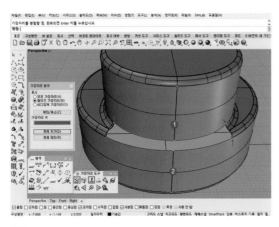

3 ✂ ShowEdge 명령으로 ❶과 ❷서피스 Edge를 확인하고 ✂ SplitEdge 명령으로 ❶과 ❷서피스의 화살표 지점을 자릅니다.

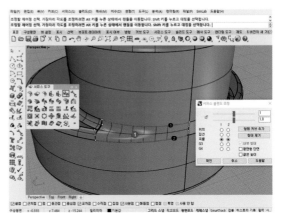

4 ✂ BlendSrf 명령으로 ❶서피스를 만듭니다.

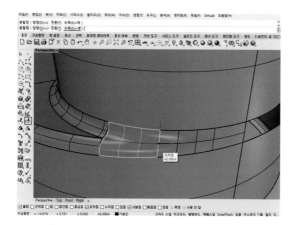

5 📐 Split 명령으로 U, V 방향으로 화살표 지점을 자릅니다.

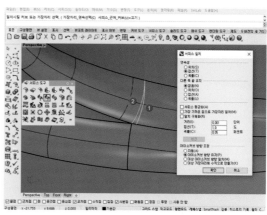

6 👆 MatchSrf 명령으로 ❶과 ❷ 서피스 Edge를 선택해 서피스 일치시킵니다.

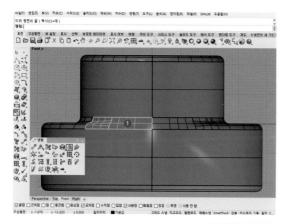

7 Front뷰에서 🔳 Mirror 명령으로 ❶ 서피스를 대칭 복사 하고 🔳 Join명령으로 모든 서피스를 결합합니다.

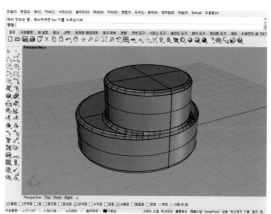

8 필렛을 마무리합니다.

Lesson 06   MeshRepair 알아보기

Mesh파일 포맷을 stl, obj 등으로 내보내기 할 때는 Mesh의 이상 유무를 확인하고 내보내기 해야 합니다. 메쉬에 많은 수의 길고 가는 패싯이 있다면 STL/SLA 프린터에서 문제가 발생하는 경우가 있기 때문입니다.

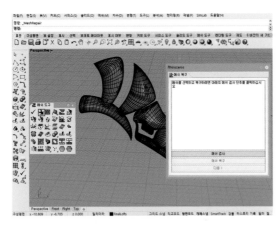

1️⃣ 예제파일 "Rhino Logo.3dm" 파일을 열고 🦏Mesh Repair 명령을 실행합니다. 메쉬 검사를 클릭합니다.

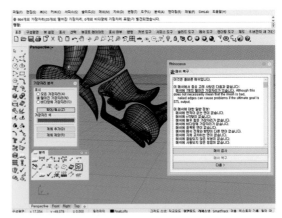

2️⃣ 메쉬를 모두 선택하고 (Enter) 합니다. 메쉬 복구 창에 문제가 있는 점에 대해서 설명됩니다. 🦏 ShowEdge 명령으로 열려있는 Edge를 확인하고 다음 항목을 클릭합니다.

3️⃣ 문제가 있는 항목이 있으면 체크되어 나옵니다. 다음 버튼을 클릭합니다.

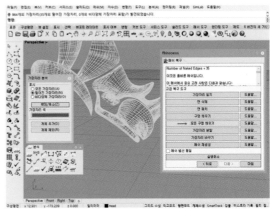

4️⃣ 열려있는 구멍이 있으므로 "모든 구멍 채우기" 항목을 클릭하고 열려있는 메쉬를 선택하여 구멍을 메꿉니다. 구멍을 모두 메꿔줍니다.

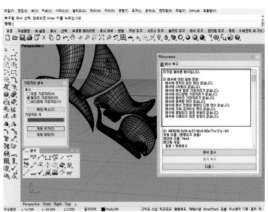

⑤ 🔊 ShowEdge 명령으로 다시 체크하면 열려있는
메쉬가 없습니다.

⑥ 🔧 MeshRepair 명령을 재실행 해보면 문제가 해결
되었습니다. 이와 같은 방식으로 오류를 하나씩 해결해
나갈 수 있습니다.

Lesson 07 데이터 이상 유무 확인과 메쉬 변환

라이노에서 만든 솔리드 데이터의 이상 유무를 확인하고 해결하는 방법을 알아보겠습니다. 항상 이상 유무를 확인하고 메쉬로 변환해야 합니다.

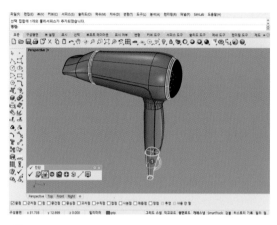

① 예제파일 "dryer_check.3dm"을 엽니다. SelBad Objects 명령을 실행합니다. 이상이 있는 오브젝트가 ❶처럼 노란색으로 선택됩니다.

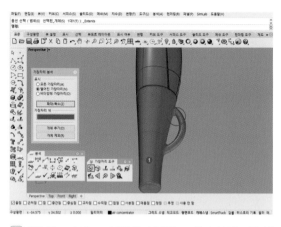

② ShowEdges 명령을 선택하고 ❶오브젝트를 선택하면 떨어진 가장자리가 분홍색으로 표시됩니다.

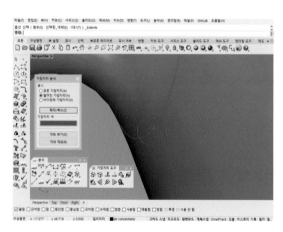

③ 분홍색 지점을 확대해 보면 분홍점만 표시됩니다.

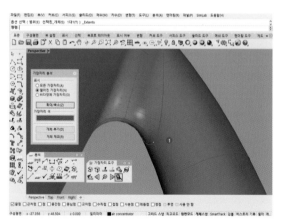

④ 이런 점 형태의 열린 엣지는 RemoveAllNaked MicroEdges 명령을 실행한 다음 열린 엣지가 있는 ❶오브젝트를 선택하고 Enter 합니다.

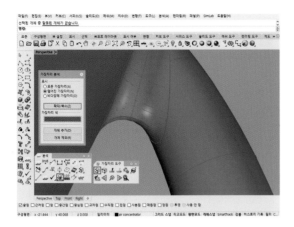

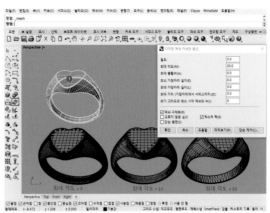

[5] SelBadObjects 명령을 다시 실행합니다. 문제점이 발견되지 않습니다. ShowEdges 명령을 실행하면 열린 가장자리도 보이지 않게 됩니다. 그런 다음 메쉬로 전환합니다.

[6] Open 명령으로 "heart_ring.3dm" 파일을 불러옵니다. ❶ 오브젝트를 선택하고 Mesh 명령을 실행합니다. 다각형 메쉬 옵션 창이 나옵니다. 최대 각도는 평면이 아닌 곡면에 사용됩니다. 각도가 적을수록 메쉬는 정밀해지며 데이터는 커집니다.

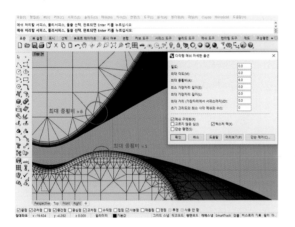

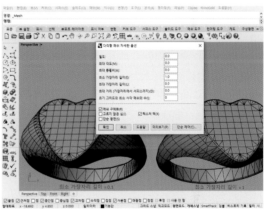

[7] 최대 종횡비는 메쉬가 나뉠 때 가로, 세로의 비율이라고 보시면 됩니다. 최대 종횡비가 "1"이면 정사각형 형태로 메쉬가 만들어지고 "6"이면 1:6 비율 형태로 메쉬가 만들어집니다.

[8] 최소 가장자리 길이는 메쉬 밀도가 높으면 가장자리 길이를 제어하여 밀도를 낮게 설정하거나 미세 필렛이 메쉬로 표현돼야 할 때는 가장자리 길이를 적게 하여 메쉬 밀도를 제어할 수 있습니다.

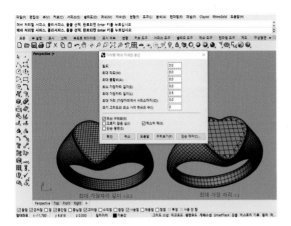

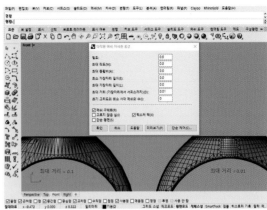

⑨ 최대 가장자리 길이는 메쉬의 매끄러운 부분이 너무 클 때 가장자리 길이를 줄여 줌으로써 부드럽게 메쉬를 제어할 수 있습니다.

⑩ 최대 거리는 넙스 서피스가 메쉬로 변환될 때의 거리로 생각하면 됩니다. 거리가 가까울수록 정밀도는 높아지면 데이터는 커집니다. 보통 STL 파일로 변환할 때 이 옵션을 많이 사용합니다.

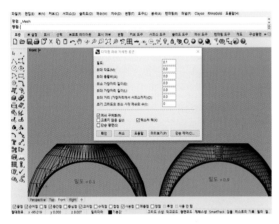

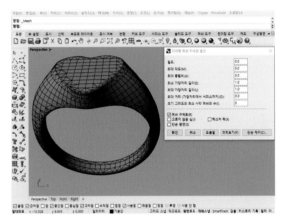

⑪ 밀도는 다각형의 가장자리가 원래 서피스에 얼마나 가까운지를 제어하는 옵션입니다. 값은 0과 1 사이입니다. 값이 크면 다각형의 수가 많은 메쉬가 생성됩니다. 위와 같은 메쉬 옵션은 사용자의 목적에 맞게 변경하여 사용할 수 있습니다.

⑫ 사용자의 목적에 맞게 메쉬 옵션을 사용하면 됩니다.

Chapter

17

Clayoo 2.6 활용하기

Clayoo 명령을 활용하여 다양한 반지를 만드는 방법에 대해서 알아보겠습니다.

Lesson 01 Signet Ring 만들기

Clayoo의 기본 명령과 인터페이스를 알아보고 Singnet ring 만드는 방법에 대해서 알아보겠습니다.

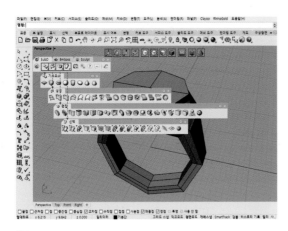

① Clayoo는 세 부분(SubD, Emboss, Sculpt)로 나뉘어져 있습니다. SubD 탭에는 네 개의 메뉴로 구성되어 있습니다.

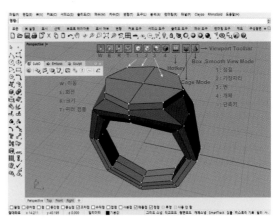

② Viewport Toolbar는 가장 많이 사용되는 명령어를 빠른 방법으로 접근할 수 있는 툴바입니다.

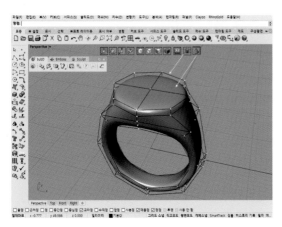

③ Cage Mode는 Box Mode를 Wireframe 형태로 보여줍니다. Smooth Mode는 오브젝트를 부드럽게 표현합니다.

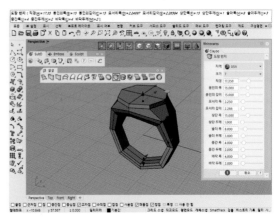

④ 🛡️ ClaySignetRing 명령을 실행하면 간단하게 SignetRing의 옵션을 변경할 수 있고 ❶명령을 누르면 반지가 만들어집니다.

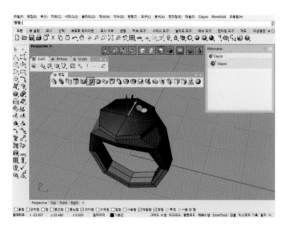

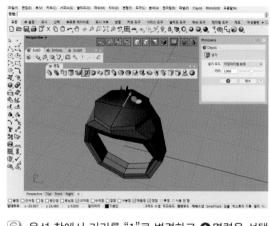

⑤ 🔲 선택모드를 Faces(면)로 설정하고 Shift 키 누르고 4개의 윗면을 선택합니다. 🔲 ClayInset 명령을 실행합니다.

⑥ 옵션 창에서 거리를 "1"로 변경하고 ❶명령을 선택합니다.

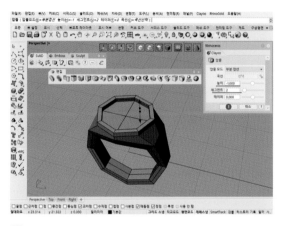

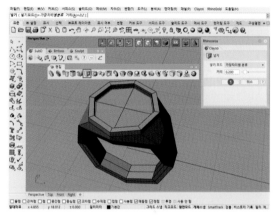

⑦ 면이 선택된 상태에서 🔲 ClayExtrude 명령을 실행한 후 옵션 창에서 높이 "-1" 세그먼트 "2"로 설정하고 ❶명령을 선택합니다.

⑧ 면이 선택된 상태에서 🔲 ClayInset 명령으로 거리 "0.2"로 변경하고 ❶명령을 선택합니다.

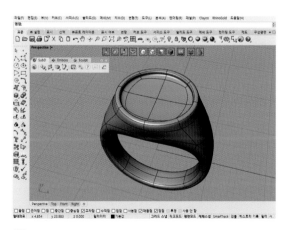

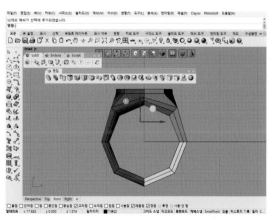

⑨ 🔵 ClaySetViewMode _Smooth 명령으로 Smooth 모드로 변경합니다.

⑩ Front 뷰에서 🔲 ClaySetSelectionMode _Faces 명령을 선택하고 ❶면을 마우스로 드래그하여 선택합니다.

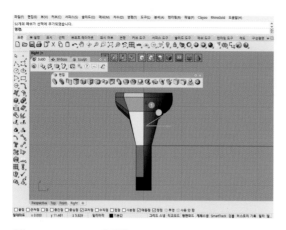

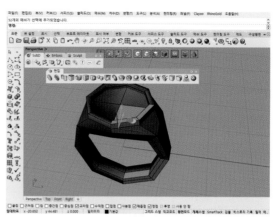

11 Right 뷰에서 (Shift) 키를 누르고 ❶면을 마우스로
드래그하여 선택합니다.

12 그림처럼 면이 선택됩니다. 선택된 면을 지웁니다.

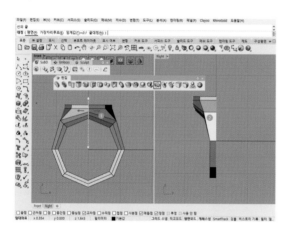

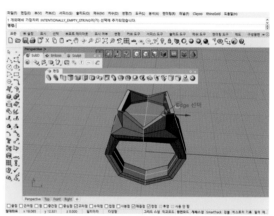

13 Front 뷰에서 🐄 ClaySymmetry 명령을 실행하고
❶오브젝트를 선택하고 "평면(P)"을 선택하고 대칭 평
면의 원점을 기준으로 설정하고 수직으로 대칭 오브젝트
를 만듭니다. Right 뷰에서도 ClaySymmetry 명령으로
❷오브젝트를 대칭 복사합니다.

14 🔺 ClaySetViewMode_Basic 명령으로 Box 뷰 모
드로 변경합니다. Symmetry(대칭)축은 주황색으로 표
시됩니다. 빨간 원의 Edge를 선택하고 Z방향으로 그림
처럼 움직입니다.

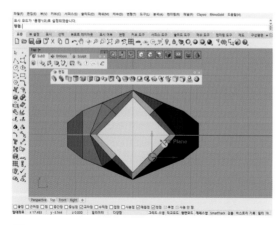

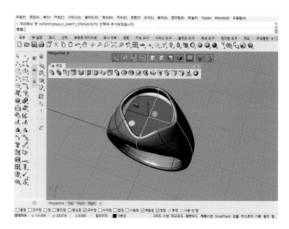

15 Top 뷰에서 검볼의 XY Plane을 대각선으로 움직여
그림처럼 만듭니다.

16 Face(면)모드로 변경하고 (Shift) 키를 누르고 ❶면을
선택합니다.

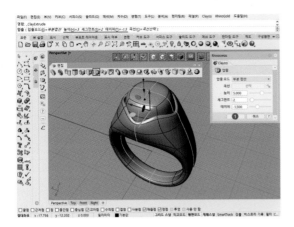

⑰ 🧊 ClayExtrude 명령으로 ❶명령을 선택해 면을 돌출합니다.

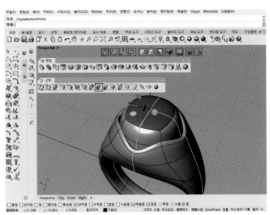

⑱ (Shift) 키를 누르고 ❶면을 선택합니다.
🖐 ClaySelectionGrow 명령을 두 번 실행합니다.

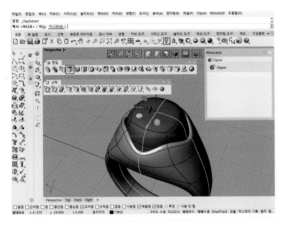

⑲ 🧊 ClayExtract 명령으로 선택된 면을 떼어냅니다.
💡 Hide 명령으로 ❶면을 숨깁니다.

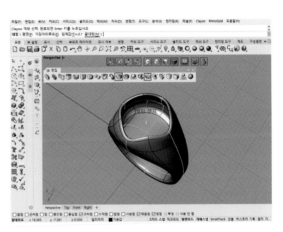

⑳ 🖐 ClaySymmetry 명령을 실행하고 ❶오브젝트를 선택하고 "끝대칭(대칭해제)" 항목을 선택해 대칭을 해 제합니다. 🫐 ClayFill 명령을 선택하고 열린 엣지를 선 택하여 면을 채웁니다.

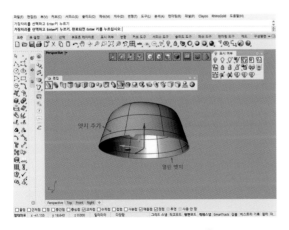

㉑ 💡 HideSwap 명령을 실행합니다. 🫐 ClayDivide 명령으로 엣지를 추가합니다. 🫐 ClayFill 명령을 선택하 고 열린 엣지를 선택하여 면을 채웁니다.

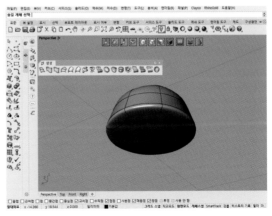

㉒ 💡 Show 명령으로 오브젝트를 보이게 합니다.

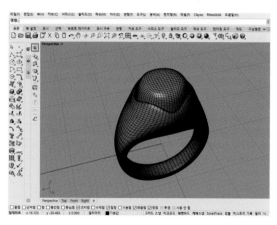

23 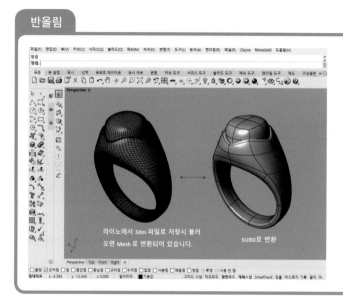 ClayEdit 명령을 선택하면 메쉬로 변환됩니다.
다시 명령을 실행하면 원래 형태로 돌아갑니다.

반올림

Clayoo로 작업한 데이터를 라이노 3dm 파일로 저장 시 불러오면 메쉬로 변환되어 있습니다. 다시 Clayoo의 SUBD 방식으로 변환하려면 ◎ 편집모드 명령을 선택하면 됩니다. 다시 편집모드 명령을 실행하면 메쉬로 다시 전환됩니다.

라이노에서 3dm 파일로 저장시 불러오면 Mesh 로 변환되어 있습니다.

SUBD로 변환

24 ● Shade 명령으로 결과물을 확인합니다.

Lesson 02 Pear Ring 만들기

Clayoo 명령을 활용하여 Pear ring 만드는 방법에 대해 알아보겠습니다.

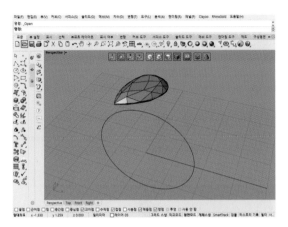

1️⃣ 📂 Open 명령으로 "pear_ring.3dm" 파일을 불러옵니다.

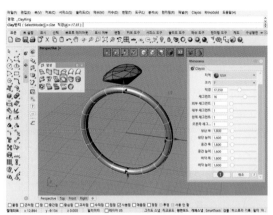

2️⃣ ⬭ ClayRing 명령으로 반지 설정을 그림과 같이하고 ❶ 명령을 선택합니다.

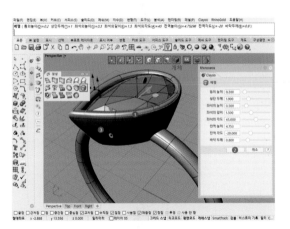

3️⃣ ⬭ ClayBezel 명령을 선택하고 ❶커브를 선택합니다. 베젤 설정을 그림처럼 하고 ❷명령을 선택합니다. 개체 모드인지 확인합니다. 💡 Hide 명령으로 ❸오브젝트를 숨깁니다.

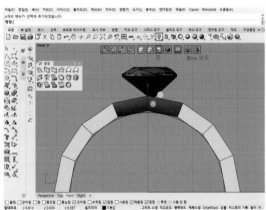

4️⃣ Face(면)모드로 설정하고 Front 뷰에서 마우스로 드래그하여 ❶면을 선택하고 지웁니다. 🎯 Show 명령으로 오브젝트를 보이게 합니다. Box 뷰 모드로 바꿉니다.

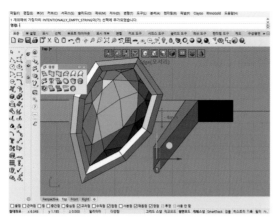

⑤ Top 뷰에서 Edge(모서리) 모드로 변경하고 ❶엣지
를 더블클릭하여 선택하고 검볼을 활용해 Y축 방향으로
–4mm 이동합니다.

반올림

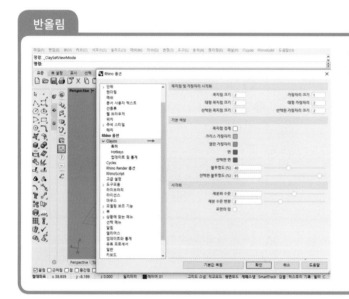

⚙ Settings 명령으로 기본적인 Clayoo
설정을 변경할 수 있습니다.

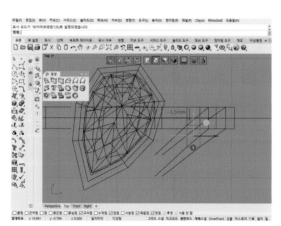

⑥ 다음 ❶엣지를 선택하고 검볼을 활용해 Y축 방향으
로 –1.5mm 이동합니다.

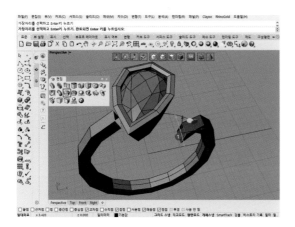

7 ClayFill 명령으로 ❶열린 엣지를 선택하고 면을
채웁니다.

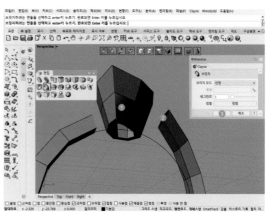

8 Face(면) 모드로 변경하고 ClayBridge 명령으로
❶과 ❷면을 선택하고 Enter 합니다. 브릿지 설정 창을
확인하고 ❸명령을 선택합니다.

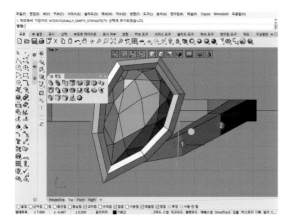

9 Top 뷰에서 Edge 모드로 변경하고 ❶엣지를 선택
하고 Y축 방향으로 이동해 면들이 자연스럽게 보이도록
만듭니다. ❷엣지를 선택하여 Y축 방향으로 움직여 형태
가 자연스럽도록 만듭니다.

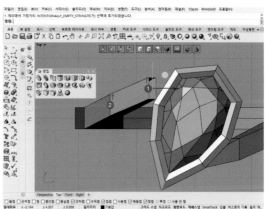

10 ❶과 ❷엣지도 선택하여 Y축 방향으로 엣지를 이동
해 형태가 자연스럽도록 만듭니다.

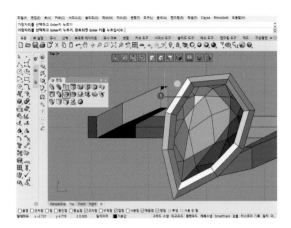

⑪ ◕ ClayFill 명령으로 ❶ 열린 엣지를 선택하고 면을
채웁니다.

⑫ Face(면) 모드로 변경하고 ◕ ClayBridge 명령으로
❶과 ❷ 면을 선택하고 Enter 합니다. 브릿지 설정을 확
인하고 ❸ 명령을 선택합니다.

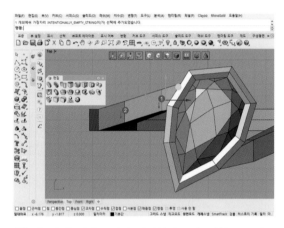

⑬ ❶과 ❷ 엣지를 각각 선택하여 –Y축 방향으로 이동
해 형태를 자연스럽게 만듭니다.

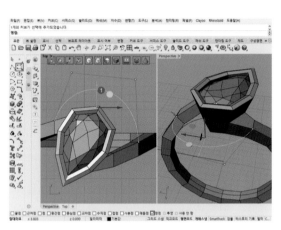

⑭ ◯ Curve 명령으로 ❶ 커브를 만듭니다.

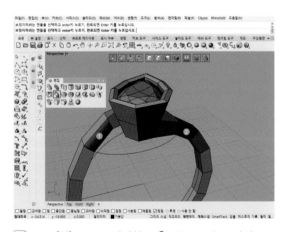

⑮ Face(면) 모드로 변경하고 ◕ ClayBridge 명령으로
❶과 ❷ 면을 선택하고 Enter 합니다.

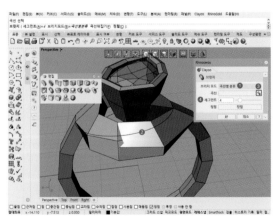

⑯ 브릿지 옵션창에서 ❶ "브릿지 모드 : 곡선별 분류"로
변경하고 ❷ 커브를 선택합니다. ❸ 곡선 : Flip Curve 아
이콘을 선택합니다. ❹ 세그먼트 : 4로 변경합니다.

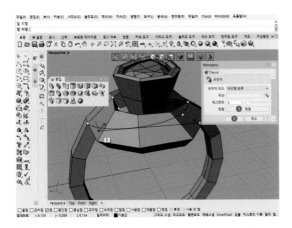

⑰ 면이 아직 꼬여있는 상태입니다. 브릿지 옵션 창에서 ❶정렬 항목을 선택하고 라이노 작업창에서 디렉션(화살표)를 클릭하여 디렉션 방향을 일치시키면 면이 바르게 생성됩니다. ❷명령을 선택합니다.

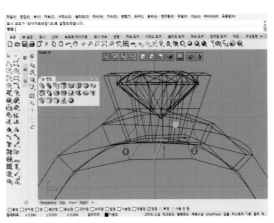

⑱ Front 뷰에서 ❶엣지를 더블클릭해 선택하고 (Shift) 키를 누르고 ❷엣지를 선택합니다. Z축 방향으로 1mm 정도 이동합니다.

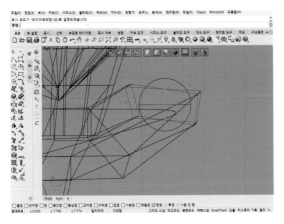

⑲ Right 뷰에서 검볼을 활용해 그림처럼 엣지를 회전합니다.

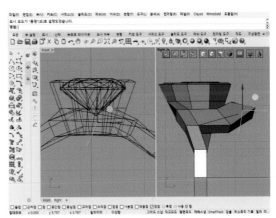

⑳ Front 뷰와 Right 뷰를 보면서 엣지의 높이를 그림과 같게 만듭니다.

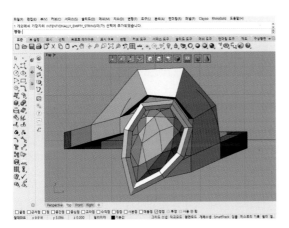

㉑ Top 뷰에서 결과물을 확인합니다.

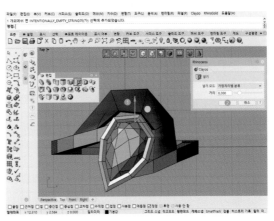

㉒ 🖅 ClayInset 명령으로 ❶네 개의 면을 선택하고 "거리 : 0.3"으로 설정하고 ❷명령을 누릅니다.

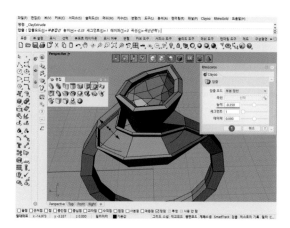

23 📋 ClayExtrude 명령으로 "높이 : -0.35"로 변경하고 ❶ 명령을 선택합니다.

24 📋 ClayInset 명령으로 "거리 : 0.2"로 변경하고 ❷ 명령을 선택합니다.

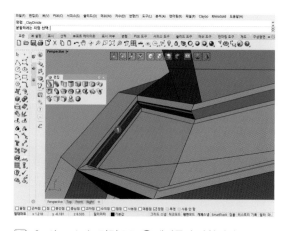

25 🔧 ClayDivde 명령으로 ❶ 엣지를 추가합니다.

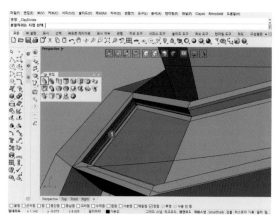

26 🔧 ClayDivde 명령으로 ❶ 엣지를 추가합니다.

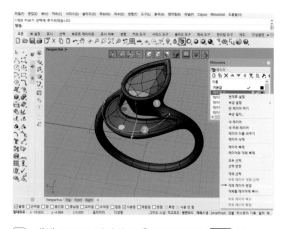

27 개체 모드로 변경하고 ❶ 오브젝트와 Shift 키를 누르고 ❷ 커브를 선택합니다. 🔧 Layer 명령으로 선택한 오브젝트를 "레이어 01"로 변경합니다.

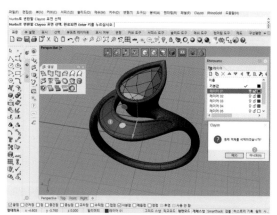

28 🔵 ClayToNurbs 명령으로 ❶ 오브젝트를 넙스로 변환합니다. 원래 객체는 삭제하지 않고 "레이어 01"을 끕니다.

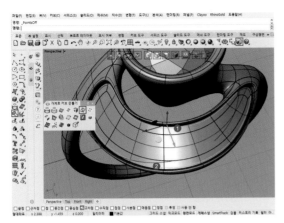

29 ExtractIsoCurve 명령을 반복 실행하여 ❶과 ❷ 커브를 추출한 후 Join 명령으로 결합합니다.

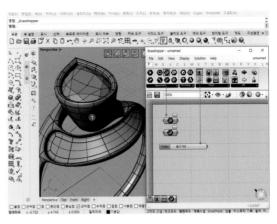

30 ❶오브젝트를 선택하고 Hide 명령을 선택합니다. Grasshopper 명령을 실행합니다. 새 캔버스 창에 Curve와 Slider Number 컴포넌트를 캔버스로 드래그 합니다.

31 Curve 컴포넌트를 RMB 후 "Set one Curve" 항 목을 선택하고 ❶커브를 선택합니다. 다음 Curve 컴포 넌트는 ❷커브를 선택합니다.

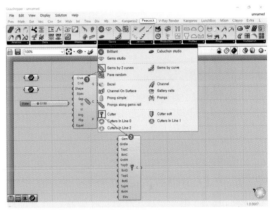

32 Peacoak > Gems 탭에서 ❶Gems by 2 curves 컴포넌트와 ❷Cutter 컴포넌트를 캔버스로 드래그합 니다.

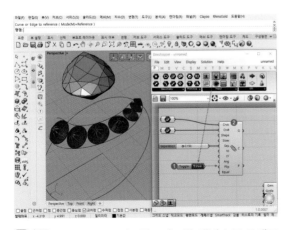

33 Boolean Toggle 컴포넌트를 캔버스로 드래그 후 더블클릭하여 "True"로 변경한 후 컴포넌트들 그림과 같이 연결합니다.

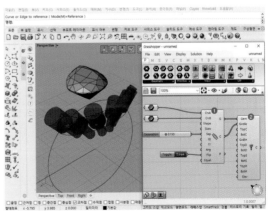

34 ❶과 ❷ 컴포넌트도 연결합니다.

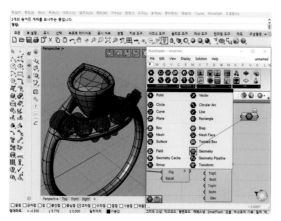

35 🐷 Show 명령으로 오브젝트가 보이게 합니다. Params > Geometry 탭에서 ⬢ Geometry 컴포넌트를 캔버스로 드래그합니다.

36 ⬢ Geometry 컴포넌트를 RMB 후 "Set one Geometry" 항목을 선택하고 ❶오브젝트를 선택합니다.

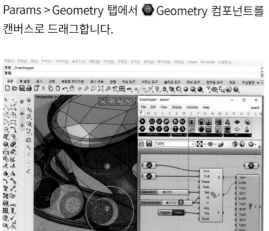

37 ❷Cutter와 ❸오브젝트가 겹치지 않게 하기 위해서 📥❶Number Slider를 캔버스로 드래그 후 슬라이더를 "0.110"으로 조정합니다. ❶과 ❷ 컴포넌트의 t0와 t1를 연결합니다.

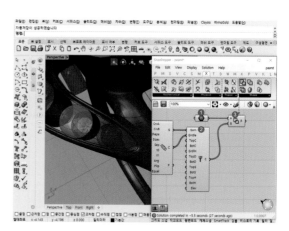

38 Intersect > Shape 탭에서 🔲 Solid Difference 컴포넌트를 캔버스로 드래그합니다. ❶❷❸ 컴포넌트를 연결합니다.

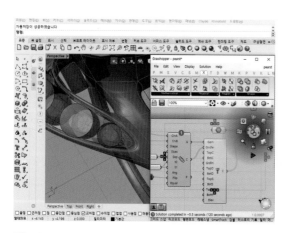

39 ❶과 ❷컴포넌트를 선택하고 MMB 후 🖨 Bake 컴포넌트를 선택합니다.

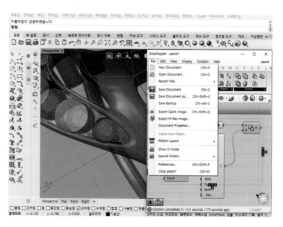

40 File > Save Document 항목을 선택해 Grasshopper 파일을 저장하고 종료합니다.

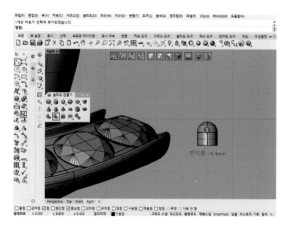

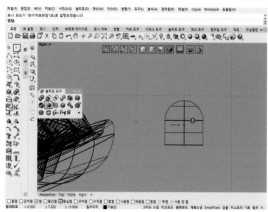

㊶ △ Polyline 명령으로 길이가 0.5mm 선을 만듭니다. 선을 선택 후 ◔ Pipe 명령으로 반지름이 0.4mm인 파이프를 만든 후 ⎘ Explode 명령으로 분해 후 아래 반구는 지웁니다.

㊷ Prong(발)이 될 ❶서피스를 선택하고 ◔ Join 명령으로 결합 후 ⎘ Cap 명령으로 솔리드를 만듭니다. ◦ Point 명령으로 구의 중심점에 점을 만든 후 0.1mm 내립니다.

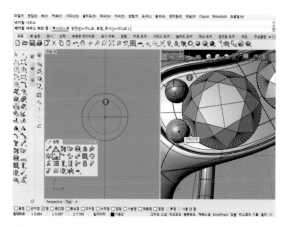

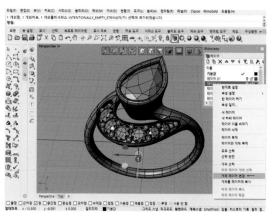

㊸ ◔ OrientOnSrf 명령으로 ❶오브젝트를 선택하고 기준점을 점으로 설정하고 참조점을 수평이나 수직으로 설정하고 Prong(발)을 배치할 ❷서피스를 선택하여 발을 배치합니다. Prong을 배치할 서피스가 폴리서피스이므로 OrientOnSrf 명령을 반복 실행해야 합니다.

㊹ Prong(발)들을 그림처럼 배치하고 ▣ Layer 명령을 선택하고 ❶오브젝트를 "레이어 02"로 변경하고 레이어는 끕니다.

㊺ ◉ Shade 명령으로 결과물을 확인합니다.

Clayoo 명령을 활용하여 3 Stone ring 만드는 방법에 대해서 알아보겠습니다.

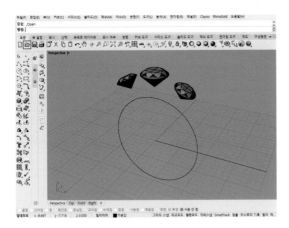

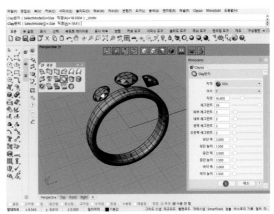

1 📂 Open 명령으로 "pear_ring.3dm" 파일을 불러 옵니다.

2 ◎ ClayRing 명령으로 반지를 그림처럼 설정하고 ❶ 명령을 선택합니다.

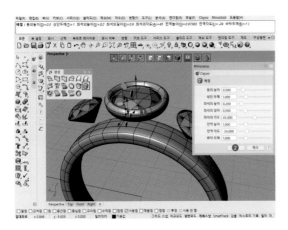

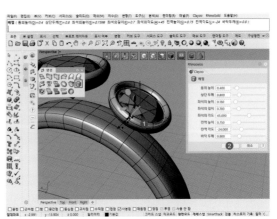

3 ◈ ClayBezel 명령으로 ❶ 원을 선택하고 베젤 설정 을 그림처럼 변경하고 ❷ 명령을 선택합니다.

4 ◈ ClayBezel 명령으로 ❶ 원을 선택하고 베젤 설정 을 그림처럼 변경하고 ❷ 명령을 선택합니다.

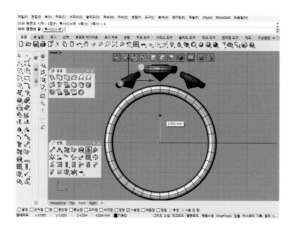

⑤ 개체 모드로 변경하고 Front 뷰에서 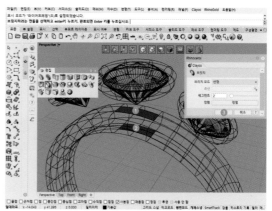 Mirror 명령
으로 ❶오브젝트를 선택하고 원점을 기준으로 대칭 복
사합니다.

⑥ 면 모드로 변경하고 🖐 ClayBridge 명령으로 ❶과
❷면을 선택하고 Enter 후 브릿지를 그림처럼 변경하고
❸명령을 선택합니다.

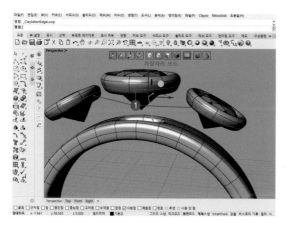

⑦ Edge(가장자리) 모드로 변경하고 Shift 키를 누르고
엣지를 선택합니다. "L(Loop)" 키를 눌러 ❶엣지를 모두
선택하고 지웁니다.

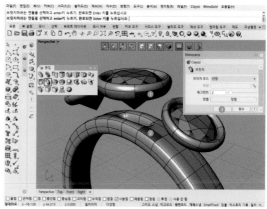

⑧ 면 모드로 변경하고 🖐 ClayBridge 명령으로 ❶과
❷면을 선택하고 Enter 후 브릿지를 그림처럼 변경하고
❸명령을 선택합니다. ClayBridge 명령으로 대각선 반
대편 면도 같은 방법으로 연결합니다.

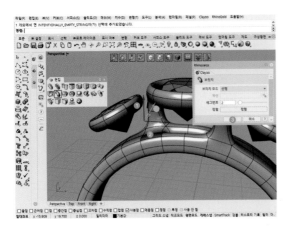

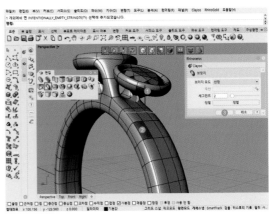

⑨ 🖰 ClayBridge 명령으로 ❶과 ❷면을 선택하고 (Enter) 후 브릿지를 그림처럼 변경하고 ❸명령을 선택합니다.

⑩ 🖰 ClayBridge 명령으로 ❶과 ❷면을 선택하고 (Enter) 후 브릿지를 그림처럼 변경하고 ❸명령을 선택합니다.

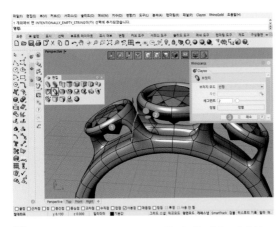

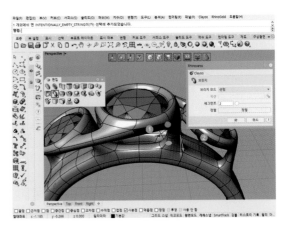

⑪ 🖰 ClayBridge 명령으로 ❶과 ❷면을 선택하고 (Enter) 후 브릿지를 그림처럼 변경하고 ❸명령을 선택합니다.

⑫ 🖰 ClayBridge 명령으로 ❶과 ❷면을 연결합니다.

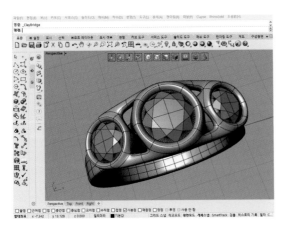

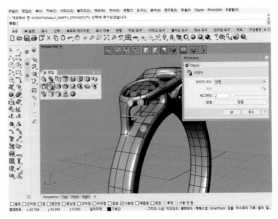

⑬ 🖰 ClayBridge 명령으로 그림처럼 모두 연결되었는지 확인합니다.

⑭ 🖰 ClayBridge 명령으로 ❶과 ❷면을 연결합니다. 반대편도 ClayBridge 명령으로 면을 연결합니다.

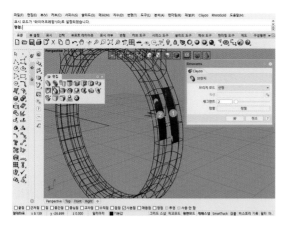

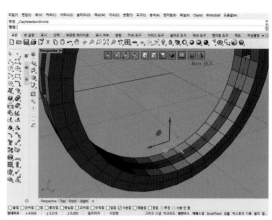

⑮ 🖱 ClayBridge 명령으로 ❶과 ❷면을 연결합니다. 반대편도 ClayBridge 명령으로 면을 연결합니다.

⑯ 면 모드로 변경하고 그림처럼 Shift 키를 누르고 면들을 선택합니다. Box 뷰 모드로 변경합니다.

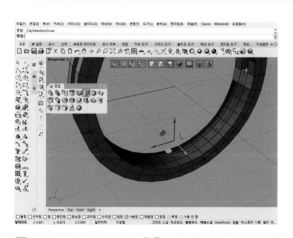

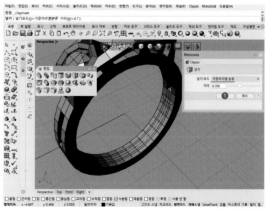

⑰ Hotkey를 사용합니다. "+"키를 누릅니다. 그림과 같이 면이 선택됩니다. 🖱 ClayInset 명령을 선택합니다.

⑱ ClayInset 옵션 창에서 "넣기 모드 : 가장자리별 분류, 거리 :0.7"로 설정하고 ❶명령을 누릅니다.

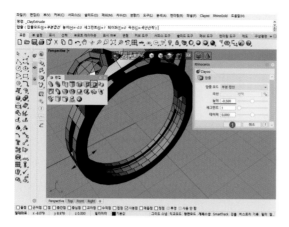

⑲ 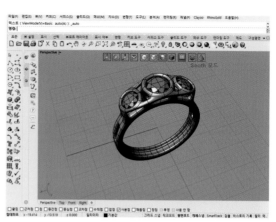 ClayExtrude 명령으로 "높이 : -0.5"로 변경하고 ❶명령을 선택합니다.

⑳ Smooth 뷰 모드로 변경하여 부드럽게 결과물을 확인합니다.

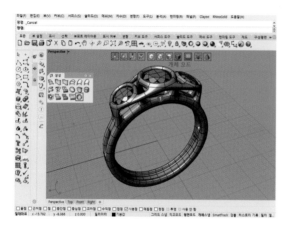

㉑ 개체 모드로 변경합니다. ◯ ClayToNurbs 명령으로 ❶오브젝트를 선택하여 넙스로 파일을 변환합니다.

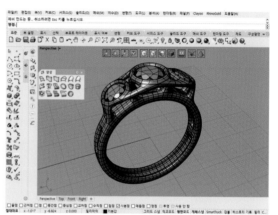

㉒ 넙스로 변환된 결과물입니다.

㉓ ◯ Shade 명령으로 결과물을 확인합니다.

Clayoo 명령을 활용하여 Fashion ring 만드는 방법에 대해서 알아보겠습니다.

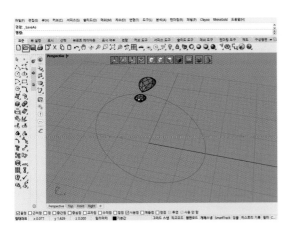

1 📂 Open 명령으로 "c3stone.3dm" 파일을 불러옵니다.

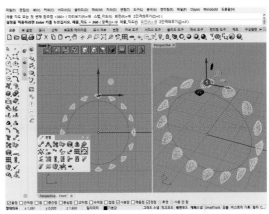

2 Front 뷰에서 🔆 ArrayPolar 명령으로 ❶스톤과 커브를 선택하고 원점에서 16개, 360° 회전합니다.

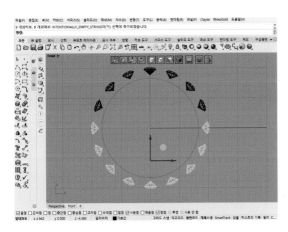

3 그림처럼 스톤의 절반을 선택해서 지웁니다.

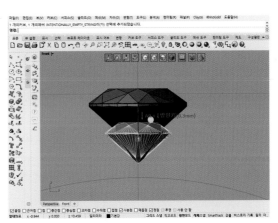

4 Front 뷰에서 ❶스톤과 커브를 선택하고 검볼을 활용해 0.3mm 내립니다.

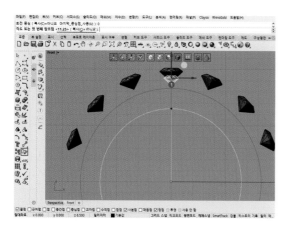

⑤ Front 뷰에서 ✏️ Rotate 명령으로 ❶ 스톤과 커브를
11.25° 회전합니다.

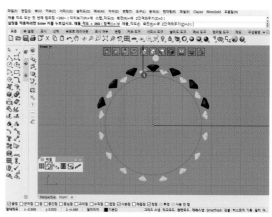

⑥ Front 뷰에서 ⚙️ ArrayPolar 명령으로 ❶ 스톤과 커
브를 원점에서 16개, 360° 회전합니다.

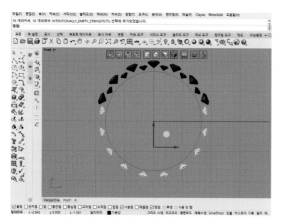

⑦ 그림처럼 스톤을 선택해서 지웁니다.

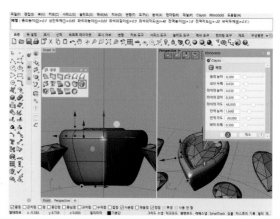

⑧ ⚙️ ClayBezel 명령으로 ❶ 선을 선택합니다. 베젤 옵
션을 그림처럼 설정하고 ❷ 명령을 선택합니다.

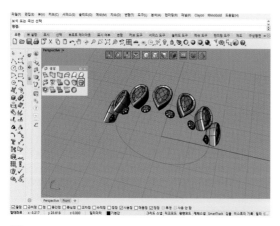

⑨ 나머지 스톤들도 ⚙️ ClayBezel 명령으로 베젤을 만
듭니다.

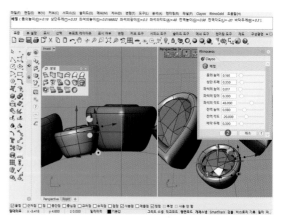

⑩ ⚙️ ClayBezel 명령으로 ❶ 원을 선택하고 베젤 옵션
을 설정하고 ❷ 명령을 선택합니다.

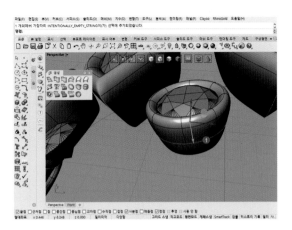

⑪ Edge(가장자리) 모드로 변경합니다. ❶엣지를 더블 클릭하여 선택하고 엣지를 지웁니다.

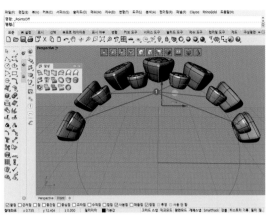

⑫ 나머지 스톤들도 Bezel 명령을 실행하여 베젤을 만 듭니다. ❶엣지는 모두 지웁니다.

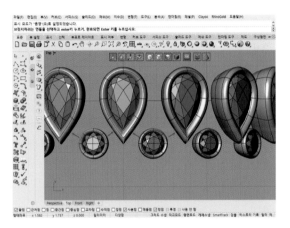

⑬ Top 뷰에서 화살표 방향으로 베젤과 베젤을 연결할 것입니다.

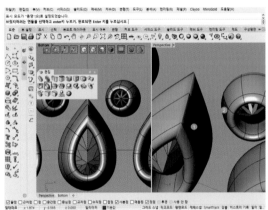

⑭ Top 뷰를 Bottom 뷰로 변경하고 🖱 ClayBridge 명 령으로 ❶과 ❷ 면을 선택하고 Enter 합니다.

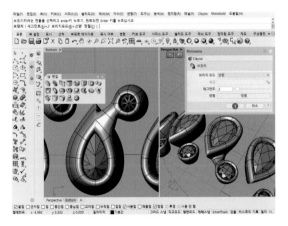

⑮ 브릿지 옵션에서 세그먼트를 "2"로 설정하고 ❶명 령을 선택합니다. 반대편도 ClayBridge 명령으로 면과 면을 연결합니다.

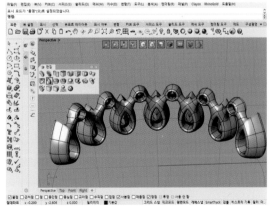

⑯ 🖱 ClayBridge 명령으로 그림과 같이 베젤들을 연 결합니다.

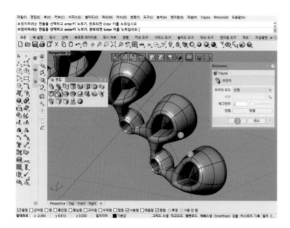

17 🖌 ClayBridge 명령으로 ❶과 ❷면을 선택하고 Enter 후 ❸명령을 선택합니다.

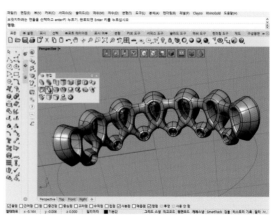

18 🖌 ClayBridge 명령을 활용하여 그림과 같이 베젤과 베젤을 연결합니다.

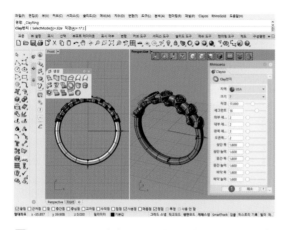

19 ⊙ ClayRing 명령으로 반지 옵션창을 변경하고 ❶ 명령을 선택합니다.

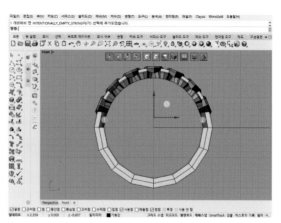

20 Box 모드로 변경하고 ❶과 ❷면을 선택합니다.

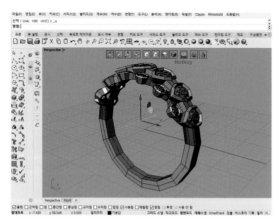

21 Hotkey가 활성화된 상태에서 키보드 U 키를 눌러 U방향 면을 모두 선택하고 지웁니다.

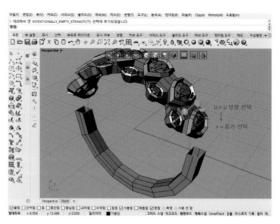

22 ❶면을 선택하고 U 키를 누릅니다. 키보드 + 를 눌러 면을 모두 선택하고 지웁니다.

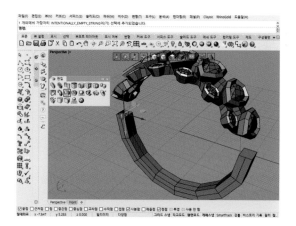

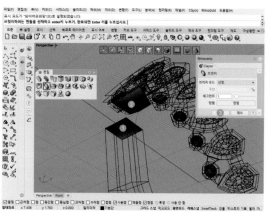

23 🍚 ClayFill 명령으로 ❶엣지를 모두 선택하고 면을
채웁니다. 반대편도 면을 채웁니다.

24 🍥 ClayBridge 명령으로 ❶과 ❷면을 선택하고
Enter 합니다. 브릿지 옵션창에서 "세그먼트 = 1"로 변
경하고 ❸명령을 선택합니다.

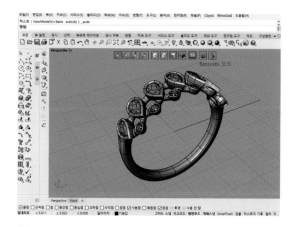

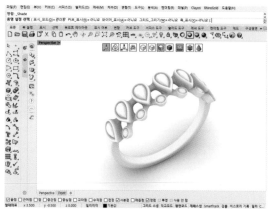

25 Smooth 모드로 변경합니다.

26 ⬤ Shade 명령으로 결과물을 확인합니다.

Lesson 05   Skull Ring 만들기

Clayoo 명령을 활용하여 Skull ring 만드는 방법에 대해서 알아보겠습니다.

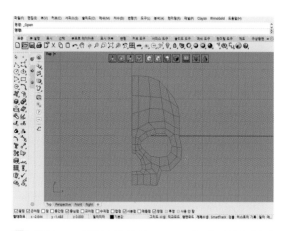

1 📂 Open 명령으로 "skhuman.3dm" 파일을 불러 옵니다.

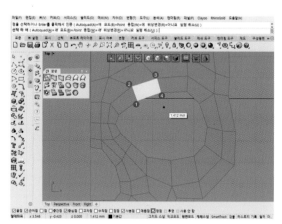

2 🔲 ClayAppendFace 명령으로 사각면을 만듭니다.

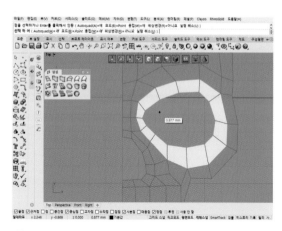

3 불러온 파일을 참고하여 계속해서 🔲 ClayAppend Face 명령으로 사각면을 이어서 만듭니다.

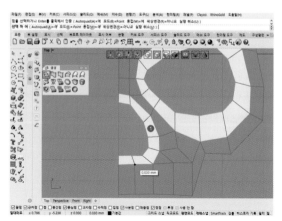

4 🔲 ClayAppendFace 명령으로 ❶ 사각면들을 이어 서 만듭니다.

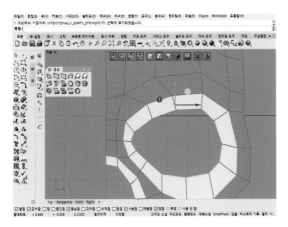

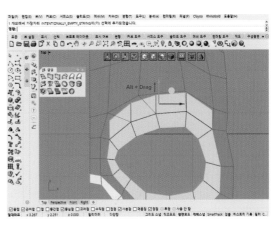

⑤ Edge(가장자리)모드로 변경하고 ❶네 개의 Edge를 선택합니다.

⑥ 이동 검볼을 Alt +Drag해 그림처럼 돌출합니다.

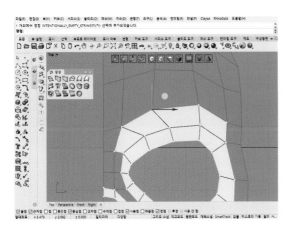

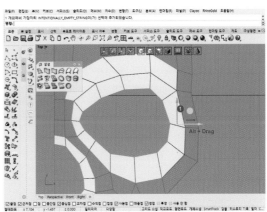

⑦ 정점 모드로 변경하고 정점들을 배경 파일을 참조하여 이동합니다.

⑧ Edge(가장자리) 모드로 변경하고 ❶Edge를 선택해 우측으로 Alt + Drag 합니다. 배경 파일을 참조해 정점들을 이동합니다.

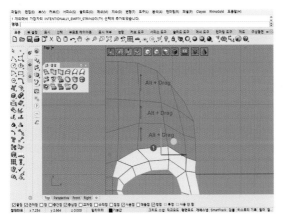

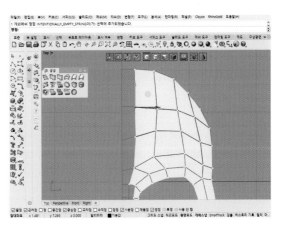

⑨ ❶Edge를 선택하고 Alt +Drag를 3번 합니다.

⑩ 배경을 참조하여 정점들을 이동합니다.

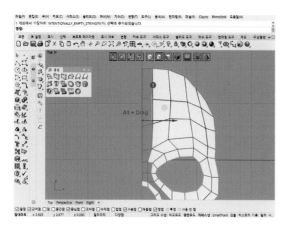

⑪ Edge(가장자리) 모드로 변경하고 ❶Edge를 좌측으로 (Alt)+Drag 합니다.

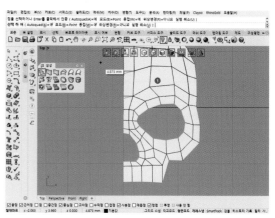

⑫ 계속해서 나머지 부분도 배경 파일을 참조하여 🖥 ClayAppendFace 명령으로 ❶면들을 완성합니다. 개체 모드로 변경하고 ❶면을 선택해 💡 Hide 명령으로 숨깁니다.

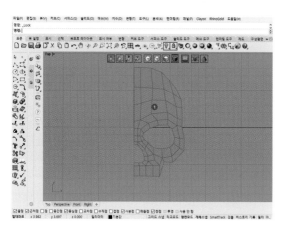

⑬ 🔓 Unlock 명령으로 잠금을 해제한 후 ❶면을 선택해 지웁니다. 💡 Show 명령으로 숨긴 면을 보이게 합니다.

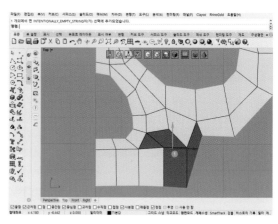

⑭ 면 모드로 변경하고 ❶면들을 선택해 지웁니다.

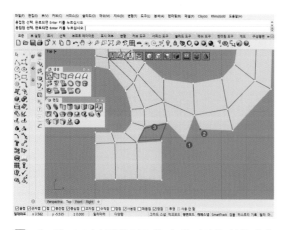

⑮ 🖥 ClayWeld 명령으로 ❶과 ❷정점을 합칩니다. 🖥 ClayAppendFace 명령으로 ❸사각면을 만듭니다.

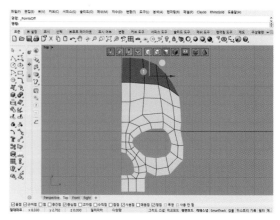

⑯ 🖥 면 모드인지 확인하고 머리 부분이 좀 크게 보여 ❶면들을 선택해 지웁니다.

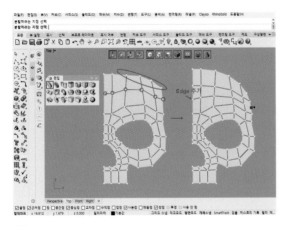

⑰ 정점 모드로 변경하고 이동 검볼을 활용해 정점들의 위치를 수정한 후 🍥 ClayDivide 명령으로 Edge를 그림처럼 **추**가합니다.

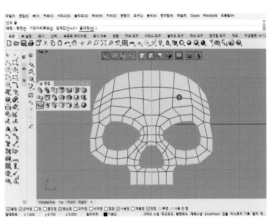

⑱ 🐚 ClaySymmetry 명령으로 ❶오브젝트를 선택 후 평면(P) 선택 후 원점을 기준으로 대칭 복사합니다. 대칭이 되면 주황선이 나옵니다. 대칭을 확인하고 끝대칭(N)을 선택해 대칭을 해제합니다.

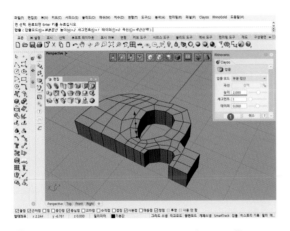

⑲ 🧊 ClayExtrude 명령으로 면을 "높이 : 2"로 설정하고 ❶명령을 선택합니다.

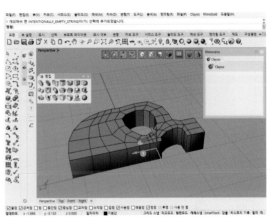

⑳ ❶면들을 선택해서 지웁니다.

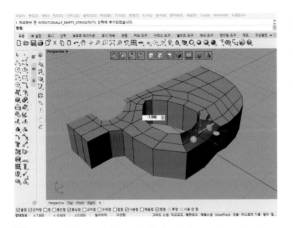

㉑ 이동 검볼을 이용해 선택된 ❶면을 Z 방향으로 −1 mm 이동합니다.

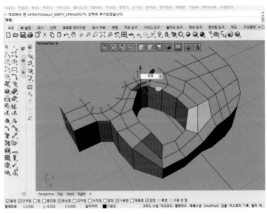

㉒ 이동 검볼을 이용해 선택된 면을 Z 방향으로 −0.5 mm 이동합니다.

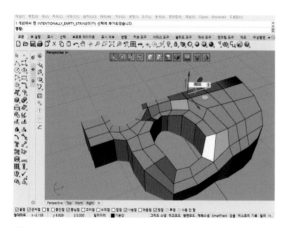

23 이동 검볼을 이용해 선택된 면을 Z 방향으로 1mm 이동합니다.

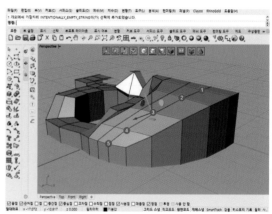

24 Edge(가장자리) 모드로 변경하고 ❶❷❸❹❺ Edge를 각각 선택해서 이동 검볼을 활용해 높이를 그림처럼 수정합니다.

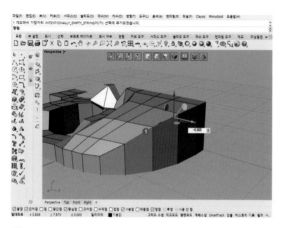

25 ❶Edge들을 선택하고 Y 방향으로 –0.6mm 이동합니다.

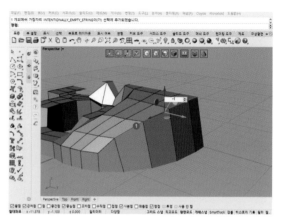

26 ❶Edge들을 선택하고 Z 방향으로 –1mm 이동합니다.

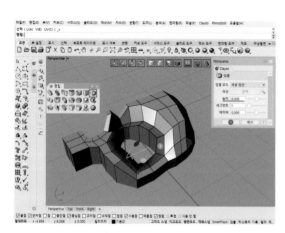

27 면 모드로 변경하고 🔲ClayExtrude 명령으로 면들을 선택하고 "높이 : 0.5" 설정 후 ❶명령을 선택합니다.

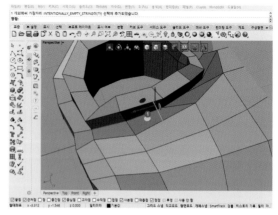

28 Edge(가장자리) 모드로 변경하고 ❶Edge들을 선택해서 지웁니다.

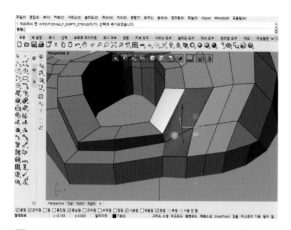

㉙ 면 모드로 변경하고 ❶면들을 선택해 지웁니다.

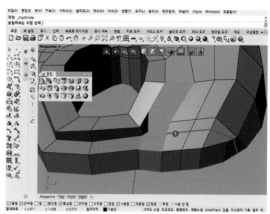

㉚ 🝰 ClayDivide 명령으로 ❶Edge를 추가합니다.

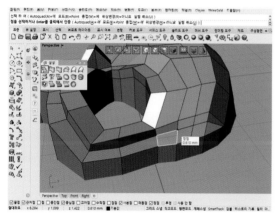

㉛ 면의 빈 공간을 🝰 ClayAppendFace 명령으로 채웁니다.

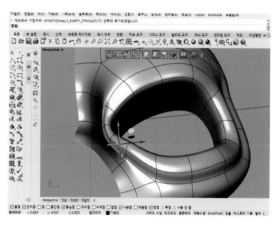

㉜ Edge(가장자리) 모드와 Smooth 뷰 모드로 변경 후 ❶Edge들을 선택해 지웁니다.

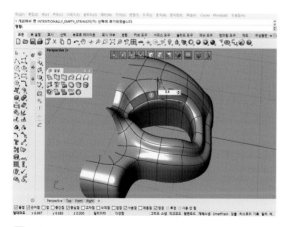

㉝ 면 모드로 변경하고 이동 검볼을 이용해 Z 방향으로 0.4mm 이동합니다.

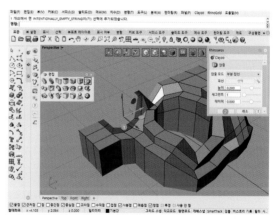

㉞ 🝰 ClayEtrude 명령으로 ❶면들을 선택하고 "높이 : 0.2" 설정하고 ❷명령을 선택합니다.

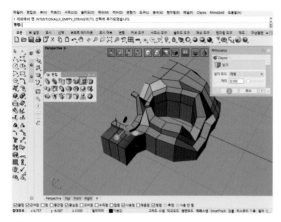

㉟ ClayInset 명령으로 ❶ 면들을 선택하고 "거리 : 0.1"로 설정하고 ❷ 명령을 선택해 Edge를 추가합니다.

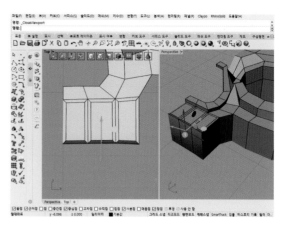

㊱ Top 뷰에서 마우스로 드래그하여 ❶ 면들을 선택하고 지웁니다.

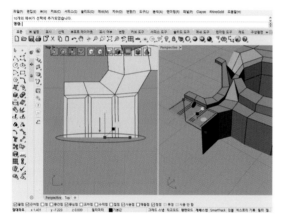

㊲ Top 뷰에서 Edge(가장자리) 모드로 변경하고 빨간 원의 Edge를 마우스로 드래그하여 선택한 후 크기 검볼을 Y축 방향으로 줄여 Edge를 수평으로 만듭니다.

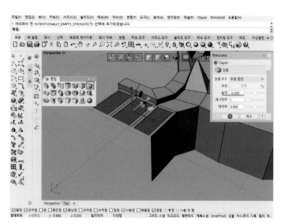

㊳ ClayEtrude 명령으로 면들을 선택하고 "높이 : -0.2" 설정하고 ❶ 명령을 선택합니다.

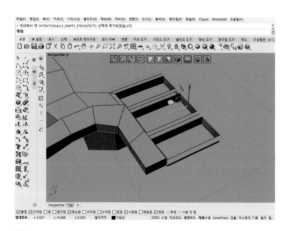

㊴ 그림처럼 면들을 선택하고 지웁니다.

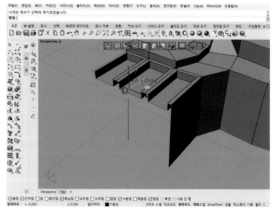

㊵ Edge(가장자리) 모드로 변경하고 Edge를 선택하고 Alt +Drag 후 아래로 드래그합니다.

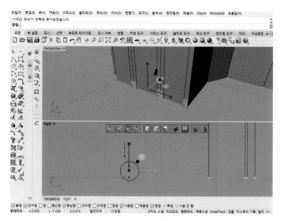

41 정점 모드로 변경하고 Right 뷰에서 빨간 원 안의 정점들을 마우스로 선택하고 검볼을 활용해 Z 방향으로 크기를 줄입니다.

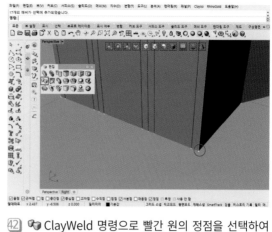

42 ClayWeld 명령으로 빨간 원의 정점을 선택하여 합칩니다.

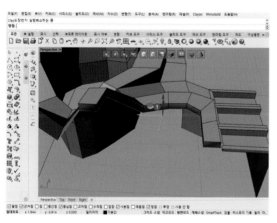

43 ❶면들을 선택하고 지웁니다.

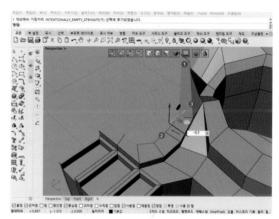

44 ❶❷❸ Edge들을 선택하고 X축 방향으로 –0.3 mm 이동합니다.

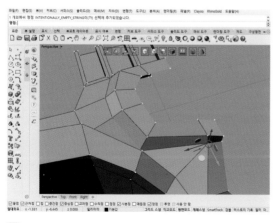

45 빨간 정점을 그림처럼 이동합니다.

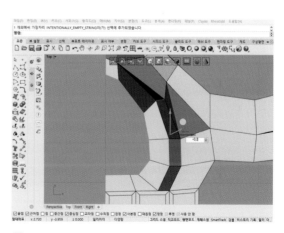

46 Edge(가장자리)를 선택하고 X축 방향으로 –0.2 mm 이동합니다.

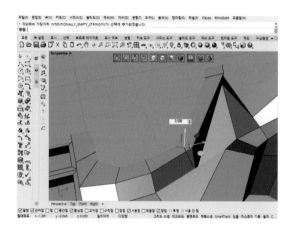

47 Edge 선택하여 Z 방향으로 0.5mm 이동합니다.

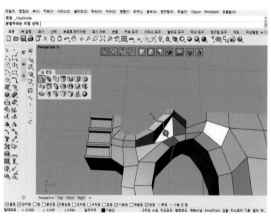

48 🖱 ClayDivide 명령으로 ❶Edge를 추가합니다.

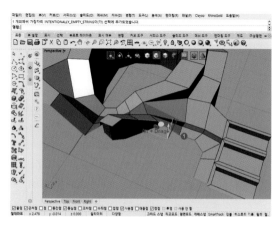

49 ❶Edge들을 선택하고 [Alt] + Drag 로 –Z 방향으로 0.2mm 씩 두 번 돌출합니다.

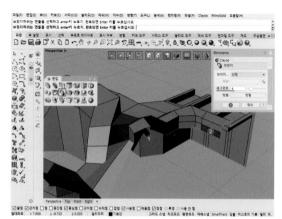

50 면 모드로 변경하고 🖱 ClayBridge 명령으로 ❶과 ❷ 면을 연결합니다. 세그먼트는 4로 설정하고 ❸ 명령을 선택합니다.

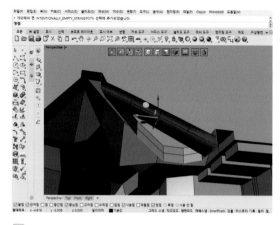

51 그림처럼 면을 선택하고 지웁니다.

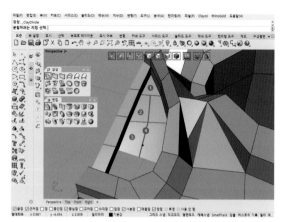

52 🖱 ClayAppendFace 명령으로 ❶❷❸ 면을 만듭니다. 🖱 ClayDivide 명령으로 ❶Edge를 추가합니다.

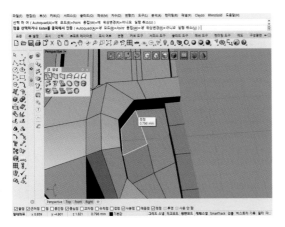

53 ⬚ ClayAppendFace 명령으로 면을 채웁니다.

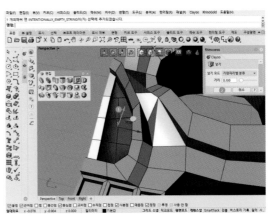

54 면 모드로 변경하고 ⬚ ClayInset 명령으로 ❶면들을 선택하고 "거리 : 0.1"로 변경하고 ❷명령을 선택합니다.

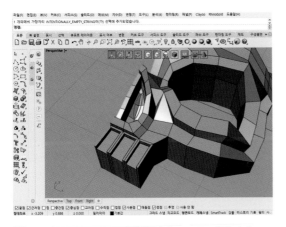

55 코 안쪽의 Edge을 선택해 아래로 조금 내립니다.

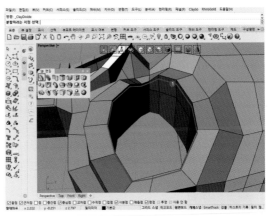

56 ⬚ ClayDivide 명령으로 ❶Edge를 추가합니다.

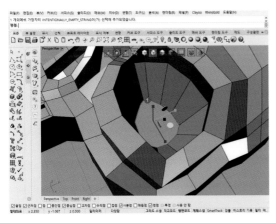

57 ❶Edge들을 선택하고 검볼을 활용해 크기를 그림처럼 줄입니다. 이동 검볼을 이용해 Edge를 0.3mm 정도 올립니다.

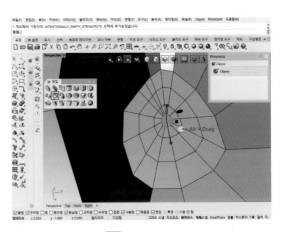

58 검볼을 활용해 Alt + Drag하면서 3번 크기를 줄입니다. ⬚ ClayCollapse 명령으로 선택한 Edge를 한 점으로 모읍니다.

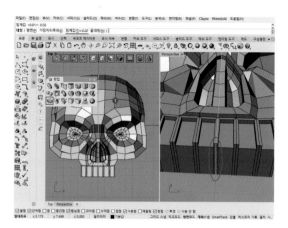

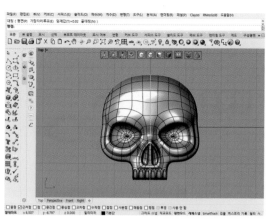

59 Top뷰에서 🎨 ClaySymmetry 명령으로 ❶면을 평면 설정 후 원점을 기준으로 대칭으로 만듭니다. 임계값을 = 0.02로 변경해 빨간 원의 Edge가 합쳐지지 않도록 합니다.

60 Smooth 모드로 변경하고 결과물을 확인합니다.

반올림

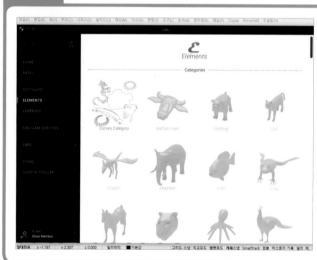

𝓔 Elements 명령을 실행하면 다양한 오브젝트를 불러와 Clayoo에서 작업을 할 수 있습니다.

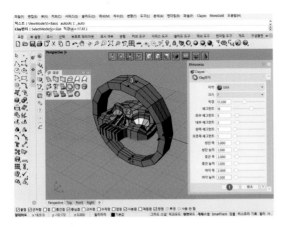

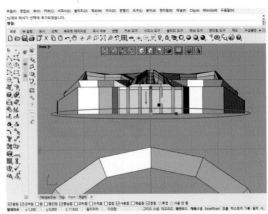

61 ClayRing 명령을 실행한 후 설정을 그림과 같이 한 후 ❶명령을 선택합니다. ❷오브젝트를 Z 방향으로 움직여 ❸반지의 상단에서 2.5mm 정도 떨어진 곳으로 이동합니다.

62 Edge(가장자리) 모드로 변경하고 Front 뷰에서 원 안의 Edge를 선택하고 Z축을 줄여 선택한 Edge가 수평이 되도록 만듭니다.

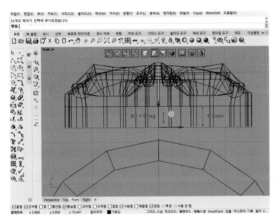

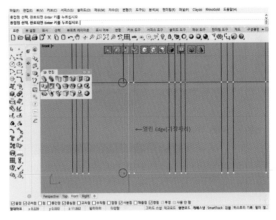

63 Edge들을 선택하고 (Alt) + Drag 하여 –Z 방향으로 1.5mm 정도 돌출합니다.

64 ClayWeld 명령으로 위, 아래 정점들을 차례로 합칩니다. 열린 Edge 부분의 모든 정점들을 합쳐줍니다.

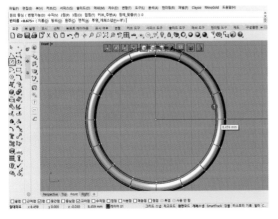

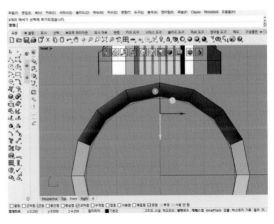

65 Circle 명령으로 원점에서 반지름이 8.459mm인 ❶원을 만듭니다.

66 ❶면들을 선택해 지웁니다.

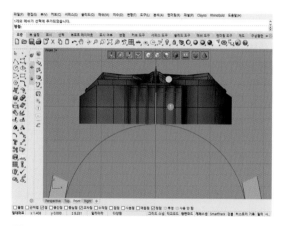

67 개체 모드로 변경하고 ❶오브젝트를 원의 4분점까지 이동합니다.

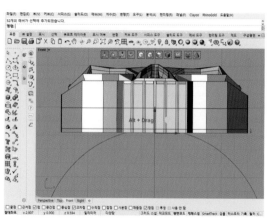

68 ✏ Edge(가장자리) 모드로 변경합니다. Edge를 선택하고 (Alt)+Drag로 0.2mm 만큼 돌출합니다.

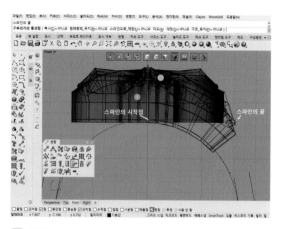

69 ➤ Band 명령으로 ❶오브젝트를 구부립니다.

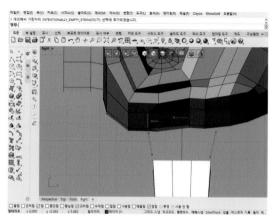

70 Edge 모드로 변경하고 반지의 넓이에 맞게 Edge를 그림처럼 이동합니다.

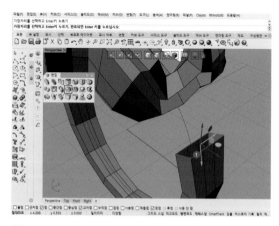

71 ➤ ClayFill 명령으로 ❶Edge를 선택하고 면을 채웁니다.

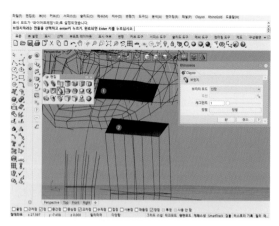

72 면 모드로 변경하고 ➤ ClayBridge 명령으로 ❶과 ❷면을 연결합니다.

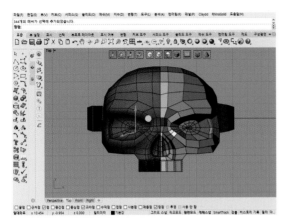

73 Top 뷰에서 마우스로 드래그하여 왼쪽 절반을 선택해 지웁니다.

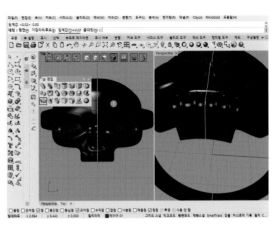

74 ClaySymmetry 명령으로 ❶오브젝트를 대칭으로 만듭니다. 임계값 = 0.03으로 변경해 가운데 Edge가 합쳐지지 않게 합니다.

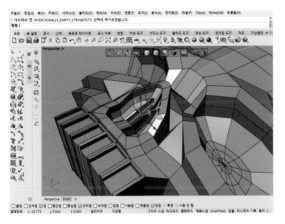

75 면 모드로 변경하고 코 중앙의 면들도 선택하여 약간 아래로 움직입니다.

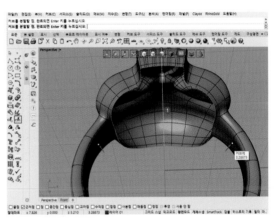

76 Split 명령으로 ❶원을 선택하고 화살표 지점을 자릅니다.

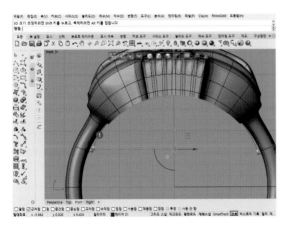

77 ❶커브 양단의 제어점을 선택하고 검볼을 활용해 약간 줄입니다.

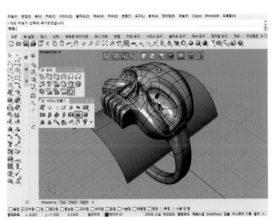

78 Extrude 명령으로 ❶선을 양방향으로 돌출합니다. ClayToNurbs 명령으로 ❷오브젝트를 넙스로 변환하고 원본은 지웁니다.

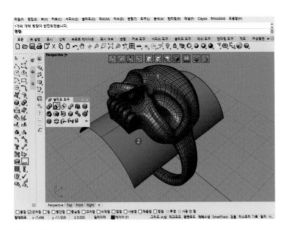 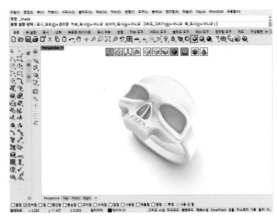

79 ⊙ BooleanDifference 명령으로 ❶오브젝트에서
❷서피스를 뺍니다.

80 ⊙ Shade 명령으로 결과물을 확인합니다.

Lesson 06 Emboss(양각)와 Sculpting(조각)하기

Clayoo의 Emboss와 Sculpting 명령을 활용하는 방법에 대해서 알아보겠습니다.

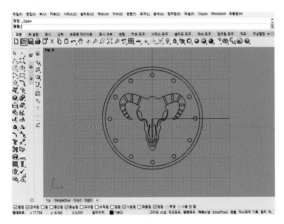

① 📂 Open 명령으로 "skull.3dm" 파일을 불러옵니다.

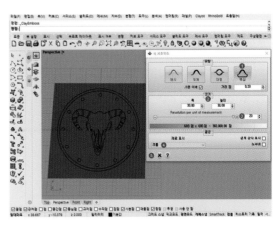

② ◆ Emboss 명령을 실행한 후 ❶❷❸❹순으로 설정하고 ❺명령을 선택합니다.

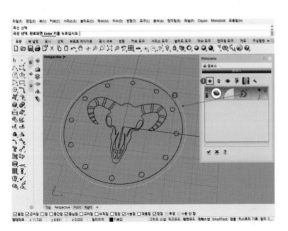

③ ❶새 작업 추가 명령을 선택하고 ❷추가 곡선을 선택하고 ❸원을 선택합니다.

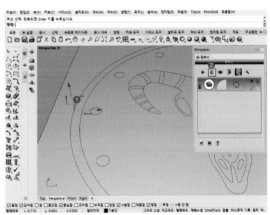

④ ❶검볼의 높이와 길이(1.5：1)를 조절한 후 ❷새로고침 명령을 선택하여 결과물을 확인합니다.

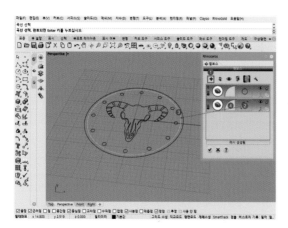

⑤ ❶새 작업 추가 > ❷작업 곡선 > ❸원 > ❹작업 설정 명령을 선택합니다.

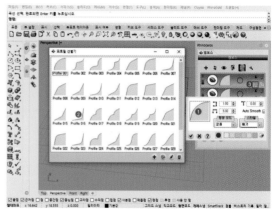

⑥ ❶아이콘을 선택하고 프로필 선별기에서 ❷"Profile 016"을 더블클릭하여 선택합니다. ❸검볼 표시기를 선택하여 검볼을 숨깁니다. 작업 추가하기 전에 검볼 표시기를 끄면 기존 검볼과 헷갈리지 않습니다.

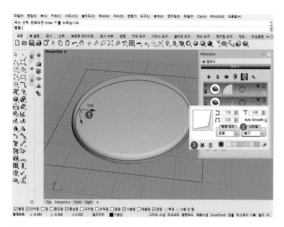

⑦ ❶검볼의 길이를 0.53로 설정하고 ❷스타일은 빼기로 변경하고 ❸명령을 선택합니다.

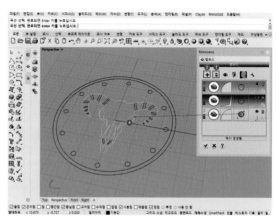

⑧ ❶새로 고침 > ❷새 작업 추가 > ❸작업 곡선을 선택하고 ❹선들을 선택합니다.

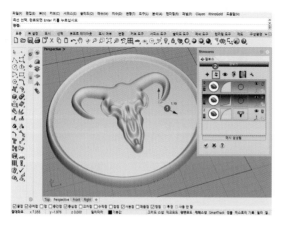

⑨ ❶검볼 높이를 1.10으로 설정하고 ❷새로 고침 명령을 선택합니다.

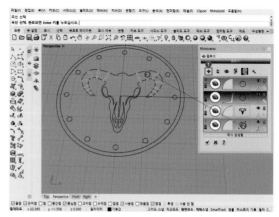

⑩ ❶새 작업 추가 > ❷작업 곡선을 선택하고 ❸선들을 선택합니다.

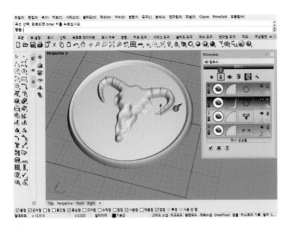

⑪ ❶새로 고침 명령을 선택해 결과물을 보고 ❷검볼을 활용해 선의 높이와 길이를 조정하면 됩니다.

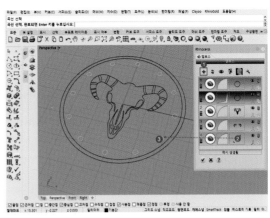

⑫ ❶새 작업 추가 > ❷작업 곡선을 선택하고 ❸원들을 선택합니다.

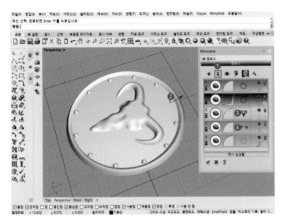

⑬ ❶새로 고침 명령을 선택 후 결과물을 확인합니다. ❷검볼을 활용해 적당한 높이를 설정합니다. 결과물이 조금 다르면 ❸❹작업 곡선을 각각 선택해 높이를 늘린 후 새로 고침으로 결과물을 확인합니다.

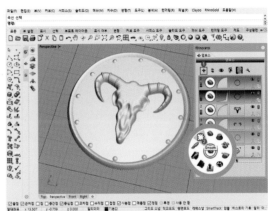

⑭ ❶새 작업 추가를 합니다. ◉ 작업 종류 명령을 RMB 후 ❷ Smooth 명령으로 변경합니다.

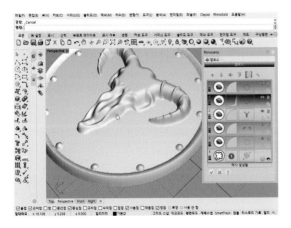

⑮ ❶작업 설정 명령을 선택하고 브러시 크기를 적당히 줄입니다. 거친 부분의 메쉬들을 드래그 하여 부드럽게 만듭니다.

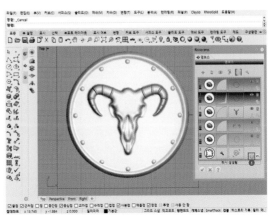

⑯ ❶Smooth 활성화 버튼이 켜진 상태에서 작업을 진행하다 뷰를 회전하면 작업이 중단 됩니다. 잘못된 작업은 ❶Smooth 명령 옆의 Undo(작업 취소) 명령을 선택하면 됩니다.

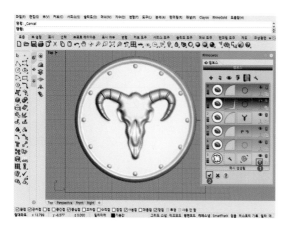

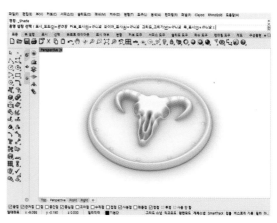

⑰ Smooth 작업을 완료했으면 ❶Smooth 명령을 끕니다. ❷명령을 선택해 작업한 결과물을 메쉬로 변환합니다.

⑱ Shade 명령으로 결과물을 확인합니다. 파일을 저장합니다.

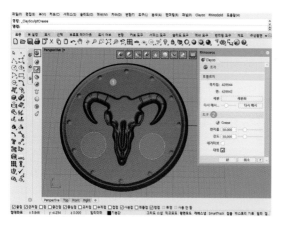

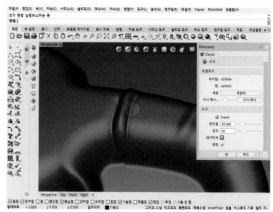

⑲ Sculpting(조각) 명령을 선택하고 ❶메쉬를 선택합니다. Crease(주름) 명령을 선택하고 ❷도구 항목에서 대칭을 체크합니다.

⑳ 뿔 부위를 확대한 후 브러시 크기를 조절하고 네거티브를 체크한 후 마우스를 움직여 그림처럼 주름을 만듭니다.

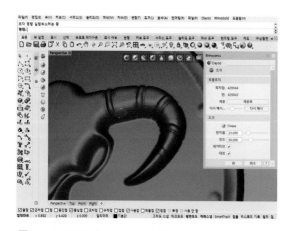

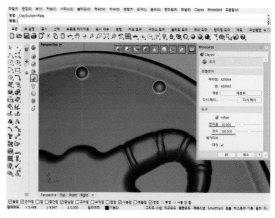

㉑ 나머지 부분도 Crease 명령으로 그림처럼 주름을 만듭니다.

㉒ Inflate 명령을 실행한 후 도구에서 반지름과 강도를 조절하고 네거티브는 체크 해제합니다. 노란 원 부분을 마우스로 선택해 브러시로 선택된 영역을 부풀어 오르게 합니다. 나머지 부분도 부풀어 오르게 합니다.

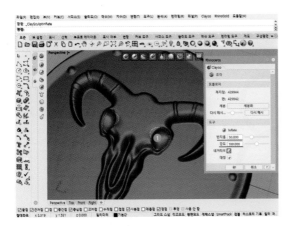

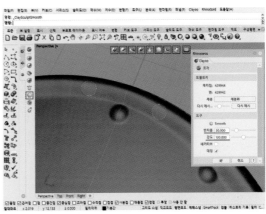

㉓ 도구 항목에서 반지름을 조정하고 네거티브를 체크하고 눈 부위를 클릭해 둥글게 만듭니다.

㉔ 🗨 Smooth 명령을 선택한 후 도구 항목에서 반지름과 강도를 확인합니다. 네거티브는 체크 해제합니다. 메쉬의 거친 부분을 마우스로 선택하여 부드럽게 만듭니다.

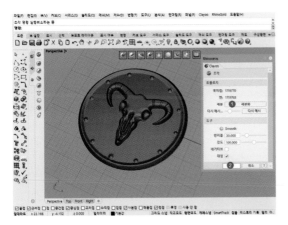

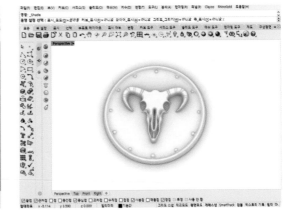

㉕ Smooth 명령으로 거친 모든 부분을 부드럽게 만듭니다. 작업을 완료 후 ❶ 세분화 명령으로 메쉬를 추가한 후 ❷ 명령을 선택하여 작업을 완료합니다.

㉖ 최종 작업물을 🗨 Shade 명령으로 결과물을 확인하고 파일을 저장하고 닫습니다.

Chapter

18

Keyshot 8.2 렌더링

이 장에서는 Keyshot의 기본적인 활용방법에 대해서 알아보겠습니다.

Lesson 01 Keyshot 활용하기

Keyshot를 활용하여 쥬얼리 렌더링 셋팅 방법에 대해서 알아보겠습니다.

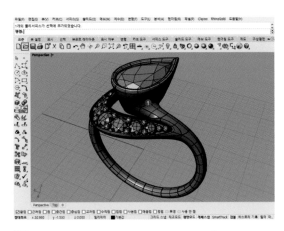

1️⃣ 📂 Open 명령으로 "pear_ring.3dm" 파일을 불러
옵니다. 🔲 Mesh 명령을 선택하고 ❶오브젝트를 선택
합니다.

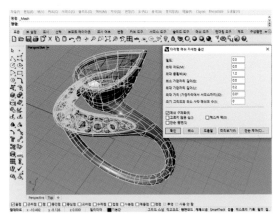

2️⃣ 다각형 메쉬 옵션을 그림처럼 변경하고 메쉬를 만듭
니다. 앞에서 선택한 ❶오브젝트는 지웁니다.

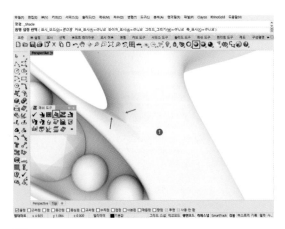

3️⃣ ⚫ Shade 명령을 실행합니다. 화살표 지점을 보면
날카롭게 각이져 있습니다. 🔲 Weld 명령을 실행하고
❶오브젝트를 선택한 후 각도 허용오차를 180°로 설정
합니다.

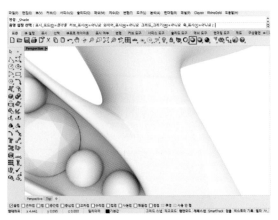

4️⃣ ⚫ Shade 명령을 다시 실행하여 결과물을 확인합
니다.

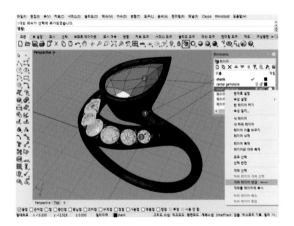

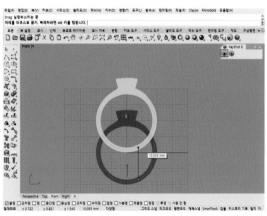

⑤ 🛡 Layer 명령을 실행합니다. 레이어를 "shank, center gemstone, small gemstone" 세 개 만듭니다. 레이어를 RMB 후 개체 레이어 변경 항목을 선택하고 각각 레이어에 맞게 오브젝트를 지정합니다.

⑥ Front 뷰에서 ❶오브젝트들을 선택하고 마우스로 드래그하여 원점 높이로 이동합니다. 🔘 Keyshot 명령을 실행합니다.

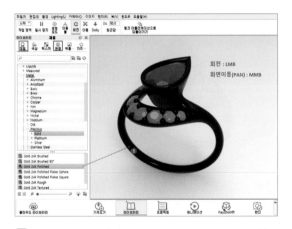

⑦ 라이브러리 > 재질 > Metal > Precious > Gold 항목을 선택해 "Gold 24k Polished" 재질을 ❶오브젝트에 드래그합니다. 환경 탭을 선택합니다.

⑧ 환경 탭에서 ❶ "3 Panels Tilted 4K"를 더블클릭합니다. 재질이 적용된 ❷오브젝트를 더블클릭합니다.

⑨ 프로젝트 > 재질 > 속성 탭에서 금속 프리셋에서 ❶ "백금"으로 변경합니다.

⑩ 재질 > Materials > Gem Stones를 선택하고 ❶ Gem Stone Diamond 와 ❷ Gem Stone Ruby 재질을 스톤에 적용합니다.

⑪ 프로젝트 > 씬 > 라이팅 프리셋 > 보석류 로 선택하고 일반 라이팅에서 커스틱스는 체크해제 합니다.

⑫ ❶ 사이드바 축소 명령을 클릭하고 모델 세트 항목에서 Default를 RMB 하고 "모델 세트 이름 바꾸기" 항목을 선택합니다.

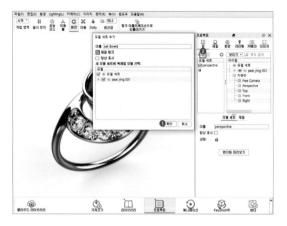

⑬ 이름을 "set down" 로 변경하고 재질 링크를 체크후 ❶ 확인 버튼을 선택합니다. ❷ 모델 세트 추가 명령을 선택하고 "perspective"로 모델 세트를 추가합니다.

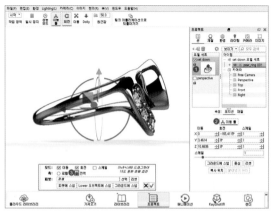

⑭ ❶ set down > ❷ 이동 툴을 선택하고 ❸ 전역 체크후 검볼을 활용해 회전과 이동을 사용해 그림과 같이 오브젝트를 배치합니다.

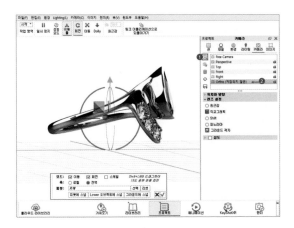

⑮ 카메라 탭에서 ❶새 카메라 추가 명령을 선택하고
카메라 이름을 ❷"Ortho"로 만들고 렌즈 설정 항목에서
직교 그래픽과 그라운드 격자를 체크합니다.

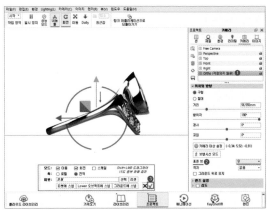

⑯ ❶Ortho 카메라가 선택된 상태에서 ❷표준 뷰를
"우"로 선택하고 검볼을 활용해 반지를 그라운드에 맞춘
후 ❸버튼을 선택합니다.

⑰ ❶Perspective 카메라를 선택하고 ❷그라운드 격
자를 체크 해제합니다. ❸현재 카메라 저장 명령을 선택
합니다.

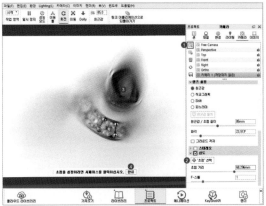

⑱ ❶새 카메라 추가 명령을 선택하여 카메라 뷰를
추가합니다. 렌즈 설정 항목에서 원근감/초점 길이를
"85mm"로 설정합니다. 심도를 체크합니다. ❷"초점"
선택을 선택하고 ❸스톤을 선택합니다. ❹완료 버튼을
선택합니다.

⑲ ❶F-스톱을 "150" 정도로 설정합니다. 카메라 뷰 이름을 "depth"로 변경하고 ❷현재 카메라 저장 명령을 선택합니다.

⑳ 환경 탭을 선택합니다.

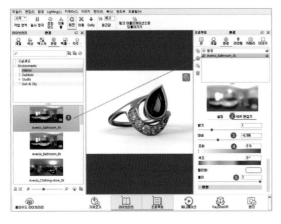

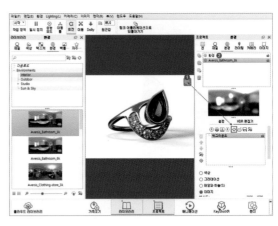

㉑ 라이브러리 > 환경 > Interior 항목에서 ❶"Aversis_Bathroom_3K" 환경 맵을 우측 환경 탭으로 드래그 합니다. ❷HDR 편집기를 선택하고 ❸❹❺항목을 그림처럼 변경합니다.

㉒ ❶전체 해상도 HDRI 생성 명령을 선택합니다. ❷환경 맵을 지웁니다.

㉓ ❶핀 추가 명령을 선택하고 빨간 원 부분에 핀을 추가합니다.

㉔ 핀 추가 명령으로 ❶핀을 하나 더 추가합니다. 색상을 ❷"검정"으로 변경하고 ❸블렌드 모드를 "알파"로 변경합니다.

25. 조정 항목에서 ❶감쇠를 "0.4" 정도로 설정합니다. 빨간 원 부분의 검정 부분의 경계가 부드럽게 됩니다.

26. 핀 추가 명령으로 ❶핀을 추가 하고 색상을 검정으로 변경하고 블렌드 모드를 "알파"로 설정합니다.

27. 핀 추가 명령으로 ❶핀을 추가 하고 ❷전체 해상도 HDRI 생성 버튼을 선택합니다.

28. ❶ "Ctrl + G"로 그라운드 플레인을 추가합니다. 그라운드 평면을 더블클릭합니다. 재질 탭에서 ❷❸❹항목을 변경합니다.

29. ❶shank 레이어를 선택하고 ❷레이어 렌더 추가 버튼을 선택합니다.

30. ❶❷❸레이어를 하나씩 선택해 레이어 렌더를 추가합니다. ❹렌더 명령을 선택합니다.

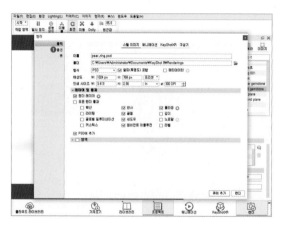

31 스틸 이미지를 그림과 같이 설정하고 ❶옵션 항목을
선택합니다.

반올림　렌더 레이어와 모든 렌더 통과를 체크하는 이유

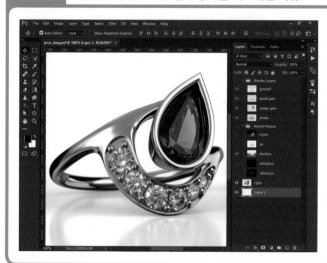

포토샵에서 작업시 레이어 별로 필요한 부
분을 쉽게 선택해서 렌더 이미지를 후 보정
등의 작업등을 쉽게 하기 위해서입니다.

32 품질 샘플을 "256"으로 설정 후 ❶렌더 명령을 선택합
니다.

33 최종 렌더링 이미지입니다.

Lesson 02   Clayoo 파일 변환 시 유의 사항과 Keyshot 학습

Clayoo 파일을 넙스에서 메쉬로 변환했을 때의 문제점과 키샷의 라운드된 모서리에 대해서 알아보겠습니다.

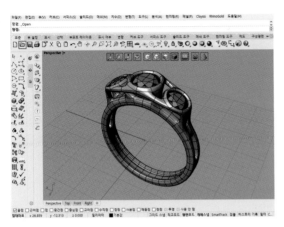

① 📁 Open 명령으로 "c3stone.3dm" 파일을 불러옵니다.

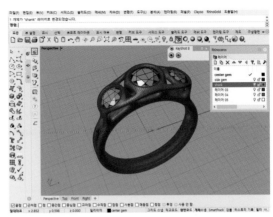

② ◉ 편집모드 명령을 선택하여 메쉬로 변환합니다. ▽ Layer 명령을 활용하여 파트별로 레이어를 만듭니다.

③ ❶스톤을 선택하고 ◉ Properties(속성) 명령을 실행합니다. ◈ 재질 명령을 선택하고 ❸항목을 선택하고 ❹레이어 재질 사용으로 변경합니다. ❷❺스톤도 레이어 재질로 바꿉니다

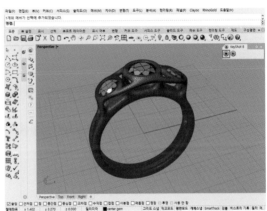

④ ◉ Keyshot을 실행합니다. 키샷에서 레이어 색상들로 오브젝트가 표시됩니다.

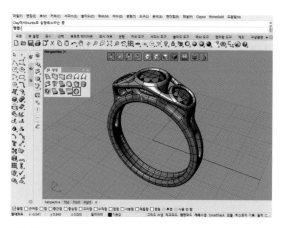

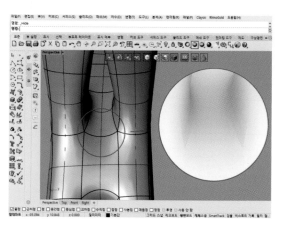

⑤ 📂 Open 명령으로 "c3stone.3dm" 파일을 불러옵니다. ⦿ ClayToNurbs 명령으로 ❶오브젝트를 넙스로 변환합니다.

⑥ ⦿ Shade 명령으로 결과물을 보면 스타 포인트(오각형 별 모양 Edge) 부분이 각이 집니다. Clayoo 파일을 넙스로 변환 후 메쉬로 변환할 때는 이점을 유의해야 합니다.

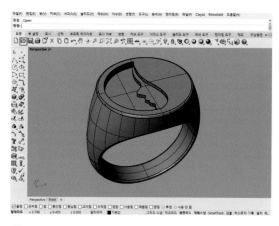

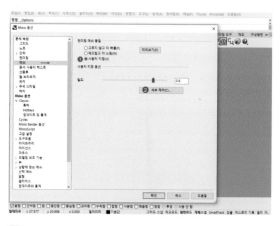

⑦ 📂 Open 명령으로 "signet_face.3dm" 파일을 불러옵니다.

⑧ ⚙ 지정을 체크하고 ❷세부 제어 항목을 선택합니다.

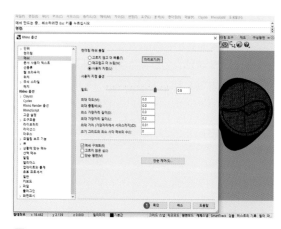

⑨ 메쉬 설정을 한 후 ❶확인 명령을 선택합니다. 옵션에서의 메쉬 설정은 라이노 렌더링이나 키샷에서 보일 때 이 설정 값을 따릅니다.

⑩ 키샷을 실행하여 ❶"Platinum Rough" 재질을 적용합니다.

11 씬 탭에서 라운드된 모서리의 ❶반경을 "0.2"로 설
정합니다. 각진 엣지가 필렛 처리 효과를 가집니다.

반올림 테셀레이션이란?

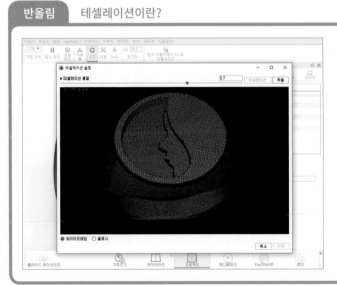

폴리곤 메쉬를 자동 분할하는 방식을 말하
며 Re-Tessellate(다시 테셀레이션)를 사
용하면 NURBS 데이터가 포함 된 모델을
다시 가져올 필요 없이 씬에서 직접 테셀레
이션 할 수 있습니다.

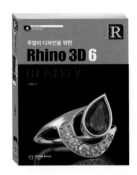

주얼리 디자인을 위한

Rhino 3D 6
REALITY

1판 1쇄 인쇄 2019년 08월 25일
1판 1쇄 발행 2019년 08월 30일

지 은 이 이행종
발 행 인 이미옥
발 행 처 디지털북스
정   가 32,000원
등 록 일 1999년 9월 3일
동록번호 220-90-18139
주   소 (03979) 서울 마포구 성미산로 23길 72 (연남동)
전화번호 (02) 447-3157~8
팩스번호 (02) 447-3159

ISBN   978-89-6088-270-6 (93000)

D-19-18

Copyright ⓒ 2019 Digital Books Publishing Co., Ltd

DIGITAL BOOKS
디지털북스

D·J·I BOOKS
DESIGN STUDIO

굿즈 ———————— D·J·I BOOKS
캐릭터   DESIGN STUDIO
광고   2018
브랜딩
출판편집   J&JJ BOOKS
                     2014

                     I THINK BOOKS
                     2003

                     DIGITAL BOOKS
                     1999

facebook.com/djidesign